De puertas adentro

De puertas adentro

Los 113 años del FC Barcelona contados en 113 historias

Lluís Lainz

Prólogo de Carles Puyol

CÓRNER

© Lluís Lainz i Bech, 2012

Primera edición: octubre de 2012

© de esta edición: Roca Editorial de Libros, S.L.
Av. Marquès de l'Argentera, 17, pral.
08003 Barcelona
info@editorialcorner.com
www.editorialcorner.com

Impreso por Liberdúplex, s. l. u.
Crta. BV-2249, km 7,4, Pol. Ind. Torrentfondo
Sant Llorenç d'Hortons (Barcelona)

ISBN: 978-84-15.242-34-5
Depósito legal: B. 22.636-2012
Código IBIC: WSJA

A la docena mal contada de parientes y amigos
de verdad —ellos ya saben quiénes son—,
por haberme dado tanto a cambio de nada
y por haberme acompañado hasta aquí.

Noticia es algo que alguien, en alguna parte,
intenta ocultar; todo lo demás es publicidad.

LORD NORTHCLIFFE *

* Alfred Charles William Harmsworth, lord Northcliffe (Chapeli-
zod, condado de Dublín, Irlanda, 19 de julio de 1865 - Londres, 14 de
agosto de 1922). Periodista y escritor. Propietario y editor de periódicos
como *Answers, Evening News, Daily Mail, Weekly Dispatch, Daily Mi-
rror, The Observer* y *The Times*. Apodado «el Napoleón de la prensa».

Índice

3. Historias de jugadores

4. Historias de representantes

7. Historias de partidos y títulos

Prólogo

POR CARLES PUYOL

*E*n mi vida he tenido dos grandes pasiones: el Barça y el fútbol. No sé exactamente cuál de las dos fue primero. Imagino que el fútbol, porque recuerdo muy bien mis primeros juguetes y también que a menudo se me hacía de noche jugando a la pelota con mis amigos en el campo de La Pobla de Segur. Pero el orden es lo de menos en este caso. He sido del Barça y soy del Barça desde bien pequeño y no hay nada que me llene más de orgullo que ponerme la camiseta azulgrana y saltar al campo a defender los colores de mi club, llevando la señera sobre mi brazo izquierdo. Porque he tenido y tengo la suerte de formar parte y ser el capitán de un equipo que en los últimos años ha ampliado su leyenda con la conquista de Champions League, Ligas, Copas, Supercopas de Europa y de España y también dos Mundiales de Clubs.

Alcanzar todos estos títulos no ha sido nada fácil para nosotros. Y seguro que tampoco fue sencillo para los entrenadores y jugadores de otros tiempos ganar las Copas Macaya, los primeros Campeonatos de Cataluña, la primera Liga o cualquier otro de los títulos conquistados por el Barça a lo largo de una historia tan dilatada. Es más, estoy seguro de que, tras cada uno de los años de vida del club, se esconden sacrificios de muchas y muchas personas, directivos, entrenadores, empleados, socios y seguidores, que han estallado de felicidad cuando se ha ganado alguna competición, pero que también de forma colectiva han hecho frente a las dificultades con un gran espíritu de superación.

Siempre he oído decir que las victorias tienen muchos padres y que las derrotas son huérfanas. Pero la grandeza del Barça reside en que siempre ha sido capaz de digerir las victorias con humildad y levantarse inmediatamente después de recibir los golpes más duros. La propia historia del club, recogida en libros de todo tipo —y *De puertas adentro* es una buena prueba de ello— nos demuestra que el Barça siempre ha demostrado una gran capacidad para aprender de los errores y salir reforzado de las situaciones más difíciles, ya fueran de carácter social, político, económico o deportivo.

Confieso que cuando Lluís me pidió que le escribiera este prólogo pensé en decirle que no; que se lo pidiera a otro que estuviera más capacitado que yo para valorar los hechos y personajes de los que se habla en la próxima páginas. Pese a la magnífica relación de confianza y amistad que hemos mantenido a lo largo de los años, muchos de ellos vividos dentro del propio club, se me hacía una montaña tener que escribir sobre cosas tan lejanas, desconocidas o inverosímiles para mí. Después de leer el libro, tengo que decir que he descubierto cosas que no conocía, incluso de mi propia historia como azulgrana.

No puedo valorar determinadas cosas que se explican en este libro, como tampoco podría hacerlo de otras que se han escrito antes. Mi trabajo es jugar al fútbol y no remover archivos o escribir. Pero lo que sí puedo decir es que *De puertas adentro* me ha parecido una obra fácil de leer, entretenida y divertida. La idea de reflejar los hechos y retratar a los personajes de la historia en pequeñas narraciones salpicadas de anécdotas y la forma desenfadada y atrevida, como corresponde a la personalidad del propio Lluís, resultan lo bastante atractivas y reflejan, además, una máxima que yo siempre he defendido cuando juego al fútbol: en esta vida, el que se arruga, pierde.

CAPÍTULO 1

Historias de presidentes y directivos

El fundador era menor de edad

*E*l Fútbol Club Barcelona fue fundado el miércoles 29 de noviembre de 1899. Doce jóvenes entusiastas, convocados por el suizo de habla germana Hans Gamper, celebraron la reunión constituyente en el Gimnasio Solé de la Ciudad Condal. Aquella tarde, en el número 5 de la calle Montjuïc del Carme, a unos pocos metros de la calle Pintor Fortuny y de las populares Ramblas, acordaron bautizar el club con el nombre de Foot-ball Club Barcelona. También decidieron formar la primera junta directiva con el inglés Walter Wild como presidente, fijar el domicilio social en la sede del propio gimnasio y establecer en dos pesetas la cuota anual de afiliación al club.

Treinta y ocho días antes, el domingo 22 de octubre, el propio Gamper había publicado una nota de prensa en el semanario *Los Deportes*. Su primera intención era reclutar voluntarios para celebrar encuentros de fútbol en la ciudad de Barcelona. Aquella brevísima reseña apareció bajo el título genérico de «Notas de Sport». Literalmente, con faltas de ortografía incluidas, decía así:

> Nuestro amigo y compañero Mr. Kans Kamper, de la Sección de Foot-Vall de la Sociedad Los Deportes y antiguo campeón suizo, deseoso de poder organizar algunos partidos en Barcelona, ruega a cuantos sientan aficiones por el referido deporte se sirvan ponerse en relación con él, dignándose al efecto pasar por esta redacción los martes y viernes por la noche de 9 a 11.

Muchos se preguntarán cómo es posible que el padre de la idea no fuera el primer presidente de la historia. La respuesta consta en acta. Los doce asistentes a la reunión del Gimnasio

Solé acordaron democráticamente, y a propuesta del propio Gamper, que el cargo recayera en la persona de más edad. Un real decreto de 24 de julio de 1889 disponía en su artículo 320 que «la mayor edad empieza a los veintitrés años cumplidos». Una semana antes de la reunión fundacional, Gamper había cumplido los 22 años. Y esa minoría de edad debió de ser la razón por la que Gamper no pudo convertirse en el primer presidente del club.

Diversos historiadores han tratado de obtener la mayor información sobre este tema. Pero ninguno de ellos ha conseguido saber la fecha de nacimiento del presidente Walter Wild. Ni siquiera el año en el que nació. Y el suyo no es un caso único entre los doce socios fundadores. Tampoco consta en ninguna parte en qué año nacieron Otto Kunzle, Otto Maier, Enric Ducai y Carles Pujol. En cambio, existe constancia de que Hans Gamper, Lluís d'Ossó y William Parsons nacieron en 1877; Josep Llobet, en 1876; Bartomeu Terradas y John Parsons, en 1874; y Pere Cabot, en 1871. A partir de estos datos, y por pura deducción, lo único seguro es que Wild tenía más de 28 años.

En definitiva, Wild encabezó una junta directiva formada por seis extranjeros (Gamper y Kunzle eran suizos; Wild y los hermanos Parsons, ingleses; y Maier, alemán) y por seis catalanes. Lluís d'Ossó fue el primer secretario y Bartomeu Terradas aceptó el puesto de tesorero. Los demás socios fundadores se convirtieron en vocales de la junta. Gamper asumió, también, el cargo de capitán del equipo. En aquellos momentos, a solo unos días de celebrar su primer partido, el equipo aún no tenía equipación ni escudo.

Wild, un gran desconocido

Motivos laborales llevaron a Walter Wild a trasladarse desde su Inglaterra natal hasta Barcelona, donde residió durante un período de tiempo inferior a los tres años. Y fueron motivos profesionales, también, los que le obligaron a regresar a su país de nacimiento en la primavera del año 1901. Como sucede con la gran mayoría de los fundadores del FC Barcelona, poco se sabe de su vida en la Ciudad Condal y de los 513 días durante los que fue presidente. En cambio, existe la certeza de que su mandato fue difícil.

En el año 1949, invitado por el club, Wild participó en los actos organizados con motivo de las Bodas de Oro de la institución. Este hecho permite suponer que a nadie se le ocurrió aprovechar la ocasión del cincuentenario para preguntarle a Wild por datos elementales que hoy nos permitirían disfrutar de muchos más detalles sobre el nacimiento y los primeros pasos del club. Con la perspectiva del tiempo, aquel fue un error que hace más difícil, cada día que pasa, tener la certeza de que las cosas fueron tal y como nos han sido contadas.

Por ejemplo, a muchos barcelonistas y a muchos historiadores nos encantaría conocer la fecha y el lugar de nacimiento de Wild, los pormenores de su nombramiento como primer presidente, por qué razón exacta se eligieron el escudo y los colores azulgrana de la camiseta, cómo y por qué se produjo la disputa entre el FC Barcelona y el Català por utilizar el Velódromo de La Bonanova para jugar sus primeros partidos, cuáles fueron las causas por las que la sede social se trasladó muy pronto desde el Gimnasio Solé hasta el domicilio de Wild en la céntrica calle Princesa o qué sucedió para que su nombre de pila, Walter, cambiara primero al castellano (Gualterio) y después al catalán (Gualteri).

Es una pena que debamos conformarnos con saber que Wild fue elegido presidente por ser el socio-fundador de mayor edad, aunque sospechemos que la mejor posición social y económica con respecto a sus once compañeros de aventura también contó en la decisión; que fue uno de los diez jugadores que participó en el primer partido contra el equipo de la Colonia Inglesa de la ciudad; que jugó un total de diez encuentros; que disputó su último partido el 23 de septiembre de 1900 contra el Català; que siempre ocupó la demarcación de defensa o que fue responsable del primer cambio de campo, desde el Velódromo de La Bonanova hasta el campo del Hotel Casanovas.

Wild fue reelegido presidente en las asambleas anuales del 13 de diciembre de 1899 y del 27 de diciembre de 1900. Cuando presentó la dimisión de su cargo el 25 de abril de 1901, y antes de regresar a su Inglaterra natal, fue nombrado socio de honor junto al alemán Otto Maier, otro de los fundadores y primeros jugadores del equipo. En 1949, los socios y aficionados barcelonistas, puestos en pie, le tributaron una ovación interminable en el viejo campo de Les Corts, durante los actos conmemorativos del cincuenta aniversario de la institución.

Un escudo como una olla de grillos

El primer escudo del FC Barcelona fue el mismo que el de la ciudad, pero rodeado por una guirnalda de laurel y olivo, y rematado en lo alto por una corona y por la figura de un murciélago. El actual escudo no fue escogido hasta el año 1906. No se sabe quién hizo el diseño ni tampoco la fecha exacta de su aprobación. Existen numerosas versiones y ninguna de ellas ha sido bendecida de forma mayoritaria. El propio club sostiene que fue mediante la convocatoria de un concurso. Diversos historiadores defienden otras teorías. La coincidencia sí es amplia en que la elección del escudo fue objeto de larguísimas y acaloradas discusiones.

Cuentan que, en mitad de uno de tantos debates, se oyó decir: «Señores, esto es una olla de grillos». La expresión refleja no solo el elevado tono de voz de los presentes sino también al hecho que todos hablaban al mismo tiempo. A partir de ahí, algunos historiadores mantienen que otro de los asistentes a la reunión empezó a trazar el boceto de una olla sobre un pedazo de papel y que ese fue el origen de la peculiar forma que tiene el escudo barcelonista.

El original tiene, en efecto, una forma que se asemeja a una antigua olla de barro. Incluso parece que tenga asas a los dos lados. Su interior está dividido en dos mitades por una franja horizontal que contiene las siglas FCB. En la parte superior, de derecha a izquierda, se incluyen la cruz de Sant Jordi y las cuatro barras de la bandera catalana. La mitad inferior contiene franjas verticales azules y granas y, justo en el centro, un antiguo balón de fútbol de cuero marrón.

La versión del club también puede ser cierta. Pero sorprende que no exista constancia de quién fue el autor del proyecto ganador, cuando existen diversas actas de las reuniones que la junta directiva celebró entre la fundación del club y la adopción del escudo. Parece razonable pensar que, si hubo tal concurso y en él se proclamó un ganador, su nombre habría aparecido en algún documento de la época.

Los colores de un lápiz de contable

Del origen de la camiseta azulgrana, como de tantas otras cosas en esta historia, tampoco hay documentación escrita que lo certifique. La información es imprecisa y muy cambiante, en función de quién y dónde la escuchó. Y eso ha dado lugar a numerosas teorías. Una de ellas apunta que Gamper escogió aquellos colores porque eran los del FC Basilea, club del que había sido socio hasta el año 1898. Otra versión afirma que los colores los tomó del FC Excelsior, donde practicó el atletismo hasta los dieciocho años. También se defiende que escogió el color azul de la bandera del cantón de Zúrich y el color rojo de la bandera de Suiza.

Dar por sentado que la idea y la decisión fueron de Gamper tiene sus riesgos. Y choca con la versión según la cual Arthur Witty habría afirmado que los colores fueron tomados del equipo inglés de rugbi Center Merchant Taylor, donde él jugó antes de trasladarse a la Ciudad Condal. Arthur y su hermano Ernest se enfrentaron al Barcelona en el primer partido de la historia del club. Pero ambos se incorporaron al equipo inmediatamente después. Y Arthur, además, fue presidente durante los años 1903 y 1904.

Otros cuentan que la madre de unos chavales que solían jugar al fútbol en la calle tejió unas fajas en color azul y otras en color rojo, para que pudiera distinguirse mejor a los componentes de los dos equipos. Sus tres hijos, los hermanos Arseni, Carles y Áureo Comamala jugarían años más tarde en el FC Barcelona. Concretamente, Arseni y Carles lo hicieron entre 1903 y 1912 y Áureo, en los años 1909 y 1910.

Cualquiera de esas historias puede ser verdad. O no. De hecho, la versión que goza de más adeptos es otra. Numerosos historiadores coinciden en la hipótesis de que los colores azulgrana surgieron de los lápices bicolor, mitad azul y mitad rojo, que utilizaban los contables en esa época. Con ellos, punteaban los ingresos y los gastos, los cobros y los pagos. Las cantidades pendientes solían marcarse en rojo. Algo que dio origen a denominar coloquialmente «números rojos» a las deudas.

Entre los que sostienen la teoría del lápiz de contable se encuentran Andreas Schiendorfer y Felix Reidharr. En su libro *Am ball, im bild. Das andere fussballbuch* ('Con el balón, en la imagen. Un libro de fútbol diferente'), estos dos historiadores escriben que «los fundadores del Barça, que podían dividirse entre una fracción suiza y otra británica, estaban sentados en una mesa y debatiendo el tema. No hubo forma de llegar a un acuerdo, hasta que la mirada de Gamper fue a posarse en un lápiz azul y rojo, tonos que gustaron y convencieron a todos».

Procedieran los colores de donde procedieran, las primeras equipaciones azul y grana fueron confeccionadas en tela y cosidas a mano por modistillas, costureras o simples amas de casa. El cuerpo de las camisas era mitad azul y mitad grana, con una manga de cada color. Los primeros pantalones fueron de color blanco y no pasaron a ser azules hasta el año 1910. Y en cuanto a los calcetines, durante mucho tiempo fueron de libre elección por parte de cada jugador. Luego se optó por las medias a rayas horizontales, que el club lució hasta hace muy pocos años.

Terradas, el primer presidente catalán

Bartomeu Terradas nació en Barcelona un día cualquiera del año 1874 y murió otro día cualquiera de 1948, justo un año antes de que el club de toda su vida celebrara las Bodas de Oro. Suyo es el honor de haberse convertido en el primer presidente catalán de la historia del FC Barcelona. Accedió al cargo el 25 de abril de 1901, reemplazando a Walter Wild, y se mantuvo en ese puesto hasta el 5 de septiembre de 1902.

Terradas heredó una gran fortuna a la muerte de su padre. Eso le permitió aceptar el cargo de presidente de un club que, en aquellos días, corría el riesgo de desaparecer por razones estrictamente económicas. Él lo sabía mejor que nadie: había sido el tesorero de la junta directiva desde el mismo día de la fundación del FC Barcelona. Y aún lo era en el momento de acceder a la presidencia.

Afortunadamente para el club, Terradas estaba muy implicado en el proyecto, del que formaba parte desde sus mismos orígenes. Además de ser uno de los primeros doce directivos, era jugador del equipo. Había participado en el encuentro inaugural y continuó jugando hasta 1903. Cinco meses después de abandonar la presidencia, decidió colgar las botas. Intervino en un total de treinta y un encuentros y marcó un único gol, en un partido de la Copa Macaya de 1901, frente al Tarragona.

Más allá de su historial deportivo y de su voluntad de participar en la vida del club, Terradas estaba en disposición de convertirse en el primer mecenas de la entidad. Su holgada posición económica se lo permitía. Así que, durante su mandato presidencial, hizo una aportación a fondo perdido de 1 400 pesetas de la época. Es decir, el equivalente a 700 cuotas de socio de aquellos momentos. Aquel dinero permitió al FC Barcelona alquilar y acondicionar unos terrenos en el barrio de Horta, justo cuando el club se vio obligado a abandonar el campo del Hotel Casanovas.

El legado de Terradas fue enorme. No solo salvó al club de la desaparición, sino que dotó la entidad de su primera comisión deportiva y creó un segundo y hasta un tercer equipo de fútbol. Asimismo, fue uno de los fundadores de la Asociación Catalana de Fútbol, precursora de la actual Federación Catalana, y logró impedir que Rafael Rodríguez Méndez, presidente de la Sección Gimnástica Española y padre del fundador del RCD Espanyol, intentara acaparar el control de todo el fútbol catalán.

«El Barcelona soy yo»

Uno de los presidentes más singulares que ha tenido el FC Barcelona fue Joaquim Peris de Vargas. Militar de carrera, se incorporó a la directiva del club en 1910 durante el mandato presidencial del alemán Otto Gmeling. Posteriormente, permaneció en la junta con Joan Gamper, durante el segundo mandato de este. Cuando Gamper renunció por motivos personales, Francesc de Moxó, Gaspar Rosés y el propio Joaquim Peris de Vargas se postularon para presidentes del club.

Así, el 30 de junio de 1913, en el Colegio Condal de Barcelona, se celebró la asamblea general del club, con una asistencia de medio millar de asociados, y tuvo lugar el proceso electoral, uno de los más ajustados de la historia blaugrana: solo once votos de diferencia entre los dos primeros. De Moxó obtuvo 183 votos, Gaspar Rosés consiguió 172 y Joaquim Peris fue el farolillo rojo de la votación, con solo 59 votos. En su breve mandato, Francesc de Moxó integró en su junta directiva al polémico Joaquim Peris de Vargas. Justo un año más tarde, el 30 de junio de 1914, dimitió Francesc de Moxó, y Àlvar Presta, que fue elegido para sustituirle, nombró vicepresidente a Joaquim Peris.

Solo tres meses más tarde, el 29 de septiembre de 1914, Àlvar Presta presentó la dimisión de su cargo y Joaquim Peris aprovechó el vacío de poder para intentar, otra vez, hacerse con la presidencia. Lo consiguió, pero su estancia en el club fue corta, muy corta. Apenas estuvo nueve meses en el cargo. En tan reducido período de tiempo, dejó numerosas muestras de su difícil y polémico carácter. Se enfrentó a sus propios directivos y también a los jugadores, que llegaron a rebelarse contra él. En numerosas ocasiones, cuando alguien le discutía sus puntos de vista o sus actitudes dictatoriales, llegó a decir que «el Barcelona soy yo».

La situación se hizo tan tensa en el club que el capitán general de Cataluña se vio obligado a intervenir. Teniendo en cuenta que Joaquim Peris era militar, no le quedó otro remedio que obedecer las órdenes de su superior jerárquico y abandonar la presidencia del FC Barcelona, cosa que hizo el 29 de junio de 1915. Pero tan singular personaje no quiso desvincularse del fútbol y entonces se hizo con la presidencia de la Federación Catalana de Fútbol, justo antes de que finalizara el año 1915. Allí también duró muy poco tiempo y dejó su puesto en la federación a mediados de 1916.

Afortunadamente para los padres de Joaquim Peris de Vargas, no todos sus hijos salieron tan polémicos como este. Así, Ricard Peris fue jugador del Internacional de Barcelona antes de incorporarse a la plantilla del FC Barcelona, donde llegó a ser el capitán. Era un futbolista de grandes condiciones físicas, pese a ser bajo de estatura. Era rápido y zurdo. Habitualmente jugaba por la banda izquierda. Otro hermano de ambos, Agustí Peris, sería el primer presidente de la Federación Catalana de Béisbol.

Clausurado por defender «ideas contrarias al bien de la Patria»

El día 14 de junio de 1925, el FC Barcelona decidió tributar un homenaje a la sociedad coral Orfeó Català. Y para ello organizó la disputa de un partido de carácter amistoso frente al Júpiter. Hacía apenas dos años que el general Miguel Primo de Rivera había promovido un golpe de Estado y España vivía en plena dictadura. Las autoridades de la época entendieron que el acto que pretendía celebrar el club azulgrana tenía un carácter reivindicativo de la lengua y de la cultura catalanas, y decidieron prohibirlo.

A pesar de ello, la junta directiva que presidía Joan Gamper mantuvo la convocatoria del homenaje y también del partido. Más de 14 000 personas se dieron cita en las gradas del campo de Les Corts. Antes de iniciarse el encuentro, la banda de música de una escuadra naval británica que se encontraba atracada en el puerto de Barcelona interpretó los himnos de los dos países, España y el Reino Unido. Cuando sonaron los primeros acordes de la *Marcha Real* española, el público le dedicó una sonora pitada.

Los silbidos de los aficionados azulgrana provocaron que, solo unos días después, Joaquín León Milans del Bosch y Carrió, antiguo capitán general de Cataluña que entonces desempeñaba el cargo de gobernador civil de Barcelona, emitiera una orden durísima contra el Barça. Dicha orden comportó la clausura del club, el cierre del campo de Les Corts, la dimisión de Joan Gamper como presidente y su inmediata expulsión del territorio español. El gobernador civil Milans del Bosch justificó aquellas medidas en el hecho de que, «en la citada sociedad, hay personas que comulgan con ideas contrarias al bien de la Patria».

Gamper dio así por finalizado su quinto mandato presidencial, no sin antes realizar la promesa de que nunca más volvería a ser dirigente del FC Barcelona. El fundador del club se exilió en Suiza y la entidad se vio abocada a una posible desaparición. Por suerte, la reacción popular fue incontestable. Ciudadanos, socios e instituciones, entre ellas la Banca Jover, promovieron una campaña de captación de fondos para evitar lo que parecía inevitable. Asimismo, la Federación Catalana de

Fútbol retrasó el inicio de las competiciones esperando a que se cumplieran los seis meses de clausura del club y del campo que habían ordenado las autoridades. El nuevo presidente, Arcadi Balaguer, consiguió que la sanción quedara reducida a la mitad (tres meses) y el club pudo reanudar sus actividades.

Las influencias de Arcadi Balaguer

Veinte kilómetros al sur de Barcelona, entre los límites de las poblaciones de Gavà y Sitges, con el mar Mediterráneo al frente y el macizo del Garraf a la espalda, se encuentra la ciudad de Castelldefels. El municipio ha tenido y sigue teniendo fuertes vinculaciones con el FC Barcelona por motivos de diferente naturaleza. En los últimos años han vivido en sus barrios residenciales futbolistas como Fernando Olivella, Lucien Muller, Luis Enrique Martínez, Ronaldo Luís Nazário de Lima, Ronaldinho de Assis Moreira, Víctor Valdés, Javier Mascherano, Alexis Sánchez o Lionel Messi. Es más, alguno de ellos aún sigue empadronado en Castelldefels o conserva allí sus propiedades.

Messi es el habitante más famoso de una localidad que tiene una historia de más de diez siglos. Su vocación de ciudad industrial, comercial y turística es relativamente joven. Durante muchos años, y a partir de la construcción del ferrocarril, empezó a convertirse en lugar de veraneo. Tiene un litoral marítimo mayor que el de la ciudad de Miami y unas playas de más de cien metros de ancho. Hoy, como otras poblaciones del extrarradio de Barcelona, también es una ciudad-dormitorio.

En el año 967, en la pequeña colina desde la que emerge orgulloso el castillo de Castelldefels, se terminó de construir la iglesia románica de Santa María. Cinco siglos más tarde se levantaría el castillo, a su alrededor. A finales del siglo XIX, el castillo y la iglesia fueron adquiridos por el banquero catalán Manuel Girona, quien destinó el conjunto arquitectónico para su uso personal. Fue entonces cuando se construyó la actual iglesia de Santa María, que comparte plaza con el ayuntamiento de la ciudad. Las obras del nuevo templo se iniciaron en 1903 sobre unos terrenos donados por Concepción Costa. La familia Girona participó económicamente en el proyecto, que fue desarrollado por el arquitecto Enric Sagnier i Villavecchia.

Concepción Costa, quien había enviudado poco tiempo antes y se había convertido en la mayor terrateniente de Castelldefels, era la madre de Arcadi Balaguer, el hombre que sustituyó a Joan Gamper en la presidencia del FC Barcelona cuando este fue inhabilitado para el cargo y exiliado a Suiza por orden de Joaquín León Milans del Bosch. Balaguer accedió al cargo el 17 de diciembre de 1925, como consecuencia directa de su amistad personal con el rey Alfonso XIII y también con el general Miguel Primo de Rivera. Gracias a sus estrechas relaciones con el poder, Balaguer consiguió reducir de seis a tres meses el período de clausura dictado contra la entidad azulgrana por el Gobierno Civil de Barcelona. Y, gracias a eso, el club se salvó de una segura desaparición.

Arcadi Balaguer, quien en aquellos tiempos donó unos terrenos para la construcción del actual ayuntamiento y también del grupo escolar Lluís Vives de Castelldefels, en la misma calle que ahora lleva su nombre, consiguió reunir apoyos sociales y económicos suficientes como para acometer el proyecto de salvar al FC Barcelona. Estuvo en la presidencia hasta el 23 de marzo de 1929. Durante ese lapso de tiempo, el equipo ganó tres Campeonatos de Cataluña, dos Copas de España y la primera edición del Campeonato de Liga española, disputado en el año 1929.

El espléndido trabajo de Balaguer en el club fue reconocido por las autoridades y por el barcelonismo. El rey Alfonso XIII le concedió el título de barón de Ovilvar, mediante un real decreto de 20 de enero y un real despacho de 12 de mayo de 1930 y, además, la nueva directiva del FC Barcelona le concedió la medalla al mérito de la institución. La influencia política de Arcadi Balaguer era tan grande que consiguió que la electricidad, y con ella el alumbrado público, llegaran a la ciudad de Castelldefels.

El suicidio de Gamper

El miércoles 30 de julio de 1930 fue un día muy triste para el barcelonismo. Joan Gamper fallecía a los 52 años de edad. La noticia de su muerte trascendió de forma inmediata, como correspondía a la personalidad del finado. Pero transcurrieron muchos años hasta que se dieron a conocer las verdaderas causas de su muerte. El fundador del club azulgrana se suicidó de un disparo con arma de fuego.

Gamper fue una de las víctimas que se cobró el Crack de 1929. Muchos empresarios decidieron quitarse la vida tras los famosos Jueves Negro, Lunes Negro y Martes Negro que se produjeron entre el 24 y el 29 de octubre de aquel año. La mayoría de los suicidios que se dieron tras el seísmo económico de la Bolsa de Nueva York fueron prácticamente inmediatos. En el caso de Gamper transcurrieron nueve meses entre el terremoto bursátil en Wall Street y su muerte voluntaria. En aquel lapso de tiempo, su empresa textil se fue a pique, su economía personal hizo una trágica excursión hacia la ruina y los médicos estuvieron tratándole con antidepresivos durante cinco largos meses.

El entierro de Gamper constituyó un acontecimiento deportivo y ciudadano de primera magnitud. Se hicieron eco todos los medios de comunicación. Especialmente significativo fue el tratamiento que el diario *La Vanguardia* dio a la noticia, en su edición del día 1 de agosto de 1930. El relato incluyó todo tipo de detalles sobre un acto que fue seguido por miles de personas y que se alargó por espacio de casi tres horas.

A las 11 en punto de la mañana, la comitiva fúnebre salió desde el penúltimo domicilio de Gamper, en la calle Girona. Las vías adyacentes, entre la ronda de Sant Pere y la calle Casp, quedaron colapsadas por el público. Envuelto en una bandera azulgrana, el féretro fue trasladado por deportistas del club. Los futbolistas Samitier, Sagi, Sastre, Carulla, García, Uriach, Serra, Bestit, Llorens, Sancho y Piera estuvieron entre ellos. El cortejo recorrió unas pocas calles hasta llegar al cercano monasterio de Sant Pere de les Puel·les, donde ofició un sentido responso mosén Lluís Sabater, muy conocido en Barcelona como «el obispo del fútbol» y también como «mosén Lechuga».

El ataúd fue trasladado, entonces, hasta las oficinas del club, en la calle Diputació. En el patio de la sede social barcelonista, los asistentes al acto desfilaron ante el féretro de Joan Gamper a modo de despedida. Al filo de la una del mediodía se dio por finalizado el duelo, en el que no faltó una representación del

Real Madrid. Ya en la intimidad familiar, el fundador del club fue enterrado en el Cementerio de Montjuïc. Sus restos permanecen allí, generalmente entre ramos de flores.

Una «entidad al servicio de la República»

La crisis económica de 1929 había provocado la dimisión del dictador Miguel Primo de Rivera en enero de 1930. En un intento por recuperar la fortaleza parlamentaria, Alfonso XIII había nombrado presidente de gobierno al general Dámaso Berenguer. Pero esa «dictablanda», como se denominó a aquella corta etapa de gobierno, solo sirvió para empeorar su situación. El nuevo cambio de presidente del consejo de ministros, en favor del almirante Juan Bautista Aznar-Cabañas, y su gobierno de concentración monárquica acabaron por dar paso, en solo dos meses, a la proclamación de la Segunda República Española.

El 14 de abril de 1931 se proclamó esa Segunda República y el rey Afonso XIII abandonó voluntariamente el país. Según cuentan los historiadores, la monarquía liberal que imperaba en aquellos tiempos fue víctima de sus propios excesos y también de la voluntad de cambio por parte de los votantes en las principales ciudades de España: Madrid, Barcelona, Sevilla, Bilbao, Valencia… Los republicanos ganaron en treinta capitales de provincia mientras que los monárquicos y los tradicionalistas solo ganaron en diez capitales, todas ellas de escasa población: Ávila, Burgos, Cádiz, Las Palmas, Lugo, Orense, Palma de Mallorca, Pamplona, Soria y Vitoria.

Antes de marcharse de España, el rey Alfonso XIII había mantenido importantes vinculaciones con el mundo del fútbol. Había creado la Copa del Rey en 1903, a partir del éxito de la Copa de la Coronación que se había celebrado un año antes con motivo de los festejos por su investidura. Y había resuelto la situación de crisis que se produjo en 1912, tras sendas escisiones en la Federación Española y en la Federación Catalana. Pero también había provocado mucho malestar al permitir que el gobierno de Miguel Primo de Rivera adoptara medidas tan duras como las de clausurar el campo del FC Barcelona y mandar al exilio a Joan Gamper, en la primavera de 1925.

Del mismo modo que las directivas y los socios barcelonistas se sintieron muy incómodos durante la dictadura de Primo de Rivera, la proclamación de la Segunda República trajo una gran calma a la sociedad azulgrana. La sintonía con los principios republicanos era grande en la ciudad y en la mayoría de sus instituciones. Pero no fue hasta el comienzo de la Guerra Civil, en 1936, cuando la directiva declaró oficialmente al club como una «entidad al servicio del gobierno legítimo de la República».

Diez mujeres en la directiva

Anna Maria Martínez Sagi se incorporó a la junta directiva del FC Barcelona en el año 1934, siendo el presidente del club Esteve Sala. Nacida no se sabe qué día del año 1907 en el seno de una familia de la alta burguesía catalana, Anna Maria fue un personaje de una extraordinaria dimensión. Las referencias biográficas que existen sobre ella permiten definirla como republicana, sindicalista, periodista, poetisa, conferenciante, profesora universitaria, deportista y atleta, feminista y homosexual.

Era hermana de Armando Martínez Sagi, un habilidoso delantero del primer equipo azulgrana que jugó en los años 1920 y 1921 junto a Zamora, Samitier o Piera, y quien posteriormente sería campeón del mundo de billar de fantasía en 1932. Y también era prima de Emili Sagi Liñán, popularmente conocido como Sagi-Barba, quien se enfundó la camiseta azulgrana durante dos décadas, entre 1916 y 1936. Pero más allá de los vínculos familiares que la unían al club, Anna Maria Martínez Sagi fue la primera mujer en ocupar un puesto directivo en la historia del FC Barcelona. Accedió al cargo en 1934 a propuesta de Josep Sunyol y desempeñó las funciones de vocal en el área de cultura y propaganda.

Conociendo los detalles de su agitada vida, nada debió de ser menos trascendente para ella que ser la primera mujer en sentarse a la mesa de un consejo directivo barcelonista. Enfrentada a su madre —quien jamás le ocultó su decepción por el hecho de que hubiera nacido niña, a pesar de que trató de educarla bajo los parámetros de la época—, Anna Maria se negó a desempeñar el papel que la sociedad más tradicional y aburguesada tenía reservado a las mujeres.

Anna Maria Martínez Sagi luchó siempre por sus metas. Fue varias veces campeona de Cataluña en lanzamiento de jabalina y la bautizaron con el apodo de la Virgen del Estadio. Defendió abierta y públicamente su condición homosexual y jamás ocultó su amor por la escritora Elisabeth Mulder, de quien la familia acabó por separarla en 1932. Tanto sus artículos como sus poemas fueron un canto modernista a los derechos de las mujeres, entre ellos el sufragio femenino. Y se convirtió, junto con Josefina Carabias o Irene Polo, en la periodista más importante de la Segunda República Española.

Dimitió como directiva del FC Barcelona porque no consiguió crear una sección de deporte femenino en el seno del club. Antes, había fundado la primera asociación de mujeres trabajadoras de la Ciudad Condal y había trabajado a favor de la alfabetización de la población femenina. Al terminar la Guerra Civil tuvo que exiliarse a Francia, donde participó en la Resistencia contra los nazis. Se licenció en Lengua y Literatura Francesas y, en 1950, emigró a Estados Unidos, donde se convirtió en profesora de francés en la Universidad de Illinois. En 1975, tras la muerte del general Franco, regresó a Barcelona.

Los últimos veinticinco años de su vida transcurrieron en el más absoluto silencio. Nadie sabe cómo reaccionó al conocer la noticia de que el presidente Josep Lluís Núñez había creado los equipos femeninos de fútbol en 1980. Anna Maria Martínez Sagi falleció el 2 de enero del año 2000 en una residencia de Santpedor, el mismo pueblo en el que nació Pep Guardiola. El día 5 de marzo de 2011, y por iniciativa de la directiva Susana Monje, el FC Barcelona tributó un homenaje a las mujeres, coincidiendo con el Día de la Mujer Trabajadora. Aquella noche, con ocasión de un partido de Liga ante el Real Zaragoza, se guardó un emotivo recuerdo por la primera mujer directiva en la historia del club.

Después de ella, solo otras nueve mujeres han ocupado cargos directivos en el consejo directivo azulgrana. Y entre la primera, Anna Maria Martínez Sagi, y la segunda transcurrió un larguísimo período de tiempo. Nada menos que 54 años. Josep Lluís Núñez incorporó a Rosa Valls-Taberner en 1989, otorgándole responsabilidades en el área social. El mismo Núñez contó con Carmen Drópez, en 1995, para impulsar la formación humana de los jóvenes deportistas del club y, dos años más tarde, en 1997 aupó al cargo de directiva a Elisabeth Cardoner, nieta de Nicolau Casaus, quien entró a trabajar en el área de relaciones públicas.

Con Joan Gaspart estuvieron la exjugadora de fútbol Maria Teresa Andreu (debutó en el año 2000) y la política de Esquerra Republicana Isabel Galobardes (en 2002), esta como portavoz de la junta. Durante el mandato de Joan Laporta entraron como directivas la artista Clàudia Vives-Fierro (en 2003), esposa del vicepresidente Marc Ingla, y la abogada Magda Oranich (en 2008). Y desde 2010, con Sandro Rosell como presidente, están Susana Monje, al frente de la tesorería, y Pilar Guinovart, en el área de atención al socio. Por su parte, Anna Xicoy (en 2003) ha sido la única directora general del club.

Josep Sunyol, el presidente que fue fusilado

El vigesimosegundo presidente del FC Barcelona, Josep Sunyol i Garriga, murió fusilado el 6 de agosto de 1936 en la sierra de Guadarrama. Destacado militante de Esquerra Republicana de Catalunya (ERC), fue diputado por las Cortes Españolas durante tres legislaturas consecutivas. Fue elegido en los comicios de 1931, 1933 y 1936, este último justo antes de que se iniciara el golpe de Estado que desembocó en la Guerra Civil Española.

Por su vocación de servicio a la causa del nacionalismo catalán, y en el ejercicio de su responsabilidad política, decidió visitar el frente apenas unos días después del golpe militar del 18 de julio de 1936. Viajaba en un coche nuevo de marca Ford y matrícula ARM-6929, junto al chófer Quintanilla, un teniente del ejército republicano y el periodista deportivo Ventura Virgili. Por equivocación, el vehículo se adentró en una zona que controlaban los militares sublevados y fueron detenidos en el kilómetro 50 de la carretera Madrid-Segovia. Josep Sunyol fue reconocido y detenido al instante junto a sus tres acompañantes. Los cuatro fueron fusilados sin que mediara juicio previo y arrojados a la cuneta en el kilómetro 52 de esa carretera. Unos años después de su muerte y en aplicación de la Ley de Responsabilidades Políticas, aprobada el 9 de febrero de 1939, el gobierno franquista decidió abrirle un expediente depurativo.

Nacido en Barcelona el 21 de julio de 1898, dieciséis meses antes de la fundación del FC Barcelona, Sunyol tuvo una vida corta pero muy intensa. Además de desempeñar las responsabilidades políticas ya comentadas, fue presidente de la Federación Catalana de Fútbol, presidente del Real Automóvil Club de Cataluña y también presidente de la entidad barcelonista desde el 17 de julio de 1935. La junta directiva del club le siguió guardando el cargo, en condición de «ausente», hasta el 17 de enero de 1939, pocos días antes de la caída de Barcelona en manos rebeldes.

Sunyol se hizo socio del FC Barcelona en el año 1925. Tomó la decisión de afiliarse cuando el gobierno autoritario de Primo de Rivera decidió clausurar el campo de Les Corts, después de que en el transcurso de un partido se produjera una manifestación espontánea contra la dictadura. Más tarde, Sunyol se incorporó al club como directivo. Al margen de sus actividades como político y como gestor deportivo, Sunyol fue un destacado mecenas cultural de la época. Entre sus numerosas actividades estuvo la de promover y fundar el diario deportivo *La Rambla*. Allí escribía Ventura Virgili, el periodista que le acompañó en su último viaje y que fue fusilado junto a él.

La figura de Josep Sunyol ha sido y sigue siendo muy reconocida en círculos barcelonistas y catalanistas. En su memoria se han realizado numerosos actos de homenaje. Entre los más recientes cabe destacar que una peña azulgrana de la población de Palafolls (el Maresme, Barcelona) lleva su nombre y que el FC Barcelona recordó su insigne figura en un emotivo acto antes del encuentro de Liga que le enfrentó al Levante, el día 3 de diciembre de 2011, en el Camp Nou.

El marqués de la Mesa de Asta

El 21 de agosto de 1690, según unos, y el 6 de agosto de 1691, según otros, el rey Carlos II concedió el título nobiliario de marqués de la Mesa de Asta a Diego Luis de Villavicencio y Zacarías. El nombre del marquesado se correspondía con el histórico enclave de Mesas de Asta, un barrio rural de Jerez de la Frontera (Cádiz), que fue construido sobre la antigua ciudad romana de Asta Regia y que previamente había sido un asentamiento tarteso. Actualmente residen allí unas seiscientas familias, pocas o ninguna de las cuales sabrán que un descendiente de uno de sus antiguos habitantes fue presidente del FC Barcelona.

Si sus antepasados fueron nombrados marqueses por decreto real, Enrique Piñeyro de Queralt, noveno marqués de la Mesa de Asta, se hizo cargo del club azulgrana de un modo muy parecido. Su afinidad política con el régimen del general Franco hizo que las autoridades de la época, encabezadas por el Comité Olímpico Español y el Consejo Nacional de Deportes, le invitaran a ocupar el puesto de presidente. Piñeyro había sido ayudante del general Moscardó, con cuyas tropas entró en Barcelona a finales del mes de enero de 1939.

Terminada la Guerra Civil, el general Moscardó se hizo cargo del deporte español y confirmó al teniente coronel Julián Troncoso como presidente de la refundada Federación Española de Fútbol, al tiempo que le hacía miembro del Consejo Nacional de Deportes. Ambos, Moscardó y Troncoso, decidieron que Enrique Piñeyro se hiciera cargo de la presidencia del FC Barcelona, sustituyendo a la junta gestora que se había hecho cargo del club al finalizar la trágica contienda fratricida.

A Piñeyro le importaban tres pitos el fútbol y el club blaugrana. Según sus coetáneos, jamás había presenciado un partido ni, por supuesto, había sido socio o simpatizante de la entidad azulgrana. Pero era una persona de la máxima confianza del aparato franquista y, siendo aristócrata de cuna, ofrecía un perfil idóneo para ponerse al frente de una institución a la que cambiarían su nombre original por el de Club de Fútbol Barcelona, de acuerdo con los aires españolistas de la época.

La toma de posesión de Piñeyro se produjo el 13 de marzo de 1940. Había recibido el encargo de desnudar completamente al club de su significación cívica y catalanista. Tanto fue así que en su discurso de investidura afirmó: «Desde luego, opino que hemos de considerar nuestro mandato como servicio al engrandecimiento de la causa de España [...]. No he de ocultar que vamos a encontrar una tarea delicada y dura».

Nadie pudo imaginar entonces que aquel marqués, tan afín al régimen franquista, acabaría identificándose con los ideales barcelonistas hasta el punto de presentar su renuncia irrevocable al cargo solo tres años más tarde, el 20 de agosto de 1943, por entender que el trato que recibía el club de las instituciones centrales era tan arbitrario como injusto. La gota que colmó el vaso de su paciencia fue la decisión del gobierno central de imponerle al FC Barcelona una multa de 25 000 pesetas… ¡por el comportamiento antideportivo que el público de Chamartín había tenido durante un partido que el Real Madrid ganó al Barcelona por 11-1!

Los estatutos franquistas de 1940

En 1940, el marqués de la Mesa de Asta se había visto obligado a modificar los estatutos del FC Barcelona por imperativo del gobierno del general Franco. La orden que recibió Enrique Piñeyro fue tajante y no dejaba lugar a interpretaciones. Tenía que acabar con todo aquello que permitiera la identificación del club con una sociedad que había combatido en el bando republicano durante la Guerra Civil.

Los nuevos estatutos debían de ser el fiel reflejo de los ideales del régimen totalitario y expresar la adhesión inquebrantable del club a la dictadura. De este modo, la denominación original de la sociedad fue cambiada por la de Club de Fútbol Barcelona, la señera catalana que aparecía en el cuadrante superior izquierdo del escudo fue reemplazada por dos franjas verticales rojas sobre un fondo amarillo y diversos artículos del nuevo redactado de los estatutos, en castellano por supuesto, recordaban que las cosas debían hacerse «de conformidad con lo dispuesto por la Superioridad».

Piñeyro encargó la redacción de aquellos estatutos franquistas a los directivos Javier de Mendoza Arias-Carvajal, abogado y capitán del Cuerpo de Artillería, y a Juan Agustí Peypoch, cirujano de profesión y hermano del afamado escritor Ignasi Agustí. Entre los dos, a golpe de obús y de bisturí, acabaron en unas pocas semanas con cualquier vestigio democrático de las normas estatutarias anteriores y recogieron, en 10 capítulos y 38 artículos, el «espíritu nacional» que querían imponer los vencedores de la guerra.

La entrada en vigor de aquellos estatutos franquistas se

produjo el 12 de junio de 1940. Su vigencia se alargó hasta 1950. Posteriormente, alguien los hizo desaparecer y estuvieron perdidos hasta que un trabajo periodístico de investigación del diario *La Vanguardia* permitió recuperarlos de forma íntegra. Solo por esta razón ha podido saberse que «el nombramiento de presidente» o miembros de la directiva quedaba sujeto a la aprobación de Madrid, previa presentación de una declaración jurada de los aspirantes, en la que debía de constar «dónde les sorprendió el Glorioso Movimiento Nacional y la actividad que desarrollaron desde su iniciación hasta la terminación de la guerra».

Los nuevos estatutos contemplaban la posibilidad de que fueran miembros de la directiva socios del club o «personas ajenas al mismo», como era el caso del propio Piñeyro. Asimismo, también planteaban que «la disolución del Club de Fútbol Barcelona podrá ser acordada por orden terminante de los organismos superiores al mismo y en especial por la Federación Española de Fútbol». Y, por supuesto, derogaban cualquier otra norma existente: «Quedan nulos y sin efecto todos los Estatutos y Reglamentos anteriores, así como todos los acuerdos del Consejo Directivo o de las antiguas Asambleas que se hallen en contradicción con el presente Reglamento».

Desde el mismo día de la fundación del club, todos los acuerdos se habían tomado de forma democrática, mediante la celebración de asambleas de socios. Es más, en los estatutos anteriores, aprobados en 1932 bajo la presidencia de Joan Coma, se hacía constar expresamente que «toda reforma deberá ser solicitada al menos por el cinco por ciento de los socios» y se establecía que cualquier modificación propuesta necesitaría el apoyo de «tres cuartas partes de los asistentes a la asamblea».

Montal padre y Montal hijo

Durante la Edad Media apareció en Cataluña la figura de «l'hereu» ('el heredero'). Se trataba del primer hijo varón de un matrimonio y, como tal, tenía el derecho legal a percibir la totalidad de los bienes de una familia cuando se producía el fallecimiento del padre. Esta figura, convertida en una auténtica institución, surgió por dos motivos: el primero, garantizar que no se produjera una división del patrimonio familiar y el segundo, responsabilizar al hijo mayor del sostenimiento del resto de la familia.

La figura jurídica de «l'hereu» apareció en el Codi de Successions de la época y fue posteriormente incorporada a las nuevas ediciones del Codi Civil de Catalunya, dando lugar a que los testamentos carezcan de validez si no contienen la designación de uno o varios herederos. A pesar de la evolución que ha sufrido la sociedad, todavía hoy se mantiene, en algunas zonas rurales, la tradición de hacer responsable del patrimonio y del cuidado de la familia al primer hijo varón del fallecido.

Desde luego, no puede decirse que Agustí Montal i Galobart nombrase heredero de la presidencia del FC Barcelona a su hijo Agustí Montal i Costa. Pero la vida nos ofrece elementos anecdóticos que nos permiten utilizar la retórica como forma de expresión artificiosa y usar la metáfora como manera de relacionar un término real con otro imaginario, para contar sus respectivas historias. Y uno de esos elementos reside en el hecho de que Montal i Galobart falleciera el 8 de abril de 1964 y que Montal i Costa se incorporase a la directiva del club azulgrana poco después de la muerte de su padre.

Agustí Montal i Galobart nació el 2 de junio de 1906, en el seno de una familia tradicional catalana de la época. Una antepasada suya, Paula Montal, fue la fundadora de la Congregación de las Hijas de María o religiosas escolapias. Por ello alcanzó el rango de beata en 1993 y en 2001 fue canonizada por Juan Pablo II. Su familiar Agustí siguió con la tradición de dedicarse al negocio de la familia y fue un empresario textil del ramo del algodón. Contrajo matrimonio con Angelina Costa y fruto de la unión nacieron cuatro hijos, el mayor de los cuales fue Agustí, es decir, «l'hereu». Montal padre se incorporó a la directiva del club, en la función de contable de la junta directiva que presidía Josep Vendrell. Corría el año 1943. Eran tiempos en los que el régimen franquista todavía designaba a los presidentes del club azulgrana a dedo.

En noviembre del año 1945, Montal i Galobart presentó una moción solicitando que se pusiera fin a la provisionalidad que se había instalado en el club. Entendía que había transcurrido mucho tiempo desde el final de la Guerra Civil y que era necesario dotar al club de una estabilidad que le permitiera crecer de acuerdo con sus posibilidades. La directiva de Vendrell dio luz verde a la moción, que fue trasladada, como era preceptivo, a la Federación Catalana de Fútbol. Diez meses después, Montal fue nombrado presidente del FC Barcelona por las autoridades competentes.

Durante su mandato se produjeron hechos que marcaron, muy positivamente, el devenir de la institución. Montal dotó al club de una estructura moderna; afrontó los fichajes de Fernando Daucik, entrenador del equipo de «las Cinco Copas», y de su yerno Ladislao Kubala; compró los terrenos sobre los que posteriormente se edificaría el Camp Nou; consolidó al primer equipo en la élite del fútbol español y, en el ámbito social, organizó los actos conmemorativos de las Bodas de Oro del club. El 16 de julio de 1952 presentó la dimisión de su cargo. Había permanecido seis años en la presidencia y su gestión se recuerda, todavía hoy, como una de las más brillantes en toda la historia del Barça.

Cuando Agustí Montal i Galobart abandonó la presidencia, su hijo mayor había cumplido los 18 años y, aunque todavía era menor de edad, ya tenía una extraordinaria vinculación sentimental con el FC Barcelona. Había crecido en el mismo entorno tradicional catalán que su padre y, próximo a iniciar la carrera universitaria de económicas con la intención de proseguir con el negocio familiar, ya había vivido toda suerte de emociones como seguidor del club. En este sentido, disfrutó de la primera etapa dorada del barcelonismo desde un lugar de auténtico privilegio.

Agustí Montal i Costa, que habia nacido el 5 de abril de 1934, ingresó en la junta directiva de la mano de Narcís de Carreras, el hombre que en su discurso de investidura como presidente había acuñado la frase de que el FC Barcelona era «més que un club». Con 33 años recién cumplidos, «l'hereu» Montal ocupó la vicepresidencia hasta que, tras la dimisión de su presidente, decidió dar un paso adelante para sucederle en el cargo. Su compañero de junta directiva Pedro Baret hizo lo propio, de modo que, el 18 de diciembre de 1969, los compromisarios del club tuvieron que elegir presidente.

Tras ganar aquellas elecciones, Agustí Montal i Costa

aplicó las enseñanzas de su padre. Entre los hechos más destacados de su presidencia se cuentan el fichaje de Marinus Michels, el entrenador que importó el actual modelo de juego del equipo; la contratación de Johan Cruyff como jugador; la creación del actual himno del Barça, y la construcción del Palau Blaugrana y de la Pista de Hielo. Además, para no ser menos que su padre, estuvo al frente de la entidad cuando se celebraron las Bodas de Platino, en 1974.

En cuanto a los resultados deportivos, «l'hereu» no tuvo tantos éxitos como su padre. El equipo ganó una Liga y estuvo mucho tiempo enfrentado a las instituciones deportivas por el mal trato que el club recibía por parte de los árbitros. Durante su mandato se produjo el llamado «caso Guruceta», en el que el árbitro vasco convirtió en penalti una falta fuera del área, cometida por Joaquim Rifé sobre Manolo Velázquez, en un decisivo Barcelona-Real Madrid. Pocos meses después de abandonar el cargo, el equipo ganó la final de la Copa del Rey ante el Las Palmas.

De Miró-Sans a Llaudet, estadio y crisis

Enric Martí i Carreto fue un presidente de transición. Apenas estuvo un año en el cargo, al que llegó con el apoyo y la confianza del dimitido Agustí Montal i Galobart. Martí i Carreto presentó la dimisión, junto a otros directivos, como consecuencia de la salomónica resolución del «caso Di Stéfano». El presidente de la Federación Catalana de Fútbol, Francesc Giménez Salinas, encabezó entonces una comisión gestora cuya misión se centró, de forma casi exclusiva, en convocar elecciones a la presidencia. Aquella gestora estuvo integrada, además de Giménez Salinas, por diez expresidentes del club.

Siempre se ha dicho que aquellas fueron las primeras elecciones democráticas de la historia del club. Pero, en realidad, eso no es cierto. En primer lugar, las mujeres no pudieron votar y los socios con una antigüedad menor a dos años, tampoco. En segundo término, diversos periodistas e historiadores han denunciado que en aquellos comicios no votaron los socios sino los carnés. Xavier Garcia Luque y Jordi Finestres, relatan en su libro *El cas Di Stéfano* que en las elecciones «hubo un mercadeo vergonzoso de carnés, porque la presentación de un carné de socio equivalía a un voto aunque el titular no acudiera a votar en persona». Y es bastante parecido a lo que publicó el periodista Santiago Codina en su libro *Els presidents del Barça*, donde puede leerse: «No votaron los socios, votaron los carnés. Eso hizo que los emisarios de los dos candidatos intentasen como locos recoger carnés para convertirlos en papeletas».

Y aún se produjo una tercera cuestión. En el libro de García Luque y Finestres también se desvela que hubo intervención del gobierno central en el proceso de designación del nuevo presidente. «De los tres precandidatos que presentó Giménez Salinas, Francesc Miró-Sans, Ramon Riba y Amat Casajuana salió el que el gobernador civil de Barcelona designó: Miró-Sans, que estaba considerado como uno de los hombres de absoluta confianza del régimen», escribieron literalmente.

El acto de la votación se desarrolló el 14 de noviembre de 1953. Participaron 17241 socios varones o carnés de varones. Miró-Sans obtuvo 8771 votos, frente a los 8470 de Amat Casajuana. El tercer precandidato, Ramon Riba, se retiró durante la campaña electoral. Nueve días después, el 23 de diciembre, Francesc Miró-Sans tomó posesión como vigesimonoveno presidente de la historia del club. Lejos estaba de imaginar que la causa de la dimisión como directivo de Martí i Carreto, el «caso Di Stéfano», también iba a amargar a Miró-Sans los cuatro primeros años de su mandato. Con la Saeta Rubia, como se apodó al futbolista argentino, el Real Madrid encadenó cuatro Campeonatos de Liga consecutivos y al club azulgrana no le quedó otra que consolarse con la conquista de la primera Copa de Ciudades en Ferias —empezó a disputarse en 1955 y se ganó en 1958 a la selección de la ciudad de Londres—, y con el proceso de construcción del Camp Nou, que pudo inaugurarse el 24 de septiembre de 1957.

Al finalizar su mandato presidencial, que estatutariamente ya era de cuatro años, Miró-Sans decidió concurrir a la reelección. Esta vez no votaron todos los socios, sino los poco más de doscientos compromisarios que habían sido elegidos por sorteo entre la masa social. Era la primera ocasión en toda la historia del Barça que un presidente optaba a la reelección. La votación se realizó el 7 de enero de 1958. Ganó Miró-Sans, con 158 votos frente a los 55 que obtuvo el otro candidato, Antoni Palés.

Pero la situación económica del club era terrible. El club había visto como se disparaba el prespuesto previsto para la construcción del Camp Nou y además no encontraba ningún tipo de facilidad para conseguir la recalificación de los terrenos del viejo campo de Les Corts, pese a las buenas relaciones que Miró-Sans mantenía con las instituciones políticas de la época. Así que la grandeza del nuevo estadio convivió con las penurias económicas de un club que, aun así, acertó en la contratación de Helenio Herrera como entrenador y en el fichaje del gallego Luis Suárez, entre otros. Con el Mago en el banquillo, el FC Barcelona encadenó dos Ligas consecutivas, se adjudicó una Copa del Generalísimo y conquistó su segunda Copa de Ciudades en Ferias, frente a la selección de la ciudad de Birmingham.

Aquello fue un espejismo. Helenio Herrera tuvo problemas de relación con la junta directiva y también con alguna de las estrellas del equipo, como sucedió en el caso de Ladislao Kubala. Forzado a despedir al entrenador tras la derrota contra el Real Madrid en la Copa de Europa de 1960, la magia de H. H. se fue tal como había llegado y el club volvió a sumirse en una profunda crisis, a causa de su paupérrima situación económica. Francesc Miró-Sans tuvo que dimitir en febrero de 1961, un año antes de que finalizara el mandato para el que había sido elegido. Solo unos meses después, el equipo perdió la final de la Copa de Europa frente al Benfica portugués.

Tras un breve interregno en el que presidió el club Julià de Capmany, dos directivos de Francesc Miró-Sans compitieron por la presidencia. La elección volvió a realizarse mediante el voto de los compromisarios y así seguiría siendo hasta la muerte del dictador Franco. El 7 de junio de 1961 se llevó a cabo el acto de la votación. Enric Llaudet, que había presidido al filial barcelonista de la época, el Condal, en Primera División, derrotó a Jaume Fuset por solo 24 votos de diferencia.

Con unas deudas que rondaban los trescientos millones de pesetas de la época, y tras la retirada de un jugador tan importante como el guardameta Antoni Ramallets, el nuevo presidente Llaudet solo pudo aceptar la venta ya pactada de

Luis Suárez al Inter de Milán y además tuvo que prescindir del veterano delantero húngaro Zoltan Czibor, que fichó por el RCD Español. Todo aquello le llevó a realizar una larguísima travesía del desierto que fue incluso más allá de los siete años que Llaudet permaneció en el cargo. La Copa del Generalísimo de 1963 y la Copa de Ciudades en Ferias de 1966, ganada al Real Zaragoza de los Cinco Magníficos, fueron como dos pequeños oasis que no le libraron de la bronca permanente de los socios.

Cuando Enric Llaudet consiguió que el Ayuntamiento de Barcelona, con José María de Porcioles como alcalde, recalificara los terrenos del viejo Les Corts, ya era demasiado tarde. El club ingresó 226 millones de pesetas, con los que aligeró considerablemente su deuda, pero el presidente ya no pudo reconducir la deteriorada situación social y se vió abocado a convocar elecciones anticipadas, cosa que se produjo el 1 de septiembre de 1967. Antes de marcharse, convocó un referéndum para bautizar el Camp Nou y dejó para la posteridad el legado del Trofeo Joan Gamper. En la década de los años ochenta del pasado siglo, durante el primer mandato presidencial de Núñez, Enric Llaudet fue nombrado presidente de la Comisión Económica Estatutaria, que velaba por el cumpliento de los presupestos.

Francesc Miró-Sans había nacido en Barcelona en 1918 y Enric Llaudet lo hizo, también en la Ciudad Condal, en 1916. Los dos procedían del ámbito de la industria textil, muy activa en la Cataluña de la época. Mientras a Miró-Sans se le apodó el Palabras por su gran locuacidad, a Llaudet se le recuerda por su porte señorial, sin duda heredado de su padre, Josep Llaudet, quien fue directivo del FC Barcelona con tres presidentes distintos: Gaspar Rosés (1920-21), Joan Gamper (1924-25) y Arcadi Balaguer (1925-27).

«Más que un club»

Narcís de Carreras fue el trigesimosegundo presidente del FC Barcelona. Había sido directivo con Agustí Montal padre, con Enric Martí i Carreto y con Enric Llaudet. Fue elegido, sin oposición, el 17 de enero de 1968. Aquel mismo día, tras recibir el respaldo de los barcelonistas, pronunció un sentido discurso de investidura, seguramente ajeno a la trascendencia que acabaría por tener una de las frases que dirigió a los miembros de la asamblea azulgrana.

En un momento de su apasionada alocución, De Carreras afirmó: «Vengo con todo aquel entusiasmo que vosotros podéis pedir, porque el Barça es algo más que un club de fútbol. El Barça es más que un lugar de esparcimiento donde los domingos vemos jugar a un equipo. Más que todas las cosas, es un espíritu que llevamos muy arraigado; son unos colores que estimamos por encima de todo».

Cinco años más tarde, la frase «algo más que un club de fútbol» fue utilizada como eslogan en la campaña electoral que llevó a Agustí Montal hijo a renovar la confianza de los socios en los comicios del año 1973. A partir de ahí, la frecuencia de su uso convirtió cuatro palabras en la forma más común de definir a la institución. Actualmente, la leyenda «més que un club» está impresa en letras de molde, en color amarillo, sobre los asientos azul y grana de la tribuna de preferencia del Camp Nou.

El espíritu al que se refería Narcís de Carreras en su discurso de investidura ha sido objeto de numerosos estudios por parte de sociólogos e historiadores. Todas las interpretaciones se asientan sobre pilares muy sólidos. Pero ninguna de ellas puede utilizarse sin tener en cuenta todas las demás. De hecho la frase no tendría ningún sentido si no se contemplan, como una sola unidad, las vocaciones deportiva, política y social que aglutina y que son la causa de su grandeza como club.

Es cierto que el fútbol es el origen y la razón de ser principal de la existencia del FC Barcelona, pero también es un club de baloncesto, de balonmano, de hockey sobre patines y sobre hierba, de atletismo, de rugbi, de béisbol… Muy pocas instituciones deportivas tienen una dimensión ni siquiera parecida. Y por sus gestas deportivas ha captado socios y ha cautivado a aficionados en muchas ciudades españolas, europeas y del resto del planeta. Y tiene peñas de socios abiertas en lugares inverosímiles de los cinco continentes.

Tampoco puede negarse que el FC Barcelona reúne en su masa social, y entre su legión de incondicionales, a personas procedentes de todas las clases sociales y de todas las ideologías políticas posibles. Ni puede negarse tampoco que a lo largo de su historia ha demostrado una clara identificación con el país, la lengua catalana, su histórica bandera, su inmensa cultura y sus tradiciones milenarias. Por esta razón, el club firmó en apoyo de los estatutos de autonomía de 1932 (elaborado en la localidad de Núria), de 1979 (elaborado en Sau) y de 2006. Además, siempre ha dado su apoyo a la plataforma política que trabaja en favor de las selecciones deportivas catalanas. Esta constante identificación con Cataluña llevó al club a recibir la cruz de Sant Jordi de la Generalitat en 1992.

Y aunque se ha convertido en el abanderado de los valores catalanistas, también lo es de otros muchos valores, como la integración o la solidaridad. Desde hace varios años, el club destina el 0,7 por ciento de su presupuesto anual a proyectos humanitarios que son gestionados a través de la fundación del propio club. Desde el año 2006 realiza una donación de 1,5 millones de euros por temporada a UNICEF, la agencia internacional que vela por los derechos de los niños y cuyo logotipo luce en sus camisetas. Asimismo, colabora en numerosos actos y proyectos para combatir la pobreza, el hambre e importantes enfermedades como el sida y la malaria, en los países más desfavorecidos del planeta.

Todos los presidentes

El FC Barcelona proclama haber tenido hasta el día hoy 39 presidentes desde que Walter Wild asumió el cargo por primera vez el 29 de noviembre de 1899. No obstante, el propio club reconoce que el número de personas que ha ocupado la presidencia es mucho mayor. Un simple recuento permite decir que el club tuvo al menos cuatro presidentes más, aunque lo fueran de comisiones gestoras, un presidente interino que por razones inexplicadas no aparece en las listas y un comité de empleados, que se hizo cargo de la gestión del club durante la Guerra Civil Española.

Resulta sorprendente que el club contabilice como presidentes interinos a Josep Vidal (1942), Josep Antoni de Albert (1943), Antoni Julià de Capmany (1961), Raimon Carrasco (1978) y Enric Reyna (2003) y no haya hecho lo propio con Nicolau Casaus, que ocupó el cargo hasta en cuatro periodos electorales diferentes. Y tampoco se entiende demasiado bien que Joan Soler (1939-40), Francisco Giménez Salinas (1953), Joan Trayter (2003) o Xavier Sala-Martín (2006) no hayan tenido ningún reconocimiento como presidentes de las juntas gestoras creadas al efecto en diversas etapas del club.

Muy distinto es el caso de Francesc Casals, Paulí Carbonell y Agustí Bó, los tres empleados del club que, tras el fusilamiento de Josep Sunyol (presidente entre 1935 y 1936), constituyeron un comité para mantener vivo el club. De hecho fueron ellos quienes decidieron mantener la presidencia de Sunyol, en calidad de «ausente», hasta que finalizó la Guerra Civil y antes de que el régimen franquista decidiera colocar al frente del club a una comisión gestora que permaneció hasta el nombramiento, también a dedo, de Enrique Piñeyro, marqués de la Mesa de Asta (1940-43).

Con estas y otras consideraciones al margen, el FC Barcelona ha tenido dos presidentes ingleses: Walter Wild (1899-1901) y Arthur Witty (1903-05); dos presidentes alemanes: Paul Haas (1902-03) y Otto Gmeling (1909-10), y un presidente suizo, que dirigió el club en cinco etapas diferentes: Joan Gamper (1908-09, 1910-13, 1917-19, 1921-23 y 1924-25). Todos los demás han sido de nacionalidad española y la inmensa mayoría de ellos nacidos en Cataluña. Además, Agustí Montal i Galobart (1946-52), Enric Martí i Carreto (1953), Francesc Miró-Sans (1953-61), Enric Llaudet (1961-68) y Agustí Montal i Costa (1969-77), que ocuparon la presidencia de forma casi consecutiva durante veintitrés años, eran todos propietarios de empresas del ramo textil.

Hasta después de la Guerra Civil, lo más frecuente era que los presidentes estuvieran uno o dos años al frente del club. En cambio, solo tres presidentes volvieron a serlo en epocas distintas. Eso sucedió en los casos de Joan Gamper, Gaspar Rosés (en tres etapas diferentes: 1916-17, 1920-21 y 1930-31) y Joan Coma (en dos ocasiones: 1925 y 1931-34). De hecho, Gamper tiene el récord absoluto de presidencias. Accedió al puesto en cinco ocasiones y, sumando el tiempo de sus diferentes etapas, fue presidente durante aproximadamente nueve años.

El récord de permanencia lo tiene, sin discusión de ningún

tipo, Josep Lluís Núñez (1978-2000), quien estuvo en el cargo durante veintidós años consecutivos. Todo lo contrario que Vicenç Reig (1908), el séptimo presidente de la historia, quien accedió a la presidencia el 11 de noviembre y estuvo únicamente veintidós días en el puesto. El presidente más breve dimitió el 2 de diciembre. Claro que Àlvar Presta (1914) y Antoni Oliver (1931) solo estuvieron tres y dos meses ocupando el puesto, respectivamente.

El resto de presidentes fueron Bartomeu Terradas (1901-02), Josep Maria Soler (1905-06), Juli Marial (1906-08), Francesc de Moxó (1913-14), Joaquim Peris de Vargas (1914-15), Rafael Llopart (1915-16), Ricard Graells (1919-20), Enric Cardona (1913-24), Arcadi Balaguer (1925-29), Tomás Rosés (1929-30), Esteve Sala (1934-35), Josep Vendrell (1943-46), Narcís de Carreras (1968-69), Joan Gaspart (2000-03) y Joan Laporta (2003-10). El actual presidente, Sandro Rosell, fue elegido en el año 2010 y, si no se producen contratiempos, ocupará el cargo hasta el año 2016.

Veintidós años de Núñez

Nadie, ni siquiera sus detractores, pueden discutir que Josep Lluís Núñez tuvo un papel trascendente en la historia del FC Barcelona. Y no solo porque lograra mantenerse en el puesto entre el 6 de mayo de 1978 y el 1 de julio de 2000, convirtiéndose en el presidente más longevo de la institución, sino porque situó al club en una dimensión social, económica y deportiva muy superior a la que había tenido hasta su difícil y polémico aterrizaje en el cargo. Difícil porque se enfrentó a la vieja costumbre de que los presidentes salientes dieran la alternativa a sus sucesores, en una práctica que se bautizó coloquialmente como «pasarse el porrón». Y polémico porque el proceso que desembocó en su proclamación como presidente estuvo salpicado de incidentes y envuelto en sospechas de índole diversa.

Agustí Montal i Costa, su antecesor en el cargo, decidió abandonar la presidencia en diciembre de 1977 y poner los seis últimos meses del mandato para el que había sido elegido en manos de su vicepresidente Raimon Carrasco. Los estatutos contemplaban esta posibilidad y Carrasco fue el responsable de gestionar el proceso que desembocaría en la designación del nuevo presidente. El general Franco había fallecido en 1975, España vivía en plena transición democrática y las elecciones se celebraron, por primera vez en la historia del club, por sufragio universal entre todos los socios mayores de edad. En aquellos momentos, 53 688 afiliados cumplían con los requisitos reglamentarios para ejercer el derecho de voto.

Cuando sonó, metafóricamente, el disparo de salida fueron seis los socios que decidieron optar a la elección: Ferran Ariño, Joan Casals, Nicolau Casaus, Josep Lluís Núñez, Francesc Pérez-Mateu y Víctor Sagi. Para convertirse en candidatos debían reunir el aval de 1 561 socios. La recogida de firmas se convirtió en algo más que un trámite de obligado cumplimiento. Todos los aspirantes invirtieron mucho tiempo y tanto dinero como pudieron para cubrir la primera etapa del recorrido en primera posición. Estaban convencidos de que quien lograra un mayor número de avales habría dado un paso gigantesco en la consecución de su objetivo.

Las posibilidades de los aspirantes no fueron las mismas. Dos de los precandidatos (Ariño y Sagi) contaban con la ayuda de la maquinaria del poder y otro (Núñez) disponía de unos medios económicos muy superiores a los de sus adversarios. Pérez-Mateu fue el único que no logró pasar el corte de la recogida de firmas. Y Casals lo hizo por un margen tan escaso que se convirtió en una fácil presa para ser absorbido por uno de los grandes. Los otros cuatro podían llegar al día de la votación sin necesidad de pactos, aunque se sospechaba que Sagi y Ariño, por un lado, y Núñez y Casaus, por el otro, podían cerrar acuerdos de última hora que convirtieran la batalla en un mano a mano entre el publicista Víctor Sagi y el constructor Josep Lluís Núñez.

De forma inesperada y por razones jamás explicadas, Sagi se retiró del proceso. Cuentan que había sido investigado por detectives privados, que estos habían descubierto que tenía un lío de faldas y que el miedo a que pudiera trascender la noticia pudo ser la causa de su definitiva decisión de abandonar. Pero la realidad es que, muy poco tiempo después, su empresa cerró puertas y el que fuera candidato escapó a Brasil. También se cerró la empresa textil de Casaus, que atravesaba por un momento delicado. Pero, en su caso, muchos de los que habían sido sus empleados en la calle Diputació empezaron a trabajar a los pocos días en la constructora Núñez y Navarro, en la calle Urgell.

Hasta el último momento se pensó en un duelo final entre Ariño y Núñez. Pero la pugna por el poder se fue enturbiando y el barcelonismo, alentado desde algunos medios de comunicación que tomaron partido en el proceso, quizá se habría decantado por Ariño si Casaus y Núñez hubiesen cerrado su pacto antes de la votación. La estrategia resultó acertada, según pudo deducirse del resultado final. Depositaron su papeleta en las urnas 25 909 socios. De ellos, 10 352 lo hicieron a favor de Núñez, 9 537 se decantaron por Ariño y 6 020 votaron a Casaus.

Nada más conocerse el resultado, y consciente de la debilidad de su victoria, Núñez ofreció a Casaus y a Ariño que se incorporasen a su junta directiva. Casaus aceptó la vicepresidencia del área social y Ariño rechazó la propuesta. El 1 de julio, el vencedor tomó posesión de su cargo y se puso a trabajar. Una auditoría de cuentas desveló que el club estaba en situación de quiebra técnica. Se debían muchos millones de pesetas y el nuevo presidente tuvo, incluso, que adelantar dinero de su bolsillo para pagar las nóminas de los jugadores, que llevaban dos meses sin cobrar.

Nacido en Baracaldo el 7 de septiembre de 1931, Núñez era hijo de una familia humilde. Su padre era un guardia civil de aduanas y, como tal, fue trasladado desde el País Vasco hasta Portbou, en el Pirineo catalán, cuando Josep Lluís tenía apenas ocho meses. En su adolescencia, Núñez trabajó como vendedor de libros a domicilio para pagarse los estudios. Luego conoció al amor de su vida. Maria Lluïsa era hija de un modestísimo constructor, al que su futuro yerno tuvo el valor de presentar un plan de negocios para rentabilizar la compañía. Y Núñez redimensionó la empresa hasta convertirla en una de las constructoras más importantes de Cataluña y de España.

Con los mismos criterios empresariales que Josep Lluís Núñez empleó para crear Núñez y Navarro, dotó al FC Barcelona de la estructura necesaria para su desarrollo. Y tan pronto como los balances empezaron a arrojar beneficios, inició la reconstrucción de un club sólido y poderoso. Remodeló el Camp Nou en dos ocasiones, construyó el Mini Estadi donde antes había una modesta zona deportiva, adquirió terrenos para la futura edificación de la ciudad deportiva y, todo eso, mientras se desarrollaba un ambicioso proyecto deportivo que permitió poner fin a la cómoda hegemonía que el Real Madrid tenía sobre el fútbol español.

Casaus, el padre de las peñas

Fallecido el miércoles 8 de agosto del año 2007 en una residencia geriátrica de Castelldefels (Barcelona), Nicolau Casaus de la Fuente i Jené fue despedido por todo el barcelonismo con un sentido funeral que se celebró dos días después de su muerte. El acto del sepelio tuvo lugar en el tanatorio de Les Corts, cuyas paredes lindan con la misma avenida, Joan XXIII, que separa el cementerio barcelonés de la cara norte del estadio del Camp Nou. Hijo de padre sevillano y de madre leridana, Casaus había nacido en la ciudad de Mendoza (Argentina), el 12 de febrero de 1913. El último suspiro de vida le llegó, de forma natural, a la edad de 94 años.

Casaus estuvo siempre vinculado al ámbito social del FC Barcelona y comprometido, al mismo tiempo, con la defensa de la historia, la cultura y la lengua catalanas. A los 5 años se trasladó con su familia desde su ciudad de nacimiento a Igualada, actual capital de la comarca barcelonesa de l'Anoia. Aún era un niño cuando se inició como seguidor del equipo azulgrana y, en plena adolescencia, ya estaba claramente identificado con los valores de la República. Tanto que durante la Guerra Civil se convirtió en activista de la lucha contra la dictadura, tanto que al terminar la contienda bélica fue detenido bajo los cargos de «rojo, separatista y auxilio a la rebelión».

Juzgado por un tribunal militar, Casaus fue condenado a muerte y trasladado a la cárcel Modelo en espera del cumplimiento de su sentencia. Sin embargo, y por causas que se desconocen, la ejecución no llegó a producirse y pudo salir de prisión cinco años después de su encarcelamiento. La experiencia le llevó a interiorizar sus convicciones y a no exteriorizar sus pensamientos políticos más allá del ámbito privado. A partir de ahí, se dedicó de forma casi exclusiva a regentar el negocio textil de la familia y a disfrutar de su pasión por el FC Barcelona.

Durante la adolescencia, Casaus había jugado al fútbol como medio-centro en el equipo de su ciudad. Y a la edad de 20 años había fundado la Penya Barcelonista Germanor de Igualada. Tras el paréntesis de la Guerra Civil y su posterior estancia en prisión, se reintegró al movimiento asociativo barcelonista a través de la Peña Solera, cuyo primer centro de reunión estuvo ubicado en el bar Solera de Las Ramblas, muy cerca de la mítica fuente de Canaletas. Posteriormente cambió varias veces de sede, hasta establecerse definitivamente en la calle Avenir.

Aquella iniciativa, nacida en 1944, constituyó el reencuentro de Casaus con los socios y aficionados azulgrana. La Peña Solera, de la que acabó siendo el *alma mater*, se dedicó a organizar viajes para acompañar al primer equipo del FC Barcelona y a celebrar todo tipo de actividades lúdicas y deportivas mediante las que establecer fuertes vínculos de amistad entre los seguidores del club, algo que, con el paso de los años, se convirtió en la principal razón de existir de Nicolau Casaus. Especialmente entre los años 1978 y 2000, en los que ocupó la vicepresidencia social del club, bajo la presidencia de Josep Lluís Núñez.

Mucho antes, Casaus se había presentado a las elecciones de 1965, enfrentado a Enric Llaudet. Perdió en las urnas y, aunque no se incorporó a aquella junta directiva, colaboró durante años como representante oficial del club ante las peñas. Su experiencia de veinte años al frente de la Peña Solera, su apasionado barcelonismo y su proverbial carisma acabaron por convertirle en el mejor vicepresidente social de la historia de un club en el que, paradojas del destino, su nieto Jordi Cardoner i Casaus ha acabado por ocupar el mismo cargo que su abuelo.

Considerado el padre de las peñas barcelonistas, Nicolau Casaus recibió la medalla al Mérito Deportivo del Consejo Superior de Deportes, la medalla de la ciudad de Barcelona y la distinción de Forjadors de la Història Esportiva de Catalunya de la Generalitat. En 1999 recibió un homenaje en el que participaron más de seiscientas peñas. Tras abandonar la vicepresidencia en el año 2000, fue nombrado presidente de honor del área social. Un busto suyo preside la entrada al museo del club.

El círculo virtuoso de Laporta

El abogado Joan Laporta llegó al FC Barcelona montado sobre los lomos de un elefante. O mejor dicho, del Elefant Blau. Este colectivo de socios barcelonistas disconformes con la gestión de Josep Lluís Núñez allanó el camino del candidato hacia la presidencia con un paso lento, pero firme y seguro, como el de los paquidermos. El recorrido fue largo y necesitó de ocho años para ser cubierto. Mucho tiempo. Tanto como para que la razón de ser del movimiento asociativo ya no existiera en 2003. Justo tres años antes, Núñez había decidido marcharse a casa después de veintidós años en el cargo.

Es muy posible que la nefasta gestión económica, social y deportiva de Joan Gaspart facilitara notablemente el objetivo de acompañar a Joan Laporta hasta la presidencia. Nunca se sabrá qué habría sucedido si Núñez se hubiera perpetuado en el cargo o si Joan Gaspart hubiese dejado a un lado su personalismo y sus ambiciones para dedicarse a dirigir el club como le había enseñado su presidente de toda la vida. El caso es que el joven abogado barcelonés se impuso claramente en las urnas, donde se enfrentó, sobre todo, al publicista Lluís Bassat, de cuyo equipo había formado parte en las elecciones de solo tres años antes y que fueron ganadas por Gaspart.

El largo proceso electoral se inició con todas las encuestas dando como perdedor a Laporta y a su equipo. Pero la candidatura estaba preparada para afrontar la carrera de fondo y el *elefante* llegó a la meta la noche del 15 de junio de 2003, tras una larguísima jornada de votaciones que se inició a las 9 de la mañana y que concluyó después de las 11 de la noche. La victoria fue incontestable y Laporta quedó legitimado para dirigir el FC Barcelona, como habían soñado él y todos sus acompañantes en aquella travesía de ocho años.

En el mismo acto de su proclamación como vencedor de los comicios, Laporta hizo hincapié en las líneas maestras del proyecto que pondrían en marcha tan pronto como él y los suyos tomasen posesión de sus respectivos cargos. Más allá de los detalles que se recogían en un denso programa electoral, el nuevo presidente se comprometía a poner los intereses del club por encima de todas las cosas, en cumplimiento del que había sido su eslogan de campaña: «*Primer, el Barça*».

Su compromiso con los socios consistía en dedicar los mejores años de sus vidas (él y los demás integrantes de su equipo tenían entonces entre 35 y 45 años de edad) a democratizar y a catalanizar el club, a gestionar los recursos económicos con austeridad, imaginación y transparencia, a levantar las alfombras y a reclamar posibles responsabilidades civiles a los anteriores dirigentes y a completar el círculo virtuoso de su actuación con un proyecto deportivo que generase ilusión y consiguiera triunfos que devolvieran al club al primer plano futbolístico mundial.

Al margen de que Laporta tuviera comportamientos impropios de un presidente, como bajarse los pantalones en un control de seguridad del aeropuerto de El Prat o aparecer fotografiado en algunos medios echándose por encima una botella de Möet Chandon en la pista de baile de la sala de fiestas Luz de Gas, el nuevo presidente alcanzó sus objetivos. Es cierto que no presentó ninguna demanda contra los anteriores presidentes, aunque posiblemente tuvo razones documentadas para hacerlo. En cambio, fue objeto de una extraña persecución por parte de no se sabe bien quién, que recordó a muchos de los movimientos densos pero muy contundentes de su propio *elefante*.

Sufrió demandas porque había asumido las funciones de presidente doce días antes de la fecha señalada y perdió un año de su primer mandato. Vio como en 2005 le abandonaba el grupo de directivos de su compañero de círculo virtuoso Sandro Rosell. Superó al límite una moción de censura que le puso un socio, seguramente por encargo. Y sufrió el último golpe de una dimisión en bloque de algunos directivos que querían que se marchara para gobernar ellos.

Entre unas cosas y otras, cumplió con la mayor parte de sus promesas electorales. Y de forma muy llamativa en las dos etapas, muy diferenciadas, de sus siete años en el cargo. La primera, con Frank Rijkaard como líder en el banquillo y con Ronaldinho como líder en el campo. Y la segunda, con

Pep Guardiola y con Leo Messi. El club ganó, con Laporta y sus defectos, dos Champions Leagues, una Supercopa de Europa, un Mundial de Clubs, cuatro Ligas, una Copa del Rey y tres Supercopas de España. O sea, doce títulos en siete años de mandato.

Los estatutos que puso en solfa Joan Gaspart obligaron a Laporta a marcharse al término de su segundo mandato, el 30 de junio de 2010. Con él se fueron no solo los directivos, sino también el constructor del proyecto deportivo, Txiki Begiristain. Eso sí, dejó una plantilla increíble y a Pep Guardiola en el banquillo, de modo que los éxitos siguieron llegando, para honor y gloria del presidente que le sucedió: Sandro Rosell. El mismo que, tres meses después de acceder al cargo, promovió una demanda de responsabilidad civil contra su antecesor. Actualmente, Joan Laporta espera a que se sustancie el procedimiento judicial, con la tranquilidad de haber impedido la cuadratura del círculo.

Rosell, el último en llegar

Durante el segundo y último mandato presidencial de Agustí Montal i Costa, la junta directiva tuvo que cubrir la baja del gerente Armand Carabén. El hombre que había hecho posibles los fichajes de Marinus Michels en 1971 y de Johan Cruyff en 1973, poniendo la primera piedra de un modelo futbolístico que hoy asombra al mundo, abandonaba su cargo. Jaume Rosell i Sanuy fue designado para sustituirle como gerente.

El nombramiento de Jaume Rosell se produjo durante el mes de julio de 1975. Eran tiempos muy complicados, porque había una clara tendencia a politizarlo todo, incluso el deporte. Existía la sensación de que el régimen franquista estaba muy próximo a su final y este hecho se vivía de un modo muy especial en Cataluña. Así, unos pocos meses antes, el 17 de noviembre de 1974, en el monasterio de Montserrat, se había fundado el partido Convergència Democràtica de Catalunya, de tendencia marcadamente nacionalista.

Rosell mantenía en aquel tiempo vinculaciones personales con varios de los asistentes a aquella reunión clandestina de Montserrat, enmascarada bajo la celebración de las Bodas de Platino del FC Barcelona. Varios de los directivos del club habían participado en la fundación de ese nuevo partido. Tal era el caso de Raimon Carrasco i Azemar, Joan Mas Cantí, Josep Lluís Vilaseca y otros más, como Joan Granados, quien se incorporaría al puesto de secretario general azulgrana en el año 1976. Fueron tiempos en los que se volvió a hablar en catalán por la megafonía del estadio.

Rosell padre permaneció en el club hasta el 30 de junio de 1978. La victoria de Núñez en las elecciones presidenciales del mes de mayo de ese año marcaron el final de su etapa como directivo. Con motivo de aquellos comicios electorales, Rosell había manifestado a los medios de comunicación que «el Barça es liberal, pluralista y demócrata. Durante la dictadura tuvo que ejercer la suplencia de otras instituciones que estaban prohibidas, pero deseo que esta circunstancia no se tenga que repetir nunca más. Pero si desgraciadamente volviera a darse el caso, el FC Barcelona volvería a hacer esta tarea».

Nacido el 30 de septiembre de 1934 en Àger, un pequeño pueblo montañoso de la comarca de la Noguera (Lleida), se trasladó a Barcelona para estudiar una carrera universitaria. Se doctoró en Ingeniería Industrial, se casó con Los Feliu y tuvo cuatro hijos, Mariona, Alexandre, Laura y Sergi. En el momento de ser nombrado gerente azulgrana, Jaume Rosell aún no había cumplido los 40 años y su hijo Sandro, porque así le han llamado siempre su familia y sus amigos, solo tenía 11 años.

Socio desde 1970, Sandro fue recogepelotas en el Camp Nou y empezó a jugar al fútbol en la Peña Barcelonista de Collblanc. Allí jugó en todas las categorías posibles, desde alevines hasta el equipo juvenil. Ocupaba la demarcación de extremo izquierdo y le apodaban el Flecha por su considerable velocidad. Luego pasó por clubs como L'Hospitalet, el Sant Andreu, el Seu d'Urgell y el Club Esportiu Principat de Andorra. Ahí, ya con 34 años y jugando en posiciones más retrasadas, fue campeón de la Liga andorrana y, en dos temporadas consecutivas (1997-98 y 1998-99), llegó a disputar la Copa de la UEFA en eliminatorias contra el Dundee United escocés y el Ferencvaros húngaro. Ganador nato, Sandro Rosell nunca ha querido recordar los resultados globales de aquellas confrontaciones internacionales: 0-17 y 1-14.

Mientras jugaba al fútbol en un plan más *amateur* que profesional, Sandro cursó sus estudios universitarios. Obtuvo la licenciatura en Administración y Dirección de Empresas por ESADE y también un Master Business Admistration. Se casó con Marta Pineda, con la que tiene dos hijas, María y Joana. En el ámbito profesional, trabajó en Myrurgia, en el departamento de marketing internacional del Comité Olímpico Organizador de Barcelona (COOB 92), en la famosa empresa deportiva ISL y en American Nike, multinacional esta última en la que fue responsable de España y Portugal y, después, de Brasil. Fue vicepresidente deportivo del FC Barcelona con Joan Laporta, pero dimitió junto a varios directivos en 2005, por discrepancias en la gestión del club.

La publicación de su libro *Bienvenido al mundo real*, en 2006, y la participación activa en el voto de censura contra Joan Laporta, dando apoyo público a la iniciativa del socio Oriol Giralt, en 2008, fueron sus dos pasos más significativos antes de presentar su candidatura a la presidencia del club en los comicios de 2010. Las elecciones se celebraron el dia 11 de mayo y Sandro Rosell consiguió el apoyo del 61,35 por ciento de los votos. Algo que nunca nadie había logrado. Y además se batió el récord de participación en un proceso electoral de la historia del club: votaron 57.088 socios.

Nacido en Barcelona el 6 de marzo de 1964, Sandro tuvo que presentarse a las elecciones como Alexandre Rosell, que es el nombre que aparece en su documento nacional de identidad. Con la única intención de hacerle la puñeta, Laporta exigió que tanto las papeletas de recogida de apoyos como las de la votación se imprimieran con el nombre oficial del candidato. Elegido hasta el 30 de junio de 2016, su historia como presidente del club apenas ha empezado a escribirse.

CAPÍTULO 2

Historias de entrenadores

John Barrow, el primer entrenador

La figura del entrenador, entendido como el responsable de la planificación de las plantillas y de la dirección de los entrenamientos y de los partidos, tardó mucho en incorporarse al FC Barcelona. Durante los primeros años, fueron los presidentes y los directivos quienes decidieron las incorporaciones y las bajas de jugadores. Los futbolistas eran aficionados y ni siquiera se entrenaban. Su actividad se limitaba a participar en los encuentros. En el campo fueron los jugadores quienes decidieron quién formaba parte del once titular y qué posición ocupaba cada uno.

Por supuesto, el capitán tenía una notable ascendencia sobre los demás integrantes del equipo y su opinión contaba mucho a la hora de adoptar las decisiones. Joan Gamper se había asignado el doble papel de directivo y de capitán en la misma reunión constituyente del club. Y por eso, durante los primeros años, tuvo una gran responsabilidad en la composición de las plantillas, la organización de los partidos y la confección de las alineaciones. Responsabilidad doble si se tiene en cuenta que la gran mayoría de sus compañeros de junta también jugaban.

El primer entrenador del FC Barcelona fue el inglés John Barrow. Su contratación fue llevada a cabo por Joan Gamper en el inicio de su tercera etapa como presidente del club. Y eso sucedió, nada más y nada menos, en 1917. Es decir que el equipo había cubierto sus primeros dieciocho años de historia sin contar con la figura de un entrenador. A pesar de eso, ya había conquistado diversos títulos, como la Copa Macaya, el Campeonato de Cataluña o la Copa de España.

Barrow, en cambio, no consiguió ningún éxito deportivo. Es

más, su paso por el club resultó una catástrofe. Debutó el 7 de enero de 1917 en un partido del Campeonato de Cataluña frente al Internacional de Barcelona. El partido acabó con empate a cero. Unos días más tarde y como consecuencia de una denuncia presentada por el RCD Espanyol, el equipo fue descalificado por la alineación indebida, en aquel y en otros encuentros del torneo, del delantero Garchitorena. El reglamento prohibía expresamente la participación de jugadores extranjeros y el rival ciudadano había descubierto que el pasaporte español del futbolista era falso.

Justo a los cuatro meses de convertirse en el primer entrenador de la historia del club, John Barrow fue reemplazado por Jack Greenwell, que había sido jugador del equipo. Las causas de la destitución del técnico se mantuvieron escondidas durante un largo período de tiempo. La auténtica realidad fue que, al margen de los resultados y de la excusa oficial de la alineación indebida de Garchitorena, John Barrow fue invitado a abandonar el club debido a sus graves problemas de adicción a la bebida.

No existen muchos más datos sobre la vida de Barrow. Se sabe que había sido jugador y que dirigió al equipo a lo largo de solo nueve partidos. Pero no hay información sobre la ciudad y la fecha en la que nació, ni tampoco sobre su posterior trayectoria como entrenador. Tampoco se sabe dónde y cuándo murió. Los escritos sobre él son tan escuetos y pobres como su efímero paso por el FC Barcelona.

Técnicos de trece nacionalidades

A lo largo de su historia, el FC Barcelona ha contado con un total de cincuenta y un entrenadores. Entre el primero, John Barrow, y el último, Tito Vilanova, han desfilado por el club técnicos de trece nacionalidades distintas y de dos continentes, Europa y América. Veinticuatro de ellos nacieron en seis comunidades autónomas de España. Y entre los extranjeros, Ladislao Kubala y Helenio Herrera llegaron a dirigir al equipo en diversas etapas y también con pasaporte de diferentes naciones.

Entre los españoles, quince han sido catalanes (Romà Forns, Josep Planas, Ramon Guzmán, Josep Samitier, Ramon

Llorens, Domènec Balmanya, Enric Rabassa, Lluís Miró, Josep Gonzalvo, Salvador Artigas, Josep Seguer, Joaquim Rifé, Carles Rexach, Pep Guardiola y Tito Vilanova) y los nueve restantes de otras comunidades autónomas (Juan José Nogués y Vicente Sasot, aragoneses; Enrique Orizaola y Laureano Ruiz, cántabros; César Rodríguez y Antonio de la Cruz, leoneses; José Luis Romero y Luis Aragonés, madrileños, y Llorenç Serra Ferrer, balear).

Entre los extranjeros, ha habido siete ingleses (John Barrow, Jack Greenwell, Ralph Kirby, James Bellamy, Vic Buckingham, Terry Venables y Bobby Robson), cuatro holandeses (Marinus Michels, Johan Cruyff, Louis van Gaal y Frank Rijkaard), tres argentinos (Helenio Herrera, Roque Olsen y César Luis Menotti), tres húngaros (Jesza Poszony, Franz Platko y Ladislao Kubala), dos alemanes (Hennes Weisweiler y Udo Lattek), dos serbios (Ljubiša Broćić y Radomir Antic), un austríaco (Jack Dombi, en realidad llamado Richard Kohn), un checoslovaco (Fernando Daucik), un francés (Lucien Muller), un irlandés (Patrick O'Connell), un italiano (Sandro Puppo) y un uruguayo (Enrique Fernández).

La relación de entrenadores por el tiempo de permanencia en el banquillo del FC Barcelona está encabezada por Johan Cruyff (1988-96), con ocho temporadas. El mismo tiempo estuvo Jack Greenwell, pero en dos etapas distintas (1917-23 y 1931-33). El tercero es Michels, con seis temporadas en dos períodos (1971-75 y 1976-78), mientras que el cuarto puesto lo comparten Patrick O'Connell (1935-40) y Frank Rijkaard (2003-08), ambos con cinco. El primer español en la clasificación es Pep Guardiola, con cuatro temporadas (2008-12).

El entrenador que ha dirigido más partidos ha sido Johan Cruyff (430), seguido por Frank Rijkaard (273), Marinus Michels (264), Pep Guardiola (245) y Louis van Gaal (200). Entre estos, Guardiola es el que ha obtenido un mayor porcentaje de victorias (un 72,54 por ciento), aunque fueron Richard Kohn-Jack Dombi en el año 1926 y Enric Rabassa en 1960 los que registraron una mayor proporción de triunfos (un 83,3 por ciento). Eso sí, lo hicieron en un número muy reducido de partidos. Dombi lo hizo en veinticuatro partidos y Rabassa en los seis encuentros que disputó el equipo blaugrana tras la primera despedida del club de Helenio Herrera, cesado en abril de 1960 después de quedar eliminado por el Real Madrid en la Copa de Europa, salir en un polémico reportaje de una revista italiana y, además, reivindicar ante la junta directiva mejoras económicas para los contratos y las primas de los jugadores.

De los veinticuatro entrenadores españoles que ha tenido el club, se da la circunstancia de que diecinueve de ellos fueron antes jugadores del primer equipo barcelonista o de su cantera. Los únicos que no tuvieron esa doble condición fueron Enric Rabassa, Enrique Orizaola, Laureano Ruiz, Luis Aragonés y Llorenç Serra Ferrer. Aún así, todos ellos también fueron cocineros antes que frailes.

Dombi, el austríaco de los mil nombres

El emperador Francisco José I y el político Ferenc Deak firmaron el Compromiso Austrohúngaro en febrero de 1867. La rúbrica de aquel acuerdo significó la creación del Imperio Austrohúngaro, que, bajo el reinado de la Casa de los Habsburgo, integraron Austria, Hungría, Eslovaquia, Eslovenia, Croacia, Serbia, Montenegro, Rumanía, Chequia, Polonia, Ucrania y los territorios italianos de Trieste-Triestino. Durante la siguiente década, se anexionaron los territorios turcos de Novi Pazar y de Bosnia-Herzegovina y se firmaron alianzas con Alemania e Italia.

Nadie imaginó, por aquel entonces, que la incorporación de Bosnia-Herzegovina al Imperio Austrohúngaro desataría las iras incontroladas de los extremistas serbios, hasta el punto de asesinar al archiduque Francisco Fernando, heredero de la corona, y a su esposa Sofía. Aquel magnicidio, perpetrado en la ciudad de Sarajevo por el extremista Gavrilo Princep, se produjo el 28 de junio de 1914 y fue el desencadenante de la Primera Guerra Mundial. La contienda se alargó duante cuatro años y, como consecuencia de la derrota sufrida por los austríacos y sus aliados, el Imperio Austrohúngaro acabó descomponiéndose en diversos estados independientes.

Sobre aquel escenario nació, creció y se hizo hombre el único entrenador austríaco que ha tenido el FC Barcelona a lo largo de sus 113 años de historia. Nació el 27 de febrero de 1888 en Viena, fue bautizado con el nombre de Richard y fue inscrito en el registro civil de la época con el apellido Kohn, que era el de su padre. No obstante, nadie le conoció nunca por su apellido real, ni cuando fue jugador ni cuando se hizo entrenador. Es más, alguno de los muchos libros que se han escrito sobre la historia barcelonista se refieren a él como Jack Domby y, en algunos casos, confunden su nacionalidad, atribuyéndole un origén inglés que nunca tuvo.

La pura realidad es que, durante su etapa como jugador recibió el apodo de Little Dombi, cuya traducción literal es 'pequeña eminencia'. A partir de ahí, la gente empezó a conocerle como Richard Dombi. Y ese fue el nombre que utilizó durante la primera de sus dos etapas como entrenador del FC Barcelona, en el año 1926. Tras su paso por el Bayern de Múnich y el Feyenoord de Rotterdam, regresó al club azulgrana en 1933, pero ya lo hizo como Jack Domby, pese a que muchos habían traducido su nombre de pila al castellano y le llamaban Ricardo Domby.

No existe documentación alguna que explique por qué razón cambió su apelativo real por el de Jack. De hecho, el nombre en cuestión tiene distintas traducciones. En griego significa 'instruido' y en inglés, 'pleno de gracia'. Pero teniendo en cuenta el origen judío de Richard Khon, lo más probable es que responda al término hebreo que significa suplantar. Y aún existen otras muchas posibilidades sobre las que sustentar más teorías. Si acudimos a los diccionarios ingleses, «jack» tiene numerosas acepciones y, entre ellas, las que se usan comúnmente para describir al gato hidráulico o a la sota de la baraja.

Más allá de estas y otras anécdotas, su paso por el FC Barcelona fue breve en las dos ocasiones en que dirigió al equipo. Y aun así dejó dos hechos destacables, ambos en su primera etapa. En 1926 se distinguió por el tiempo que dedicó al entrenamiento de los futbolistas más jóvenes del club, a los que hoy podríamos encuadrar en el fútbol base, y por haber conseguido el porcentaje más alto de victorias del equipo azulgrana en toda la historia de la entidad. Se sentó en el banquillo en veinticuatro ocasiones y obtuvo veinte victorias, dos empates y solo sufrió dos derrotas, con 83 goles marcados y 19 encajados. Su segunda etapa, en cambio, fue un auténtico desastre. El equipo acabó noveno en una Liga de diez y se salvó del descenso porque la federación decidió ampliar a doce el número de equipos participantes en la siguiente temporada.

Daucik, el cuñado de las Cinco Copas

En la antigua Checoslovaquia le tenían, seguro, por uno de los mejores defensas de la historia del país. Pero en las actuales repúblicas de Chequia y Eslovaquia, las encuestas no se sostendrían. La gente que vio jugar a Ferdinand Daucik ya no está entre nosotros y los más jóvenes no suelen tener consciencia de quienes fueron los mitos futbolísticos para sus padres o para sus abuelos. Otro tanto sucedería si la encuesta se realizara en España, donde Fernando Daucik vivió una larguísima carrera como entrenador.

Nacido el 30 de mayo de 1910 en Sahy, fue jugador del Bratislava y del Slavia de Praga, dos equipos que siguen siendo importantes en las actuales capitales de Eslovaquia y Chequia, respectivamente. Su infancia fue dura, porque su familia no pudo escapar a las consecuencias de la Primera Guerra Mundial. Pero él se crió, fuerte y robusto, jugando al fútbol en las calles. En la adolescencia, ya era un tipo corpulento, grandote, fuerte, rápido y con buenos fundamentos futbolísticos. Tanto que pronto empezó a jugar, y muy bien, con los mayores. Por eso fue muchas veces internacional y disputó la fase final del Campeonato del Mundo de 1938, celebrado en Francia.

Después, como tantos otros deportistas de la época, repitió la experiencia de una nueva contienda bélica paneuropea, la Segunda Guerra Mundial. Y entonces tuvo que cruzar fronteras y refugiarse donde pudo. Por aquel entonces ya conocía a Ladislao Kubala, al que entrenó en el Bratislava. Y por aquel entonces, también, emparentó con el mediapunta húngaro. Anna Viola Daucikova, hermana de Ferdinand, se hizo novia de Laszi, con quien acabaría contrayendo matrimonio. Aquella circunstancia y las constantes huidas de acá para allá, unas veces dejando atrás a la familia y otras reuniéndose con ella, hizo que las carreras profesionales de Daucik y Kubala fueran, durante muchos años, auténticas vidas paralelas.

Es posible que Ferdinand Daucik no hubiese sido nunca entrenador del FC Barcelona de no ser porque era cuñado de Kubala. Pero fue entrenador azulgrana. Y no un entrenador cualquiera. Suyo fue el honor de dirigir al equipo de las Cinco Copas, que hasta hace muy poco tiempo pasó por ser el mejor de la historia del club. Actualmente, solo le superan en éxitos el Dream Team de Johan Cruyff y el innominado conjunto que, con Pep Guardiola al frente, sumó catorce de los diecinueve títulos que disputó en cuatro temporadas, entre 2008 y 2012. Ganar cinco títulos en un solo año, el de 1952, encumbró al checoslovaco, un tipo listo que copió lo mejor de la táctica WM de Herbert Chapman, el mítico entrenador del Arsenal de la década de los años treinta del siglo pasado.

La mano de Kubala le guió para entrar en el club y los pies del propio Laszi y de los de otros grandes jugadores de la época le permitieron encumbrarse como técnico. Es cierto que Kubala, sancionado por la FIFA, no pudo jugar encuentros oficiales hasta 1951. Pero se incorporó en el mes de abril y el FC Barcelona pudo ganar la Copa del Generalísimo de aquel año. Aquel primer título dio paso a las Cinco Copas (Liga, Copa del Generalísimo, Copa Latina, Copa Eva Duarte de Perón y Copa Martini Rossi), con un equipazo formado por jugadores como Ramallets, Martín, Biosca, Seguer, Escudero, Bosch, Basora, César, Kubala, Vila y Manchón. Estos once futbolistas ganaron a la Juventus de Turín por 4-2 (con un gol de Manchón, dos de Basora y uno de Kubala) en la semifinal y, con el único cambio de Aldecoa por Vila, derrotaron al Olympique de Niza (1-0, con gol de César), en la final de esa Copa Latina, disputada en París.

Al regreso de la capital francesa, la expedición del FC Barcelona fue recibida en la estación de Portbou por millares de aficionados azulgrana, que acompañaron al equipo hasta la Ciudad Condal en su recorrido en tren y en autocar. Un millón de catalanes salió a la calle aquel día. Daucik y sus jugadores se habían convertido en auténticos héroes. Pero la fiesta continuó en la temporada 1952-53, a pesar de que Kubala sufrió una tuberculosis que le tuvo varios meses apartado del fútbol. Tras recuperarse en Monistrol de Calders, Kubala volvió a tiempo para que el conjunto barcelonista lograse remontar varios puestos y se adjudicase otra vez el título de Liga. En la final de Copa del Generalísimo se enfrentó al Athletic Club de Bilbao con la mítica delantera formada por Iriondo, Venancio, Zarra, Panizo y Gainza, al que derrotó por 2-1. Se ganó también la Copa Eva Duarte de Perón y la Copa Martini Rossi. Pero no pudo repetirse el hito internacional del año anterior, porque la Federación Española de Fútbol decidió que la Copa Latina la disputase el Valencia.

El caso Di Stéfano cambió el signo de la historia de aquel equipo. La directiva azulgrana no quiso aceptar la decisión salomónica de la Federación Española de Fútbol, según la cual el delantero argentino debía jugar una temporada con cada equipo. El FC Barcelona había cerrado la contratación de Di Stéfano con el River Plate, que era el club propietario de sus derechos, mientras el Real Madrid había urdido una maniobra con el Millonarios de Bogotá, donde el jugador actuaba a préstamo. El orgullo de los barcelonistas no podía permitir aquella afrenta, aunque eso costase lo que costó. El Real Madrid ganó la Liga 1953-54 después de veintiún años sin conseguir el título y el Valencia se impuso a los azulgrana por 3-0 en la final de Copa.

Daucik, que había llegado de la mano de Kubala, tuvo que marcharse antes de que finalizara el año 1954. Di Stéfano había roto el hechizo de un equipo, el de las Cinco Copas, que había conquistado diez títulos en apenas tres años. El entrenador checoslovaco se fue entonces al Athletic Club, donde permaneció durante tres temporadas. Aún sin el manto protector de su cuñado, el equipo vasco se adjudicó la Liga 1955-56 y las Copas del Generalísimo de 1955 y 1956. Su último título como entrenador sería la Copa de 1966, que ganó con el Real Zaragoza, precisamente ante el Athletic de Bilbao. Antes y después entrenó al Atlético de Madrid, al Oporto, al Real Betis, al Real Murcia, al Sevilla, al Elche, al Sant Andreu, al Espanyol, al Cádiz y al Levante. A la mayoría de estos equipos se llevó como delantero centro a su hijo Yanko. Ferdinand, que desde su llegada a España siempre fue don Fernando, se sentó en el banquillo a lo largo de 488 partidos de Liga. Falleció en Alcalá de Henares (Madrid), el 14 de noviembre de 1986.

Helenio Herrera, ¿mago, psicólogo o provocador?

Escribir la historia de Helenio Herrera no resulta nada fácil. Sobre todo si se pretende ir un poco más allá de lo que cuentan los libros y explicar quién y cómo era realmente este controvertido personaje. ¿Era un entrenador, era un mago, era un psicólogo, era un provocador de masas o tenía de todo un poco? Fuera lo que fuese, jamás dejó a nadie indiferente allí donde estuvo. Y pasó por muchas ciudades y por muchos países desde que vino al mundo, en Buenos Aires, el 10 de abril de 1910, hasta que falleció, en Venecia, el 9 de noviembre de 1997, a la edad de 87 años.

Francisco y María, sus padres, habían nacido en las ciudades de Estepona y Gaucín respectivamente, ambas en la provincia de Málaga. Por lo tanto, eran españoles. Tuvieron que emigrar a Argentina y posteriormente, cuando Helenio era todavía un niño, a Marruecos. Allí se inició como futbolista. Jugó de defensa en el Roches Noires y en el Raja, ambos de Casablanca. En aquellos tiempos todavía respondía la verdad cuando le preguntaban qué edad tenía. Su vida de nómada le llevó a Francia con solo 22 años. Prosiguió su carrera en el CASG de París, Stade Français, Olympique Charleville, Excelsior Athletic Club de Roubaix, Red Star, de nuevo en el Stade Français, EF París Capitale y, finalmente, en el Puteaux, donde finalizó su carrera como futbolista compatibilizándola con la de entrenador. Hasta entonces solo había ganado un título, la Copa de Francia de 1940 con el Red Star, y había sido dos veces internacional por Francia, ya que había adquirido la nacionalidad francesa.

Después de una temporada en el Puteaux, dirigió el Stade Français, donde estuvo tres temporadas y donde compaginó el cargo de entrenador con el de seleccionador de Francia. Ya en 1948 llegó a España. Debutó con el Real Valladolid, recién ascendido, sufriendo una estrepitosa derrota (7-2) frente el Athletic Club de Bilbao. Pero finalmente salvó al equipo vallisoletano del descenso, en una de las Ligas más locas de la historia del fútbol español: quedó a un solo punto del descenso y solo a dos... ¡de quedar sexto clasificado! Al año siguiente se comprometió con el Atlético de Madrid, donde hizo algo que repetiría en el FC Barcelona: ganar dos Ligas en sus dos primeros años, con jugadores míticos como Marcel Domingo, Ben Barek, Carlsson, Pérez Payá, Juncosa o Escudero. Málaga, Deportivo de La Coruña, Sevilla y Os Belenenses fueron sus siguientes estaciones de paso antes de convertirse en el sustituto de Domènec Balmanya en el banquillo del Camp Nou.

Sus dos años en el FC Barcelona dieron para mucho. Es cierto que el equipo ganó dos Ligas, una Copa del Generalísimo y dos Copas de Ciudades en Ferias. Pero no fueron, en absoluto, sus conquistas lo que le hicieron trascender como lo hizo. Imaginar cuáles podían ser sus actuaciones y sus reacciones era imposible para todos. Y eso lo padecieron su presidente, sus directivos, sus propios jugadores, los entrenadores y futbolistas rivales y los aficionados. Los azulgrana y los de otros equipos.

Más de una vez, y eso tiene mucho mérito, engañó a Francesc Miró-Sans. Le pedía que le acompañase al vestuario para animar a los jugadores y, una vez allí, con toda la plantilla reunida a su alrededor les decía a todos: «El presidente me ha dicho que si ganamos el partido de hoy habrá una prima extra». Miró-Sans, por supuesto, nunca había dicho «esta boca es mía». Y la economía del club no estaba entonces para gastos extras. Incluso había bajones de tesorería que impedían a la directiva hacer frente a los pagos con la puntualidad que deseaban sus directivos.

Todo el mundo conoce algunas de sus frases más llamativas. Las hay que son míticas. Como cuando dijo que «ganaremos sin bajar del autobús» o cuando, tras la expulsión de uno de sus jugadores, sentenció que «con diez se juega mejor que con once». Aunque eso no es nada si se tiene en cuenta que una vez sancionó con una fuerte multa a uno de los jugadores del FC Barcelona por decir «vamos a jugar en Roma» en lugar de decir «vamos a ganar en Roma». Por esas y otras cosas parecidas, la gente empezó a llamarle «el Mago» o a decir que era un psicólogo.

Entre sus costumbres estaba la de saltar al césped de los campos que visitaba el FC Barcelona media hora antes que sus jugadores. Helenio Herrera se daba una vuelta al campo, provocando la ira de los aficionados rivales. Los gritos e insultos de los espectadores se oían desde el vestuario. Unos minutos antes de que el equipo tuviera que salir al terreno de juego, el entrenador entraba en la caseta y les decía a sus futbolistas: «Ya podéis salir a jugar tranquilos, que las fieras están desbravadas». Los jugadores se miraban con extrañeza. Pero a la tercera vez ya se reían. El Barcelona tenía entonces un equipo tan grande como para creer que no hacían falta ese tipo de estrategias, que a veces parecían pueriles y otras sonaban a bravuconada.

Helenio Herrera recurría a todo tipo de tretas. Antes de los partidos hacía que sus jugadores bebieran una taza de té. Hasta que un día Enric Gensana se dio cuenta de que aquello no era solamente té. Una tarde, después de un partido, sentado a la mesa camilla de su casa, se dio cuenta de que su madre le estaba hablando y de que él no podía ni responder. Se lo comentó a un médico amigo y este le sugirió que, disimuladamente, tomase una muestra del té y se la llevase para analizarla. El resultado fue terrible. Las pruebas concluyeron que el té que Gensana y sus compañeros de equipo se habían tomado contenía el equivalente a un par anfetaminas por taza.

La voz corrió entre los jugadores. Y un día, Kubala se negó a tomar el té que le acababa de entregar el masajista Ángel Mur. «Dile al míster que no quiero tomármelo», le dijo a Mur. Al instante, apareció Helenio Herrera y la conversación entre el entrenador y el futbolista se desarrolló de esta manera:

—Míster, ¿usted me quiere?

—Sí, Laszi; claro que te quiero.

—Pero, ¿me quiere usted mucho?

—Sí, mucho.

—Pues si es verdad que me quiere mucho… tómeselo usted.

Quizá fuera una casualidad o quizá no. Pero a partir de entonces, Helenio Herrera decidió que el equipo se concentrara en el Hotel Vallvidrera no solo antes sino también después de los partidos. Allí, en las faldas de la sierra de Collserola, junto al Tibidabo, los jugadores eliminaban los restos de las anfetaminas consumidas y al día siguiente regresaban como nuevos a sus casas.

Durante la temporada 1959-60, Helenio Herrera tuvo

fuertes discusiones con su presidente, Miró-Sans, y también agrios enfrentamientos con la estrella del equipo, Kubala, quien no aceptaba jugar solo los partidos de casa. Hasta que, en el mes de abril, después de que el FC Barcelona fuera eliminado por el Real Madrid en la Copa de Europa, fue destituido. Entonces, el propio entrenador organizó una manifestación en su favor en la Rambla de Canaletas. Se produjeron graves enfrentamientos entre sus partidarios y sus detractores. El desorden fue enorme y el técnico llegó a ser agredido.

Herrera se marchó al Inter de Milán, donde hasta 1962 compaginó su cargo con el de seleccionador español y, posteriormente, con el de seleccionador italiano. Un año después de dejar la Ciudad Condal se llevó a Luis Suárez a su equipo. En Italia estuvo ocho temporadas, con un balance más que aceptable. Su equipo ganó tres Ligas, dos Copas de Europa y dos Copas Intercontinentales. A partir de ahí volvió a su vida nómada. Dirigió la Roma, de nuevo al Inter, al Rímini y por dos veces más al FC Barcelona, donde reemplazó primero a Joaquim Rifé en la temporada 1979-80 y después a Ladislao Kubala en la 1980-81. Para entonces, H. H. ya había cambiado la fecha real de su nacimiento. Se había quitado seis años de encima. Sin ellos, estuvo solo unos meses en Barcelona y, en junio de 1981, abandonó definitivamente los banquillos. Entonces dejó su piso del barrio Gótico de Barcelona y se instaló en Venecia junto a su última esposa, la periodista Fiora Gandolfi. Allí yace.

Orizaola, el profesor de Broćić

Enrique Orizaola fue el primer entrenador que se sentó en el banquillo del FC Barcelona en una final de la Copa de Europa. Lo hizo el 31 de mayo de 1961, en el Wankdorf Stadion de Berna. El Real Madrid había ganado las cinco primeras ediciones de la competición y el equipo azulgrana tenía aquella tarde-noche la posibilidad de acabar con la insultante hegemonía de su eterno rival. Solo el Benfica se interponía en el camino azulgrana. Pero el sueño se desvaneció. Los portugueses ganaron el partido por 3-2.

Nacido en Santander el 26 de marzo de 1922, Orizaola había sido durante siete años jugador del Racing de Santander y otros tres años en la Gimnástica de Torrelavega. Tras colgar las botas sin haber alcanzado el sueño de jugar en Primera División, decidió matricularse en el Curso Nacional de Entrenadores. Obtuvo el título nacional en 1955. A partir de entonces dirigió la Gimnástica de Torrelavega, el Racing de Santander, el Real Jaén y el Real Murcia, todos ellos equipos de Segunda División. Estaba barajando ofertas de algunos equipos de Primera cuando el FC Barcelona le llamó por teléfono para conocer su disponibilidad para convertirse en segundo entrenador del yugoslavo Ljubiša Broćić.

Helenio Herrera acababa de marcharse al Inter de Milán y el FC Barcelona decidió sustituirle por Broćić, quien venía de hacer un extraordinario trabajo en el Estrella Roja de Belgrado, la Juventus de Turín y el PSV Eindhoven. Pero la Federación Española de Fútbol no aceptaba la inscripción del nuevo técnico azulgrana si este no convalidaba su título de entrenador. La junta directiva del FC Barcelona contactó inicialmente con Luis Lainz Castillo y le ofreció el puesto de segundo entrenador y también el de profesor de castellano del técnico balcánico. El objetivo prioritario era prepararle para aprobar el examen de convalidación a que sería sometido en breve.

La elección no fue casual: Luis Lainz era periodista y además tenía el título de entrenador nacional, chapurreaba bastante bien el italiano y… era la mano derecha de José Leoncio Lasplazas, director de la Escuela Catalana de Entrenadores y director del diario *El Mundo Deportivo*. Había poco tiempo para preparar el examen de convalidación y era necesario optimizar los recursos y activar todas las posibles influencias. Pero el primer candidato rechazó la oferta y, a petición del club, recomendó para el puesto a Enrique Orizaola, santanderino como él.

Orizaola fue presentado como segundo entrenador el 17 de junio de 1960. Ni él mismo se imaginaba que, el 12 de enero de 1961, la junta directiva que presidía Francesc Miró-Sans durante sus últimos días de mandato le confirmaría como máximo responsable del equipo, tras la destitución de Ljubiša Broćić, quien solo había conseguido marchar tercero en la Liga, a ocho puntos del líder, a pesar de haber eliminado al Real Madrid en los octavos de final de la Copa de Europa.

Tras apenas cuatro meses y medio como técnico titular, Enrique Orizaola se sentó en el banquillo del Wankdorf Stadion de Berna y acarició con las yemas de sus dedos la posibilidad de convertirse en el primer entrenador en ganar una Copa de Europa con el FC Barcelona. Acabar cuarto clasificado en la Liga, a veinte puntos del Real Madrid, y la derrota en Berna condenaron definitivamente al profesor de Broćić y Orizaola tuvo que abandonar el club pocos días después.

Michels, el padre del modelo

El actual modelo de juego del FC Barcelona, sublimado por Pep Guardiola durante los últimos años, tiene más de cuatro décadas de existencia. Es cierto que los socios y aficionados azulgrana siempre han exigido que el equipo desarrollara un fútbol ganador y atractivo, con muchos goles y con la participación del mayor número posible de jugadores formados en la casa. Pero el modelo y la fórmula necesarios para su puesta en escena fueron importados desde Holanda en el año 1971.

Aquel año, la junta directiva que presidía Agustí Montal hijo cerró la contratación de Marinus Michels como entrenador del primer equipo. El técnico llegaba desde el Ajax de Ámsterdam con la merecida aureola de haber desarrollado uno de los modelos más brillantes de la historia del fútbol, solo comparable con el mítico Santos de la década de los años sesenta del siglo pasado o con la selección brasileña que acababa de ganar el Mundial de México del 70 con una delantera única, formada por Jairzinho, Gerson, Tostão, Pelé y Rivelino.

Nacido en Ámsterdam el 9 de febrero de 1928, Rinus Michels había desarrollado una larga carrera como futbolista en el Ajax, donde jugó entre 1945 y 1958. Tras colgar las botas, obtuvo el título de entrenador y en enero de 1965 regresó al club de toda su vida como responsable del primer equipo, sustituyendo al inglés Vic Buckingham. Inventor de los automatismos en el fútbol, Michels construyó el mejor Ajax de la historia y también fue el responsable directo de la mejor selección holandesa de todos los tiempos. Creaciones suyas fueron el llamado «fútbol total» y la impresionante Naranja Mecánica.

En el FC Barcelona no ganó Copas de Europa. Ni tan siquiera pudo dar continuidad a uno de los mejores equipos de la historia azulgrana, aquel que conquistó la Liga Española en 1974, poniendo fin a catorce interminables años de travesía del desierto. Una Liga, el duelo entre el primer y el último campeones de la Copa de Ferias y una Copa del Rey fueron su legado en forma de títulos. Pero Michels, muy criticado por su adusto carácter, hizo algo mucho más trascendente que todo eso: sentó las bases de un modelo que ha permitido a los azulgrana convertirse en la gran marca futbolística que es en la actualidad.

Es obvio que aquel modelo, aún con intermitencias inexplicadas e inexplicables, no habría alcanzado el reconocimiento que hoy tiene sin la vuelta de tuerca que, en etapas posteriores, le dieron Johan Cruyff, Louis van Gaal, Frank Rijkaard y Pep Guardiola. Pero todos ellos no fueron más que alumnos y discípulos aventajados de un entrenador que falleció el 3 de marzo de 2005, víctima de un corazón que no resistió la última de sus intervenciones quirúrgicas.

Marinus Michels nunca ha tenido el reconocimiento que merecía por parte del FC Barcelona ni tampoco el de sus socios. Todo lo contrario de lo que le sucedió en el Ajax, en la Federación Holandesa de Fútbol (KNVB), en la UEFA y en la FIFA, donde Rinus Michels siempre recibió la consideración a que se había hecho acreedor. Dos años después de su muerte, el periódico británico *The Times* le eligió como el mejor entrenador de todos los tiempos, por delante del inglés Matt Busby, del austríaco Ernst Happel y del hispano-argentino-marroquí-francés Helenio Herrera.

Cruyff, un genio poco académico

Johan Cruyff fue jugador del FC Barcelona entre 1973 y 1978. Su fútbol encandiló a los socios y a los aficionados del club, aunque los resultados que se consiguieron en aquel quinquenio no guardaron correspondencia con tanto elogio. Ese equipo, hecho para ganarlo todo, se adjudicó la Liga de 1974 y la Copa del Rey de 1978. Además, al finalizar su contrato, Cruyff se marchó a Estados Unidos sin dejar una sola peseta en las arcas del club. Este hecho fue agriamente criticado por Josep Lluís Núñez cuando accedió a la presidencia. No entendía que la directiva anterior dejase marchar de esa manera, gratis, a un futbolista de tanta categoría.

Curiosamente, personas vinculadas al grupo que Núñez censuró con tanta vehemencia como dureza impulsaron años más tarde el Grup d'Opinió, como plataforma de acoso y derribo del presidente azulgrana. Entre las muchas ideas que aquel colectivo lanzó, antes de disolverse, propuso que Cruyff regresara al club para hacerse cargo de la dirección del equipo. Por aquel entonces, el exjugador barcelonista estaba entrenando el Ajax de Ámsterdam, con el que ganó dos Copas de Holanda y una Recopa de Europa.

Todo parecía indicar que, cuando llegaran las elecciones presidenciales de 1989, el candidato de la oposición a Núñez utilizaría a Cruyff como decisiva arma electoral. Pero el Grup d'Opinió había lanzado la idea con demasiada antelación y Núñez decidió contratarle un año antes de esos comicios. Eran momentos muy difíciles, porque la plantilla, enfrentada a la directiva, acababa de protagonizar el «motín del Hesperia». El presidente actuó con rapidez y con habilidad. Si la apuesta de Cruyff resultaba exitosa, todo estaría a su favor. Y si fracasaba, el error sería compartido.

La contratación resultó más complicada de lo que pudo imaginarse. Cruyff había dejado grandes deudas en España tras su paso como jugador. Hacienda y el Banco Central estaban esperando a que entrara en el país para echarle el guante. El entrenador lo sabía y por eso negoció con Núñez que el FC Barcelona liquidase aquellas deudas, que rondaban los cien millones de pesetas (unos 600 000 euros), a cuenta de sus futuros emolumentos. El club liquidó ambos temas y Cruyff llegó a Barcelona el 4 de mayo de 1988, coincidiendo con el partido de ida de la final de la Copa de la UEFA que disputaron el Espanyol y el Bayer Leverkusen en Sarrià.

La vuelta de Cruyff eclipsó el 3-0 del Espanyol en buena parte de los medios de comunicación. Pero aquello solo fue una premonición de lo que sucedería durante ocho largos años, concretamente hasta el 18 de mayo de 1996. Para lo bueno y para lo malo, Johan Cruyff se convirtió en el principal protagonista de la vida del club y, en consecuencia, acaparó portadas y páginas de diarios de un modo constante. Unas veces, como en febrero de 1990, porque todo el mundo se empeñó en que la directiva le echara a la calle; otras veces, como en el cuatrienio 1991-94, porque los elogios escondieron hasta los defectos, y, al final, porque en el acto de su despedida, cuando Joan Gaspart le comunicó que el club le ponía de patitas en la calle, las sillas volaron en el interior del vestuario azulgrana.

Cruyff era, y sigue siendo, un hombre que no tiene término medio. Y jamás despierta sentimientos de indiferencia. Hay gente que le ama profundamente y hay gente que le odia a muerte. Mal asunto... cuando está el FC Barcelona de por medio. Porque esa capacidad suya para despertar sentimientos tan dispares ha provocado grandes convulsiones sociales, hasta el punto de dividir a la afición entre sus partidarios y los de Hennes Weisweiler, cuando era jugador, o entre los suyos y los de Josep Lluís Núñez o, más recientemente, entre él y los de Sandro Rosell.

Pero ni los que le odian pueden quitarle el lugar que se ganó entre los mejores entrenadores de la historia del club. Es cierto que ha sido un director de equipo poco o nada académico, demasiado intuitivo a veces. Tanto como para vivir en las antípodas del método. Muy simple. Como todos los idiomas que habla. Pero lo bastante claro como para que se le entienda cuando lanza sus sentencias: «Hay que jugar con un defensa más que los delanteros que ponga el contrario», «correr es de cobardes» y tantas otras cosas que, sin querer, recogen las esencias de aquel modelo que él aprendió de los entrenadores del Ajax y, más aún, de Marinus Michels.

Sus detractores recuerdan sus dos primeros años de devaneos, con una Recopa de Europa y una revitalizadora Copa del Rey contra el Real Madrid. No olvidan que Núñez le salvó, él solo contra el mundo, en una asamblea en la que hasta algunos directivos se bajaron de la mesa presidencial a la platea para pedir su destitución. Y, también, a sus enemigos se les hace la boca agua cuando rememoran el 4-0 de Atenas contra el Milan de Fabio Capello, con el futuro que se abrió aquel día por la depuración de la plantilla y los inmediatos fichajes de Eskurza, José Mari, Escaich, Korneiev, Hagi o Prosinecki. Más aún. Dicen que la Copa de Europa de 1992, con el gol de Koeman en la prórroga, se ganó contra nadie y que tres de las cuatro Ligas consecutivas fueron en los últimos minutos de la última jornada. Y dicen que el club se gastó un dineral en primar al Tenerife, doble verdugo del Real Madrid, y al Valencia, matador del Deportivo de la Coruña con el penalti que González le paró a Djukic en el último minuto del encuentro.

Y sus incondicionales, claro, dicen todo lo contrario. Que nadie hasta entonces había sido capaz de mantener a raya a unos presidentes más preocupados por hacer de entrenadores que por construir una estructura sólida. O que fue él, y nadie más, quien ganó Copa de Europa, Recopa, Ligas, Copas y Supercopas. Y que puso orden hasta en los contratos de los jugadores. Es obvio que ningún entrenador gana si no tiene una plantilla con jugadores de calidad, pero la batuta —de aquel equipo al que, con muy poca imaginación, se bautizó como «dream team», el apelativo de la mejor selección estadounidense de baloncesto que ha existido jamás— la sostuvo él. A su manera, con sus intuiciones, con unas ideas que a veces parecían de bombero y, también, con sus particulares refranes. Particulares, pero certeros. ¿O no es verdad que «un palomo no hace verano» o que hay cosas que te ponen «la gallina de piel»?

Jugadores, entrenadores y directivos

Ser jugador de fútbol de élite no es algo que esté al alcance de todo el mundo. Los elegidos para la gloria son, desde que se inventó el juego, solo unos pocos. Ser entrenador en uno de los grandes clubs tampoco es fácil. Hacen falta muchos conocimientos, una enorme capacidad de liderazgo para gestionar, sobre todo, los egos de un vestuario repleto de figuras y, además, se necesita suerte. Y ser presidente o directivo no resulta nada sencillo. Además de contar con un patrimonio personal muy saneado, se precisan conocimientos de economía, *marketing* y sociología, una buena imagen personal y mucha mano izquierda para resolver todos esos conflictos. Pues bien, en la historia del FC Barcelona solo ha habido dos personajes capaces de desempeñar las tres funciones: jugador, entrenador y directivo. El primero fue Romà Forns y el último, Josep Gonzalvo.

Forns fue jugador entre los años 1904 y 1913. Compartió vestuario y hazañas con Paco Bru, Jack Greenwell y Paulino

Alcántara. Su puesto era el de delantero. Y con sus goles, entre ellos el primero que se marcó en el campo de la calle Indústria, colaboró en la conquista de cinco Campeonatos de Cataluña, en los años 1905, 1909, 1910, 1911 y 1913, y una Copa de España, en 1910. Además, jugó varios partidos con la selección catalana y, entre ellos, el primero de todos, que se disputó el 12 de febrero de 1912, en París y contra Francia. Los *bleus* ganaron por 7-0. Unos años más tarde, Forns se incorporó a la junta directiva, donde permaneció hasta el mes de diciembre de 1926. Dejó el cargo para convertirse en el primer entrenador catalán de la historia del club. Condujo al equipo a ganar el Campeonato de Cataluña y la Copa del Rey del año 1928. Al año siguiente, el FC Barcelona conquistó el primer Campeonato de Liga. En el mes de marzo de 1929 presentó la dimisión como directivo por fidelidad con el presidente Arcadi Balaguer, quien decidió abandonar el cargo. Pero Romà Forns continuó vinculado al club, esta vez como ayudante del nuevo entrenador azulgrana, el británico James Bellamy.

Josep Gonzalvo, el segundo de la saga familiar, empezó a jugar al fútbol en el Mollet, equipo de su ciudad natal. En 1941 se hizo profesional en el Ceuta, mientras realizaba allí el servicio militar. A su vuelta a Cataluña, fichó por el Sabadell, en Primera División, donde coincidió con su hermano Juli. Tras una gran campaña en la que quedaron novenos, en 1944 Josep firmó contrato con el FC Barcelona, donde ya se encontraba jugando su hermano Marià, el más pequeño pero sin duda el más talentoso de todos ellos. Y al año siguiente, Juli también firmó por el Barcelona y los tres hermanos coincidieron allí una única temporada, a las órdenes de Josep Samitier.

Josep jugó junto a futbolistas míticos, como Ramallets, Segarra, Basora, César o Kubala. Gonzalvo II ganó las Ligas de 1945, 1948 y 1949, la Copa Latina de 1949, la Copa de Oro Argentina de 1945 y la Copa Eva Duarte de Perón de 1949 (estos dos últimos torneos fueron, en su época, el equivalente a la actual Supercopa de España). Después de disputar con España el Mundial de Brasil de 1950, decidió dejar el FC Barcelona y rechazó ofertas del Real Madrid y del Espanyol para ir a jugar al Real Zaragoza, al que ascendió a Primera División en solo una temporada. Se hizo entrenador y, luego, fue profesor y director de la Escuela de Entenadores, hasta que, en 1963, fue llamado para sustituir a Ladislao Kubala en el banquillo del Camp Nou. Estuvo poco tiempo en el puesto, pero le alcanzó para ganar la Copa del Generalísimo de 1964. Finalmente, fue directivo de la junta presidida por Agustí Montal i Costa, hasta que el 31 de mayo de 1978 falleció en el Hospital Clínic de Barcelona. Una complicación tras una intervención quirúrgica acabó con su vida, cuando acababa de cumplir los 58 años de edad.

El «traductor» de Robson

El final de la etapa de Johan Cruyff como entrenador del FC Barcelona dio paso, como ya había sucedido otras muchas veces, al nombramiento de un técnico puente. La idea de que los éxitos de una etapa recién cerrada solo sirven para que los aficionados establezcan comparaciones entre el presente y el pasado ha aterrorizado siempre a muchos presidentes. Por eso, y para evitar que el primer sustituto no resista las comparaciones, se ha optado con frecuencia por utilizar a un entrenador capaz de soportar estoicamente ese tal vez recomendable período de transición.

La llegada de Bobby Robson al club no se produjo exactamente por ese motivo, aunque las circunstancias le convirtieron en esa clase de entrenador capaz de allanar el camino de su sustituto. Josep Lluís Núñez tenía muy claro que el elegido debía ser Louis van Gaal. Pero el entrenador holandés, campeón de la Champions League de 1995 con un Ajax de Ámsterdam plagado de talento y de juventud, tenía un año más de contrato en su club y, en su condición de presidente del comité de entrenadores de su país, no quiso romper su compromiso y dar un mal ejemplo a los técnicos a los que representaba.

Núñez mantenía una magnífica relación personal con Robson, al que conocía desde hacía muchos años y al que había solicitado consejo en diferentes ocasiones. De hecho, fue él quien recomendó el fichaje de Terry Venables en 1984. Era un hombre afable, con una imagen más propia de un *gentleman* que de un entrenador y una extraordinaria experiencia en el mundo del fútbol. Fue internacional en veinte ocasiones, marcó cuatro goles y fue centrocampista titular de Inglaterra en los partidos del Mundial de Suecia de 1958. También acudió, ya como suplente, al Mundial de Chile en 1962, donde el genial Bobby Charlton le arrebató la titularidad en el puesto de interior diestro del equipo inglés. Tras retirarse del juego activo, inició su carrera como entrenador en Canadá, concretamente en el mismo equipo, el Vancouver Royals, en el que jugó hasta 1968, simultaneando los papeles de jugador y de entrenador. Ya de regreso a Europa plagó su carrera de éxitos allá donde fue. Tras catorce temporadas en el Ipswich Town, donde ganó la Copa de la UEFA de 1981, Robson fue seleccionador de Inglaterra durante ocho años, hasta 1990. Luego dirigió al PSV Eindhoven, donde ganó dos Ligas holandesas, al Sporting de Lisboa y al Oporto, con el que también ganó dos Ligas portuguesas.

Robson firmó con el Barça un contrato por dos años, sin saber que Louis van Gaal ya se había comprometido para dirigir al equipo a partir de la temporada siguiente, la 1997-98. Y el *gentleman* cumplió con creces. Rehízo la ruina de plantilla que había heredado de Johan Cruyff y participó con éxito en todas las competiciones. El FC Barcelona ganó la Supercopa de España, la Recopa de Europa y la Copa del Rey. Solo se le escapó la Liga por dos míseros puntos y en unas circunstancias muy difíciles, como consecuencia de las lesiones de algunos jugadores muy importantes en el tramo decisivo del campeonato, y por la fuga de Ronaldo, a quien los compromisos con la Confederación Brasileña de Fútbol le impidieron jugar las últimas jornadas de la competición.

El entrenador británico, al que la reina Isabel II condecoró con la Orden del Imperio Británico e investió con el título de sir en 2002, dio lecciones magistrales de todo tipo en Barcelona: de sencillez, de humanidad, de señorío, de profesionalidad y, sobre todo, de entereza para soportar todo tipo de vejaciones. Había cometido la osadía de suceder a Cruyff en el banquillo barcelonista y, solo por eso, fue objeto de una brutal campaña de desprestigio. Le acusaron de las cosas más horribles. La peor de todas las falsedades que se dijeron de él fue que era un libertino y que mantenía una relación sentimental con su segundo entrenador, Jose Mourinho.

Uno de los sectores más beligerantes con Robson fue la

prensa. Desde diversos medios de comunicación se lanzaron especies tales como que Mourinho era un simple traductor o que eran los jugadores los que autogestionaban el funcionamiento del equipo. Y nadie se ruborizaba por ello.

Un simple, muy simple, trabajo de periodismo de investigación habría permitido conocer quién era aquel joven portugués que le había acompañado en aquella aventura. Licenciado por la universidad, con especialización en Metodología del Fútbol, Mourinho era entrenador nacional. Había obtenido el título en Escocia, donde perfeccionó su conocimiento de la lengua de William Shakespeare. Además, la falsa teoría de que se trataba de un simple traductor se desmoronaba por sí sola. El club acababa de incorporar a su plantilla de trabajadores al periodista Josep Miquel Terés para realizar, precisamente, esa función concreta.

El trabajo de Mourinho fue magnífico. Tanto que cuando Van Gaal llegó al club quiso tenerle a su lado. Robson fue nombrado director de fichajes y su ayudante en el Sporting de Lisboa, Oporto y en el propio FC Barcelona se quedó como primer asistente del entrenador holandés. Pronto, Mourinho se convirtió en una pieza fundamental del cuerpo técnico. Primero como experto en el análisis de los rivales y posteriormente como hombre básico en el trabajo de entrenamiento, dirección de partidos y contratación de nuevos jugadores. En el año 2000, tras la dimisión de Núñez y la salida de Van Gaal para dirigir la selección holandesa de fútbol, Mourinho fue invitado por Llorenç Serra Ferrer a abandonar el club, pese a que aún le quedaba un año de contrato.

Aloysius van Gaal, un hombre de club

Todo el mundo le conoce por Louis van Gaal. Pero ese hombre grandote, con cara de malas pulgas y un poco gritón, excelente entrenador y mucho mejor tipo de lo que aparenta a simple vista, se llama Aloysius. De hecho, fue bautizado de acuerdo con la tradición católica. O sea, con tres nombres. El que sus padres eligieron para identificarle y el de sus dos padrinos. De manera que, en su partida de nacimiento, consta que su nombre completo es Aloysius Paulus Maria van Gaal.

El presidente Josep Lluís Núñez quiso contratarle para sustituir a Johan Cruyff en los últimos días de la primavera de 1996. Pero Van Gaal tenía firmado un año más de contrato con el Ajax de Ámsterdam y de ninguna de las maneras consintió en anticipar su salida del club al que se debía, más allá de que tuviera un papel firmado y más allá, por supuesto, de que el cambio de club fuera a proporcionarle unos ingresos mucho mayores de los que había tenido hasta aquel momento. Era y es, por encima de todo, un hombre de palabra, digno y honesto, hasta el punto de dejar escapar la oportunidad de su vida antes que traicionar ni traicionarse. Su suerte fue que Núñez tenía tanta fe en sus capacidades, en su filosofía y en su metodología que prefirió esperar un año a perder la oportunidad de colocarle al frente del equipo.

Nacido el 8 de agosto de 1951 en Ámsterdam, se formó como futbolista en las categorías inferiores del Ajax, con el que llegó a debutar en la Eredivisie a los 20 años. Mediocentro de una gran fortaleza física y de una gran concepción táctica, firmó consecutivamente por el Stormvogels Telstar, el Sparta Rotterdam y el Royal Antwerp. Fue profesional durante dieciséis temporadas y, aunque muchos se refieren a él como un futbolista vulgar, del montón, lo cierto es que llegó a ser elegido como el segundo mejor jugador del campeonato holandés, solo superado por Cruyff.

Louis tenía muy claro que quería ser entrenador. Y se preparó a conciencia para serlo. No quería ser uno más. Hoy está considerado como uno de los grandes técnicos de la historia del fútbol. Nadie puede, a pesar de todos los peros que quieran ponerle sus detractores, presentar una colección de títulos como la suya. Con el Ajax conquistó la Champions League, tres títulos de Liga y una Copa en apenas cinco años. En su primera etapa en el FC Barcelona sumó dos Campeonatos de Liga, una Copa y una Supercopa de Europa. Estuvo dos años al frente de la selección holandesa y dimitió porque no fue capaz de conseguir el objetivo de clasificarla para el Mundial de 2002. Regresó al Camp Nou, donde ya no estaba Núñez y donde mantener el equilibrio con Joan Gaspart como presidente habría sido un puro milagro. Hizo campeón de la Eredivisie holandesa al AZ Alkmaar, que es como ganar una Liga Española con el

Osasuna. Y en el Bayern de Múnich ganó la Bundesliga y la Copa, aunque perdió su segunda final de la Champions League frente al Inter de Mourinho en el Bernabéu, en 2010.

Títulos al margen, Van Gaal siempre consiguió que sus equipos jugaran un fútbol atractivo, marcaran muchos goles y contaran con muchos jugadores formados en la cantera de sus distintos clubs. En el Ajax apostó por jugadores como Patrick Kluivert, los hermanos Frank y Ronald de Boer y otros jóvenes de la época. En el FC Barcelona consagró a Xavi Hernández, Carles Puyol, Andrés Iniesta y Víctor Valdés. En el AZ Alkmaar dio la alternativa a Sergio Romero, Héctor Moreno, Sebastien Pocognoli, Mousa Dembele o Mounir el Hamdaoui. Y en el Bayern de Múnich apostó por los Holger Badstuber, David Alava, Thomas Muller y, aunque no llegaron a jugar con él, Manuel Neuer y Toni Kroos. Un día, en 1998, llegó a decir que le gustaría «ganar una final de la Champions con todos los jugadores formados en la cantera».

Tiene todo lo que hay que tener, pero no cae simpático. Seguramente porque es un hombre que defiende el club para el que trabaja, porque exige sacrificio y disciplina, porque no tolera la crítica fácil e inconsistente, porque dice lo que piensa y siempre a la cara, jamás por la espalda. Y si, en su batalla por conseguir un objetivo, tiene que pelearse con los periodistas, lo hace. Su primera discusión en el FC Barcelona la tuvo con un redactor holandés, Edwin Winkels. «Tú siempre *negatifo*, nunca *positifo*», le dijo con su vozarrón en mitad de la sala de prensa.

Esa defensa del club que le pagaba le llevó, cuando se despidió como entrenador del FC Barcelona en 2003, a pedir a todos los miembros de su *staff* que trabajaran para impedir que alguien pudiera hacerle daño al equipo. Y les animó a reconocer al chivato que había dentro del vestuario y a echarle de allí. Lo dijo con lágrimas en los ojos. Algunos de los que estaban allí, incluidos el conserje y la señora que llevaba los desayunos a los jugadores todas las mañanas y la fruta al concluir todos los entrenamientos, cumplían más de dos décadas en el club. «Nunca habíamos visto llorar a un entrenador el día que se marchaba», dijeron.

Para Van Gaal aquella despedida fue un mal trago. Nada que

ver con la primera, cuando decidió acompañar a Josep Lluís Núñez porque este anunció que abandonaba la presidencia después de veintidós años. «Vine con él y me marcho con él», aseguró a los periodistas. Corría el mes de junio de 2000 y al técnico holandés le quedaba un año de contrato. Renunció a percibir una sola peseta, a pesar de que Joan Gaspart se lo había puesto fácil cuando aseguró que si ganaba las elecciones presidenciales lo primero que haría sería echar a Van Gaal. Curiosamente, el propio Gaspart fue quien le contrató para volver en 2002. Los amigos le aconsejaron que no aceptara la oferta, porque el nuevo presidente no era como Núñez y porque algunos le harían la vida imposible, como ya se la hicieron en su primera etapa.

La ilusión por terminar un proyecto que había dejado a medias dos años antes pudo más que la certeza de que sus amigos y su esposa Truus le aconsejaban bien. Van Gaal había olvidado, incluso, cómo había terminado su última temporada en el FC Barcelona. En marzo de 2000, el equipo estaba en condiciones de ganar la Champions, la Liga y la Copa. El fútbol azulgrana era admirado en toda Europa y nadie dudaba de que era el gran favorito para ganarlo todo. Pero se perdió todo.

¿Por qué? Porque… alguien traicionó al club. Van Gaal había entregado a Núñez un documento en el que se recogían, entre otras muchas cosas, las bajas que se concederían al finalizar la temporada. Nadie debía de saber nada. Pero un tipo, con nombre, apellidos y con ambición de ser entrenador del primer equipo barcelonista, filtró a los propios jugadores y a sus agentes aquella lista de bajas. Y el FC Barcelona, que no perdía casi nunca, encadenó tantas derrotas seguidas como para dejar que se escaparan esas tres competiciones. Aquel desistimiento pudo ser la causa de la dimisión de Josep Lluís Núñez y el final de un extraordinario proyecto. Nadie ha abierto nunca la boca y es posible que jamás se sepa toda la verdad sobre aquel acto de traición a la entidad.

Las flaquezas de Rijkaard

Grande en el Ajax, entre 1981 y 1988, con el paréntesis de su cesión durante media temporada al Real Zaragoza, y grande en el Milan, entre 1988 y 1993, Frank Rijkaard decidió hacerse entrenador. Se sacó el título y desde 1998 hasta 2000 fue ayudante de Guus Hiddink en la selección holandesa. Pero quería ser primer entrenador y firmó contrato con el Sparta Rotterdam, al que descendió a Segunda División en la temporada 2001-02. Un año más tarde, Johan Cruyff le propuso a su amigo Joan Laporta, que acababa de ganar las elecciones a la presidencia del Barça, que apostase por Rijkaard para llevar adelante su primer proyecto deportivo. Y así fue.

Respaldado por Txiki Begiristain desde la secretaría técnica del club, Frank Rijkaard se encontró con una plantilla corta y sin los jugadores precisos para desarrollar la filosofía y el modelo de juego que había aprendido en el Ajax y para el que le habían contratado en el FC Barcelona. Sus comienzos fueron difíciles. En diciembre, el equipo ocupaba la decimosegunda posición de la tabla. Y pidió un jugador para revertir la situación. La incorporación de Edgar Davids le permitió jugar el 1-4-3-3 que hasta entonces no había podido utilizar. A sus espaldas había ruido de sables. Desde la vicepresidencia deportiva, Sandro Rosell presionaba a Joan Laporta para que reemplazase al holandés por el brasileño Luis Felipe Scolari. Pero Rijkaard tuvo tiempo.

La derrota por 3-0 en El Sardinero no hizo cambiar los planes del entrenador holandés. Y el equipo, con Ronaldinho siempre un paso por delante de los demás, como líder que era, empezó a remontar posiciones. Sumando victorias alcanzó al Real Madrid, le superó y se dispuso a dar caza al Valencia, que era el líder. Si la Liga hubiera durado dos semanas más, el FC Barcelona tal vez hubiera sido campeón. De todos modos, el equipo salió reforzado y seguro de que se hallaba en el buen camino.

Las dos temporadas siguientes 2004-05 y 2005-06 fueron espléndidas. El equipo, que había perdido a Davids pero que se había reforzado bien, ganó los dos títulos de Liga y redondeó el bienio con la Champions League de París, ganando por 2-1 al Arsenal de Wenger, Henry, Cesc y compañía. Nada hacía presagiar que el FC Barcelona iba a caer pronto en picado. En el siguiente ejercicio dobló la rodilla en la Supercopa de Europa ante el Sevilla, cedió el Mundial de Clubs en diciembre y, en medio del desencanto general, dejó escapar una Liga que parecía ser suya. La diferencia particular de goles hizo campeón al Real Madrid.

¿Qué había sucedido? Rijkaard era un tipo tranquilo y bondadoso. Su segundo, Henk Ten Cate, había abandonado el club para convertirse en primer entrenador. Y, sin un tipo duro a su lado, perdió muchas cosas. Fue permisivo con sus jugadores en Mónaco y en Japón, donde además tuvo una aventura amorosa. Después, Samuel Eto'o protagonizó un duelo de egos con Ronaldinho y nadie intervino. Ni siquiera Alejandro Echevarría, cuñado de Laporta y la persona que tenía más ascendencia sobre el temperamental goleador camerunés.

Frank Rijkaard sabía que la solución pasaba por adoptar una decisión drástica. Eto'o o Ronaldinho, o los dos a la vez, debían abandonar el club si se quería restablecer la cohesión y el espíritu ganador del vestuario. Respaldado por su nuevo segundo, Johan Neeskens, y por Eusebio Sacristán, planteó la necesidad de prescindir de uno de los futbolistas que habían debilitado el vestuario. Le dijeron que los contratos de *marketing* y publicidad de los dos futbolistas eran importantes para cuadrar los presupuestos. Y Rijkaard, en lugar de insistir como haría Pep Guardiola un año después, aceptó que las cosas continuaran igual. Mal negocio, sin duda. Para el club y para él mismo.

Los rumores de que Ronaldinho mantenía una relación con la hija del primer matrimonio de Rijkaard, el distanciamiento que se había producido entre el propio entrenador y su esposa Monique, el desencanto del vestuario y algunas cosillas más provocaron que el equipo se mantuviera alejado de su estado ideal. Y eso le costó al técnico holandés perder el puesto de entrenador tras un nuevo año de desilusiones. Pese a tener una temporada más de contrato, Rijkaard puso fin a cinco años en el club. Globalmente su balance fue bueno, pero la forma en la que se desmontó el proyecto había llevado al presidente del club a la conclusión de que la autocomplacencia se había instalado en el vestuario y de que debía tomar decisiones. Y las tomó.

Guardiola o la sublimación de una idea

La noche del 25 de mayo de 2012, Pep Guardiola dirigió por última vez al FC Barcelona. Fue en el estadio Vicente Calderón, donde el equipo azulgrana se enfrentó al Athletic Club de Bilbao con la Copa del Rey en juego. El equipo azulgrana se impuso por 3-0 y conquistó su título número catorce sobre diecinueve posibles, en las cuatro temporadas durante las que el técnico de Santpedor fue el entrenador del primer equipo. Nadie hasta ese momento había logrado una cosa parecida en los 113 años de historia del club... ni en los 157 años de historia del fútbol mundial.

Pep llegó de forma inesperada al banquillo del Barcelona Atlètic, hoy Barcelona B. Cuando Quique Costas anunció su deseo de dejar el banquillo del filial, Txiki Begiristain y José Ramón Alexanko pensaron en varios exjugadores del club para sustituirle. También recibieron diversas proposiciones, unas directas y otras a través de representantes o amigos. Evarist Murtra advirtió a Txiki que Guardiola tenía ganas de entrenar. El secretario técnico y el jefe del fútbol base escucharon a todo el mundo y, al final, decidieron mantener entrevistas con Jordi Vinyals, Ramon Maria Calderé, Luis Enrique y Josep Guardiola. Y eligieron a Pep porque creyeron que era quien mejor respondía al perfil necesario para desarrollar la idea futbolística del club.

Guardiola fue presentado como entrenador del filial blaugrana el 21 de junio de 2007. Llegó al club con Tito Vilanova, su amigo de la infancia, en el papel de segundo entrenador. Aquel verano, Pep se reunió con otro íntimo amigo suyo, Juanma Lillo, con quien pasó varios días desmenuzando un montón de partidos del Barcelona Atlètic y estudiando qué jugadores podían continuar, qué refuerzos podían hacer falta y qué innovaciones futbolísticas se podían plantear. El modelo futbolístico, ya implantado en el club tras el paso de Johan Cruyff, Louis van Gaal y Frank Rijkaard, era innegociable. Alguna de las conversaciones que mantuvieron Pep y Juanma Lillo fueron para «mojar pan». Pero se quedarán ahí, en el ámbito de la más estricta intimidad.

El Barcelona Atlètic se proclamó campeón de Tercera División y disputó el *play-off* con una extraordinaria brillantez. Mientras el segundo equipo peleaba por el ascenso, que finalmente consiguió, Frank Riijkaard vivía sus últimos días como entrenador del primer equipo. El holandés no había podido gestionar la lucha de egos que se había instalado en el vestuario y Ronaldinho vivía un triste ocaso como líder en el campo. En marzo, el vicepresidente deportivo Marc Ingla y el director deportivo Txiki Begiristain habían viajado hasta Lisboa para entrevistarse con Jose Mourinho. El entrenador portugués elaboró un *power-point* en el que explicaba las líneas maestras de su proyecto. Mourinho planteó entonces que quería a Josep Guardiola como segundo entrenador.

El primer equipo no levantaba cabeza. Había que resolver la patata caliente de la sucesión de Rijkaard y el presidente Laporta llamó a consultas a Txiki. El secretario técnico tenía muy claro que Guardiola debía ser el nuevo entrenador y que Ronaldinho debía de abandonar el club y ceder el papel de líder del equipo a Lionel Messi. Cuando escuchó el planteamiento de Txiki, el presidente dio un bote en su silla, se agarró a los reposabrazos y se abrochó el cinturón de seguridad. No tenía nada claro que un entrenador con solo un año de experiencia en los banquillos pudiera hacerse cargo de un transatlántico que iba a la deriva en plena tormenta de autocomplacencia.

Laporta pidió consejo a varias personas que conocían muy bien a Pep. Quienes más defendieron la idea de Txiki fueron Johan Cruyff y Evarist Murtra, quien había coincidido con Guardiola en la candidatura presidencial de Lluís Bassat en el año 2003 y que, en aquellos momentos, era directivo del club. Así, el 8 de mayo de 2008, el consejo directivo decidió nombrar a Guardiola nuevo entrenador y el 17 de junio procedió a realizar su presentación oficial. Entre aquellas dos fechas, el Barcelona Atlètic consiguió el ascenso. Pero simultáneamente, el abogado Oriol Giralt había logrado reunir diez mil firmas con las que avalar la presentación de una moción de censura contra Laporta. La votación se celebró el 6 de julio. El presidente salvó el cargo, pero lo hizo con un 60,6 por ciento de los votos en contra. El grueso de la directiva presentó la dimisión cuatro días más tarde. Entre los que se fueron… estaba Murtra.

Guardiola empezó la temporada con mal pie. El equipo perdió en el campo de Los Pajaritos ante el Numancia y empató su primer partido en casa frente al Racing de Santander. Las críticas más ácidas aparecieron desde todos los rincones y el convencimiento de que la directiva se había equivocado en la elección se instaló entre los aficionados. Pero las cosas en el fútbol, y en cualquier orden de la vida, no son importantes por cómo empiezan sino por cómo acaban. Y aquellos dos resultados se quedaron en una simple anécdota. En 2009, el FC Barcelona ganó los seis títulos que había disputado: Copa, Liga, Champions, Supercopa de España, Supercopa de Europa y Mundial de Clubs.

El profundo conocimiento que Pep Guardiola tenía del club, en el que fue formado y en el que había sido recogepelotas y jugador, le permitieron sublimar el modelo y conseguir algo más importante que todos los títulos juntos: el reconocimiento de que el FC Barcelona, de su mano y con unos jugadores únicos, se había convertido en el mejor equipo de la historia del fútbol mundial. El 6 de mayo de 2012, después de que el Barcelona ganara por 4-0 al Espanyol en su último partido liguero en el Camp Nou, los socios y aficionados barcelonistas le tributaron una cálida despedida. Unos noventa mil espectadores corearon su nombre y le ovacionaron hasta sentir dolor en las palmas de las manos.

Veinte días más tarde, el club organizó una fiesta para ofrecer a sus aficionados la Copa del Rey ganada ante el Athletic Club de Bilbao. Fue un acto sencillo al que apenas acudieron 30 000 espectadores y en el que no hubo parlamentos. Tras dar la vuelta de honor al campo junto con los miembros de su equipo técnico y los jugadores, Guardiola enfiló el camino de los vestuarios por última vez. Aquella noche, al abandonar el estadio, se llevó a casa infinidad de recuerdos. Pero dejaba en las vitrinas del Museu del Barcelona una colección de treinta trofeos. Los catorce que había conquistado como entrenador y los dieciséis que ganó en su etapa como jugador del club.

CAPÍTULO 3

Historias de jugadores

Alcántara, *el Romperredes*

*L*a tarde del 25 de febrero de 1912, el FC Barcelona se enfrentaba al Català, su gran adversario de aquella época, en un encuentro correspondiente al Campeonato de Cataluña. A pesar de la rivalidad, la diferencia entre los dos equipos era sustancial. Y prueba de ello es que los azulgrana ganaron el partido por 9-0 y le amargaron a su rival el estreno de sus nuevas equipaciones, blancas y azules. Pero el encuentro no pasó a la historia por el resultado, ni por el novedoso uniforme del adversario de los barcelonistas, sino porque aquel día un jovencísimo muchacho de solo 15 años y cuatro meses de edad irrumpió en el campo de la calle Indústria con una fuerza demoledora, anotando los tres primeros de los 357 goles que acabaría marcando para el club.

Joan Gamper había encontrado a aquel prodigio de futbolista, que respondía por el nombre de Paulino Alcántara, disputando encuentros en el Universitary Sport Club, en el campo del Hospital Clínic. También se sabe que el muchacho había nacido en las islas Filipinas, el 7 de octubre de 1896, entonces aún colonias españolas. Su padre era militar de carrera y estaba destinado en la localidad de Iloílo. Allí conoció a una bella filipina con la que contrajo matrimonio y de la que nacería ese nuevo portento del juego del fútbol.

Alcántara defendería los colores del FC Barcelona durante quince años, pero con un paréntesis que se inició en 1916. Entonces regresó a Filipinas para cursar la carrera de medicina y jugó en el Bohemians de Manila. Pero el club azulgrana le requirió para que regresara y lo hizo en 1918. Compaginó su papel de jugador en el FC Barcelona con el final de sus estudios y, a partir de 1920, con la profesión de médico, a la que se dedicaría durante el resto de su vida. Por ese motivo, Alcántara renunció a disputar los Juegos Olímpicos de Amberes de 1920, donde España consiguió la medalla de plata.

En el mes de diciembre de 1922, Francia y España disputaron su primer encuentro internacional en Burdeos. Ugalde, enviado especial del diario *El Mundo Deportivo*, narró así el segundo de los goles de España: «Se centra la pelota y asegurada se apoderan de ella de nuevo los delanteros españoles. Sesúmaga hace un pase adelantado a Alcántara, quien dispara un *shoot* enormísimo que nadie fue capaz de detener. El pase de Sesúmaga y el *shoot* de Alcántara han constituido una jugada formidable. Ha sido uno de los mejores *goals* que he visto en mi vida. El balón impelido por el gran *shootador* ha atravesado la red». España acabó ese frío día de diciembre ganando a los franceses por 0-4.

Apodado el Romperredes por ese gol, por su potencia y por la colocación de sus remates, Alcántara todavía hoy sigue siendo el jugador azulgrana más joven en disputar un partido oficial y también en marcar un gol en un encuentro de competición oficial en toda la historia del FC Barcelona. Y sus 357 tantos, sumando también los que marcó en partidos amistosos, siguen siendo el récord absoluto de un jugador del club. Además, Paulino Alcántara se convirtió, con su debut en el equipo, en el primer futbolista nacido en Asia que jugó en Europa.

Alcántara se retiró en 1927, dos años antes de que comenzara a disputarse la primera edición del Campeonato de Liga español. Y cuando abandonó el fútbol había conquistado cinco Copas de España, diez Campeonatos de Cataluña, una Copa de los Pirineos y dos Campeonatos de Apertura, estos últimos en Filipinas. Había debutado con la selección de su país de nacimiento a los 21 años y cuatro más tarde hizo lo mismo con la selección española, en la que disputó cinco encuentros internacionales y marcó seis goles.

Además de su vocación por la medicina, también tuvo tiempo para compaginar su ejercicio profesional con el cargo de seleccionador español, aunque solo fuera durante tres partidos, en el año 1951, formando un triunvirato con Félix Quesada y Luis Iceta. Paulino Alcántara falleció el 13 de febrero de 1964 en Barcelona, donde había fijado su residencia. En el año

2007, la Federación Internacional de Fútbol (FIFA) le declaró el mejor futbolista asiático de toda la historia.

El «caso Garchitorena»

Juan de Garchitorena debutó en las filas del FC Barcelona el día 30 de julio del año 1916, en un encuentro de carácter amistoso que enfrentó al equipo azulgrana con el Sabadell. El partido, que fue organizado por el Ayuntamiento de Sant Feliu de Guíxols, finalizó con el triunfo barcelonista por 3-2. A partir de ese día, Garchitorena fue alineado en otros muchos amistosos frente a distintos equipos catalanes y vascos e, incluso, en un choque frente al Espanyol, jugado el 12 de noviembre a beneficio de la Caja de Previsión del Sindicato de Periodistas Deportivos.

La primera aparición de Garchitorena en competición oficial se produjo dos semanas más tarde. Fue de nuevo frente al Sabadell, pero esta vez en el encuentro inaugural del Campeonato de Cataluña de la temporada 1916-17. El resultado fue de 4-0 a favor del equipo barcelonista. El delantero azulgrana marcó el segundo de los goles del partido y el segundo de su cuenta particular desde su incorporación al club, ya que había anotado el primero en un amistoso ante el Espanyol, celebrado el 27 de agosto con motivo de la fiesta mayor de la barriada barcelonesa de Sants.

Antes de finalizar el año 1916, Garchitorena también participó en los encuentros del Campeonato de Cataluña ante el Espanya y el Espanyol. En este último, disputado el día 17 de diciembre, el FC Barcelona se impuso por un contundente 3-0. La derrota resultó el detonante del que se bautizó como el «caso Garchitorena». La directiva españolista presentó una denuncia ante la Federación Catalana de Clubs de Foot-ball, reclamando que se le otorgaran los tres puntos de aquel partido, porque su adversario había incurrido en la alineación indebida de un futbolista.

Los representantes del Espanyol probaron documentalmente que, a diferencia de lo que indicaba su pasaporte, Garchitorena era argentino. Y como quiera que el reglamento de la competición prohibía la alineación de jugadores nacidos fuera del territorio español, era obvio que la razón amparaba a la entidad blanquiazul. El presidente del FC Barcelona, Gaspar Rosés, esgrimió que la información había sido obtenida por los españolistas de un modo desleal y contraatacó denunciando que el Espanyol había utilizado en la misma competición a dos jugadores que no cumplían el tiempo reglamentario de inscripción. Por esta razón, la asamblea de delegados de la Federación Catalana optó por proponer que se repitieran los partidos en los que se había producido la alineación irregular de Garchitorena. La directiva del FC Barcelona no aceptó la decisión y optó por retirarse del torneo.

Tras ser inhabilitado para participar en competiciones oficiales, Garchitorena permaneció algún tiempo más en el club, pero limitó sus actuaciones a partidos de carácter amistoso. Mientras, diversas investigaciones determinaban que el futbolista no era argentino, como había denunciado el Espanyol, sino que había nacido en Manila, capital de las islas Filipinas. Lo más sorprendente es que, pese a ser descendiente de vascos, se consideró que su verdadera nacionalidad era la estadounidense, pues, en aquellos tiempos, Filipinas había dejado de ser colonia española para convertirse en colonia de los Estados Unidos de América.

Futbolista de tanta calidad técnica como extrema frialdad, Juan de Garchitorena era un tipo singular. Vestía y se peinaba como un figurín, era todo un seductor, bebía whisky y su verdadera vocación era la de actor de cine. Precisamente a esa profesión dedicó el resto de su vida. Tras emigrar a Estados Unidos, se convirtió en uno de los galanes de Hollywood. Con el nombre de Juan Torena y gracias a su perfecto dominio de la lengua española, se especializó en papeles cinematográficos de personajes latinos. En 1954 consiguió la ciudadanía estadounidense. Nacido el 24 de marzo de 1898, falleció el 27 de junio de 1983 en la ciudad de Santa Bárbara (California).

Zamora dejó el Barça por dinero

Henry Desgrange fue un prestigioso periodista francés, director de diversos periódicos y uno de los creadores del Tour de Francia. En 1920 cubrió la información de los Juegos Olímpicos de Amberes, donde España conquistó la medalla de plata en la competición futbolística. Aquella selección, a la que bautizó como la Furia Roja, tuvo en Ricardo Zamora a uno de sus jugadores más destacados. «Solo hay dos porteros: san Pedro en el cielo y Zamora en la tierra», escribió Desgrange sobre el guardameta español. Además, Ricardo Zamora fue elegido el mejor portero de ese campeonato olímpico.

Zamora había nacido en Barcelona el 21 de enero de 1901 y, por lo tanto, la consagración internacional le llegó con solo 19 años. Apenas había comenzado su carrera futbolística y ya estaba a punto de convertirse en el mito que fue y que sigue siendo todavía hoy. Al margen de sus extraordinarias condiciones físicas (media 1,94 metros) y técnicas, era un tipo con una fuerte personalidad y con unas indiscutibles condiciones para el liderazgo.

Su fuerte carácter le permitió esquivar la voluntad de su padre, quien le había reservado para la profesión de médico. Y también le sirvió para alcanzar el sueño de ser portero titular del Espanyol recién cumplidos… ¡los 16 años! Aquel equipo fue siempre el suyo, aunque su carrera no transcurriera siempre en blanquiazul. Todo el mundo sabe que jugó en el Real Madrid durante seis años, desde 1930 hasta justo el comienzo de la Guerra Civil Española.

Sin embargo, poca gente sabe que Ricardo Zamora también fue jugador del FC Barcelona entre los años 1919 y 1921. Molesto con la directiva del RCD Espanyol, decidió firmar contrato por el club azulgrana. Ganó una Copa de España y se colgó la medalla olímpica de plata en Amberes 1920. Al regreso de Bélgica, se fue a ver a su presidente y le solicitó un aumento de ficha. La situación económica no era muy buena y el presidente Gamper rechazó la petición del guardameta. El Espanyol, en cambio, le ofreció 32 000 pesetas anuales de ficha y Ricardo Zamora regresó a su club de siempre. Eso sí, estuvo un año entero sin jugar, ya que los reglamentos de la época le impedían cambiar de equipo de forma unilateral.

Su corta estancia en el FC Barcelona le permitió hacer una gran amistad con Pepe Samitier. Además de jugar juntos en el equipo azulgrana y en la selección española, coincidieron posteriormente en el Real Madrid, donde Samitier fue secretario técnico, y también en el OGC Niza, la ciudad francesa en la que ambos residieron hasta el final de la Guerra Civil, y donde Ricardo Zamora colgó las botas de manera definitiva.

Samitier, el inventor del «puente aéreo»

Una de las múltiples consecuencias de la derrota alemana en la Segunda Guerra Mundial fue la división que los aliados hicieron del territorio germano. El reparto se gestó en la Conferencia de Yalta, en febrero de 1945, y fue ratificado por la Conferencia de Postdam, celebrada entre los meses de junio y agosto de aquel mismo año. De resultas de los pactos alcanzados, se formaron dos países: la República Federal de Alemania y la República Democrática Alemana. La ciudad de Berlín quedó al margen de esos acuerdos y se convirtió en un territorio dividido en cuatro zonas de ocupación. El sector oriental fue para los soviéticos, el sur para los estadounidenses, el oeste para los británicos y el norte para los franceses.

Semejante acuerdo no podía ser bueno para nadie. Y, tal como se esperaba, las diferencias empezaron a surgir entre los cuatro países aliados, que acabaron por convertir sus disputas sobre Berlín en una de las razones de ser de la Guerra Fría. El Tratado de Londres, suscrito en 1948 por Estados Unidos, Gran Bretaña y Francia provocó la reacción de la Unión Soviética, que procedió a realizar lo que se conoce como «el bloqueo de Berlín». Los accesos por tierra a la ciudad quedaron clausurados por el Ejército Rojo y la población berlinesa quedó aislada, sin aprovisionamiento de ningún tipo. Fue entonces cuando los americanos decidieron abastecer de los alimentos y vituallas necesarios a los habitantes que estaban sufriendo el bloqueo. Y lo hicieron mediante el aterrizaje de aviones de carga C-47 en el aeródromo de Tempelhof. Aquellos vuelos fueron bautizados con el nombre de *luftbrücke*, que traducido al castellano significa 'puente aéreo'.

Desde hace mucho menos tiempo, se entiende por puente aéreo el servicio que compañías comerciales de aviación ofrecen a sus clientes entre dos ciudades determinadas. La principal peculiaridad de la oferta consiste en la frecuencia horaria con que se realizan los vuelos. En el caso de España, el puente aéreo por antonomasia es el establecido entre las ciudades de Barcelona y Madrid, un trayecto que Josep Samitier no pudo cubrir por aire cuando, en 1932, decidió dejar su club de toda la vida y firmar contrato por el Real Madrid. El aeropuerto de Barajas no abrió sus servicios de aviación comercial hasta 1933 y el puente aéreo entre las dos ciudades españolas no inició sus actividades hasta 1974.

Metafóricamente, Samitier fue el inventor del puente aéreo entre Madrid y Barcelona, o mejor dicho, entre el Real Madrid y el FC Barcelona, porque realizó su primer viaje en 1932 y cambió de camiseta hasta en cuatro ocasiones a lo largo de su carrera profesional como futbolista y como secretario técnico. En 1962 regresó de manera definitiva a la ciudad en la que había nacido y en la que moriría diez años más tarde, a la edad de 70 años. Atrás había dejado una extraordinaria trayectoria como futbolista, que inició en el Internacional de Sants cuando ni siquiera había empezado a afeitarse.

En 1919, con solo 17 años, se incorporó al FC Barcelona, donde se convirtió en un jugador emblemático y singular. Firmó su primer contrato a cambio de un traje a medida y un reloj. Participó en la conquista de cinco Copas de España, doce Campeonatos de Cataluña y la primera Liga Española. Y todo eso con la estratosférica cifra de 326 goles, 63 de los cuales todavía le mantienen como el máximo realizador de la historia del club en la Copa de España. Su cifra total de goles, que incluye los que anotó en partidos amistosos, solo ha sido superada por Paulino Alcántara en toda la historia de la entidad azulgrana. Pero Samitier aún reúne más honores. Fue uno de los once futbolistas que jugó el primer partido de la selección española y también conquistó la medalla de plata de los Juegos Olímpicos de Amberes en 1920.

Tras su corto paso por el Real Madrid, a donde se marchó por dinero y donde ganó una Liga y una Copa, se hizo entrenador. Dirigió el Atlético de Madrid en 1936, pero tuvo que escapar a Francia durante la Guerra Civil. En Niza volvió a sentirse jugador durante tres años, en los que compartió club con Ricardo Zamora, que ya había sido compañero suyo en el FC Barcelona y también en el Real Madrid. Colgó las botas de manera definitiva en 1939. Siguió durante algunos años en Francia, donde fue entrenador del Niza, y en 1944 regresó a casa para entrenar al primer equipo barcelonista hasta 1947.

Cuando dejó el banquillo se convirtió en secretario técnico, cargo en el que permaneció hasta 1959. Intervino directamente en la contratación de Ladislao Kubala y fue protagonista destacado de otros muchos fichajes, entre ellos el del brasileño Evaristo de Macedo. Pero además hizo incursiones en el mundo de la publicidad e incluso del cine. Tuvo un papel de actor secundario en la película *Once pares de botas*, que se estrenó en 1954 con José Suárez y Pepe Isbert como actores principales y con toda una pléyade de futbolistas famosos de la época, que aceptaron hacer un cameo en el film: Antonio Ramallets, Alfredo di Stéfano, Piru Gainza, Gustavo Biosca, Campanal, Jacinto Quincoces, Enrique Lesmes, Miguel Muñoz..., todos ellos bajo la dirección de Francisco Rovira Beleta.

Tras dejar otra vez el FC Barcelona, Samitier volvió a coger el puente aéreo con destino a Madrid, donde estuvo tres años como secretario técnico. Cuando hizo el trayecto de vuelta fue para ocupar un puesto como asesor a la presidencia azulgrana. Y murió con las botas puestas, ejerciendo aquellas funciones de consejero en materia futbolística. El hombre saltamontes, como le bautizó un dibujante de la época por su habilidad y las formas acrobáticas de muchos de sus remates, tiene una calle con su nombre en Barcelona. Como Ricardo Zamora, su amigo del alma, y Joan Gamper, el fundador del equipo en el que jugó durante trece años.

Un puñado de tránsfugas

El diccionario de la Real Academia Española define el término «tránsfuga» como «persona que pasa de una ideología o colectividad a otra». Pero para el vulgo, es decir para el común de la gente, un tránsfuga es simplemente un traidor. Y ese ha sido el trato que, a lo largo de la historia, ha recibido la treintena de futbolistas que han dejado el FC Barcelona para marcharse al Real Madrid o viceversa. Es obvio que cada uno de los casos ha sido distinto a los demás, porque las circunstancias de unos y de otros han sido muy diferentes.

En los inicios de la historia futbolística española, en 1905,

Luciano Lizarraga abandonó el Real Madrid para jugar en el FC Barcelona. Un año más tarde, Charles Wallace y José Quirante dejaron la Ciudad Condal para irse a la capital. Alfonso Albéniz y Arseni Comamala realizaron el mismo viaje en 1911. Y el polaco Rozitsky también se marchó del Barcelona al Madrid en 1913. Pero estos casos se produjeron cuando el fútbol no estaba lo suficientemente reglado y los contratos profesionales no existían. Todos ellos eran gente que jugaba por amor al arte y que, a veces, cambiaba de ciudad por razones de carácter exclusivamente laborales o familiares.

Josep Samitier debe ser considerado, pues, como el primer y verdadero tránsfuga. Su caso se produjo en el año 1932. Después de trece años en el FC Barcelona, dejó el club porque se sentía poco valorado económicamente. La directiva no quiso aceptar sus pretensiones y Josep se marchó al Real Madrid, donde pasó a llamarse Pepe. En Chamartín estuvo solo dos temporadas, las últimas de su carrera como futbolista. Diez años más tarde, en 1944, regresó al club azulgrana como entrenador y en 1947 cambió el banquillo por el puesto de secretario técnico, en el que permaneció hasta que, en 1959, fue contratado para desempeñar idénticas funciones en el Real Madrid. Finalmente, en 1962, regresó al Barcelona en funciones de asesor de la junta directiva.

El primer traidor al Real Madrid fue Mariano García de la Puerta, en 1935. Su caso no fue tan sonado. Interior de una extraordinaria calidad y una indisciplina acorde con su talento, García de la Puerta había nacido en Barcelona. Duró poco en todas partes y donde más disfrutaron de su fútbol fue en el Real Betis Balompié. Como había sucedido con Samitier, su viaje no levantó tanta polvareda como, en cambio, ha sucedido en otros casos muchos más cercanos en el tiempo y mucho peor aceptados por los aficionados de los dos clubs más grandes de la historia de España.

La palma en cuanto a provocar sentimiento de odio entre los socios del FC Barcelona y el Real Madrid se la llevan, sin duda, Luis Enrique Martínez, en 1996, y Luis Figo, en el año 2000. Al asturiano nunca le han perdonado que dejase el Santiago Bernabéu por el Camp Nou y al portugués le ha sucedido tres cuartos de lo mismo. Aun así, las circunstancias de su cambio de club fueron muy diferentes. Luis Enrique había finalizado su contrato y decidió aceptar una grandísima oferta azulgrana. Figo, en cambio, tenía contrato en vigor y la maniobra, primero de su representante y después del presidente azulgrana Joan Gaspart, acabó por generar el traspaso más caro de la historia entre los dos clubs. El Madrid pagó 11 000 millones de pesetas (unos 66 millones de euros), aunque en Barcelona hay quien sigue pensando erróneamente que el futbolista depositó su cláusula de resolución de contrato en la Liga de Fútbol Profesional.

Tambien se marcharon desde el FC Barcelona al Real Madrid jugadores como Joaquín Navarro, nacido en Gavá y apodado con el sobrenombre de «el Fifo», Alfons Navarro, Justo Tejada, Evaristo de Macedo, Fernando Goyvaerts, Bernd Schuster, Miquel Soler, Luis Milla, Nando Muñoz, Michael Laudrup, Albert Celades y, por último, Javier Saviola. El argentino Saviola fue el último tránsfuga que ha habido hasta estos momentos. Hay quien incluye en las listas a Ronaldo Luís Nazário de Lima, pero no tiene ningún sentido, porque el delantero brasileño se había marchado al Inter de Milán en 1997 y no se incorporó a la disciplina del Real Madrid hasta cinco años más tarde, en la temporada 2002-03.

El recorrido a la inversa, desde el Real Madrid al FC Barcelona, que inició García de la Puerta, lo han hecho Juan Marrero Pérez, que jugó con el nombre de Hilario, Chus Pereda, Lucien Muller, Amador Lorenzo, Julen Lopetegui, Gica Hagi, Robert Prosinecki, Dani García Lara y Samuel Eto'o. Los casos de Pereda, Luis Enrique y Eto'o han sido los más rentables para el club azulgrana, que en esta batalla por arrebatarle jugadores al eterno rival ha salido perdiendo y por mucha diferencia.

Oda a Platko

En el transcurso de la temporada 1922-23, el FC Barcelona celebró un partido amistoso contra el MTK de Budapest. El encuentro fue organizado por la directiva que presidía Enric Cardona para rendir un homenaje a Joan Gamper. Aquel día, se alineó con el equipo húngaro el guardameta Ferenc Plattkó Kopiletz. Su impresionante actuación ante el Barça en diciembre de 1922 permitió descubrir el talento de aquel magnífico portero y el club procedió a cerrar su fichaje de forma inmediata. Plattkó debutó en el conjunto azulgrana el 27 de mayo de 1923, aunque a partir de ese día le variaron el nombre y el apellido y fue conocido como Francisco Platko.

Platko había nacido en Budapest el 2 de diciembre de 1898. O lo que es lo mismo, casi un año antes de la fundación del FC Barcelona. Permaneció en la plantilla azulgrana hasta el año 1930. Fue campeón de Liga en 1929 y de la Copa de España de 1925, 1926 y 1928. Por lo tanto, fue el portero del equipo que ganó la que se conoce como «la triple final de El Sardinero», frente a la Real Sociedad.

Rafael Alberti, poeta de la Generación del 27, fue cronista del primero de los partidos de aquella final de la Copa de España. Prendado por las extraordinarias cualidades futbolísticas y personales del portero barcelonista, acabó por dedicarle un poema. Se publicó seis meses después en la revista literaria *Papel de aleluyas*, entre poemas de Manuel Altolaguirre y Juan G. del Valle, con el título de *Oda a Platko*. Dice así:

Ni el mar,
que frente a ti saltaba sin poder defenderte.
Ni la lluvia. Ni el viento, que era el que más rugía.
Ni el mar, ni el viento, Platko,
rubio Platko de sangre,
guardameta en el polvo,
pararrayos.
No nadie, nadie, nadie.
Camisetas azules y blancas, sobre el aire.
Camisetas reales,
contrarias, contra ti, volando y arrastrándote.
Platko, Platko lejano,
rubio Platko tronchado,
tigre ardiente en la yerba de otro país.
¡Tú, llave, Platko, tu llave rota,
llave áurea caída ante el pórtico áureo!
No nadie, nadie, nadie,
nadie se olvida, Platko.
Volvió su espalda al cielo.

Camisetas azules y granas flamearon,
apagadas sin viento.
El mar, vueltos los ojos,
se tumbó y nada dijo.
Sangrando en los ojales,
sangrando por ti, Platko,
por ti, sangre de Hungría,
sin tu sangre, tu impulso, tu parada, tu salto
temieron las insignias.
No nadie, Platko, nadie,
nadie se olvida.
Fue la vuelta del mar.
Fueron diez rápidas banderas
incendiadas sin freno.
Fue la vuelta del viento.
La vuelta al corazón de la esperanza.
Fue tu vuelta.
Azul heroico y grana,
mando el aire en las venas.
Alas, alas celestes y blancas,
rotas alas, combatidas, sin plumas,
escalaron la yerba.
Y el aire tuvo piernas,
tronco, brazos, cabeza.
¡Y todo por ti, Platko,
rubio, Platko de Hungría!
Y en tu honor, por tu vuelta,
porque volviste el pulso perdido a la pelea,
en el arco contrario al viento abrió una brecha.
Nadie, nadie se olvida.
El cielo, el mar, la lluvia lo recuerdan.
Las insignias.
Las doradas insignias, flores de los ojales,
cerradas, por ti abiertas.
No nadie, nadie, nadie,
nadie se olvida, Platko.
Ni el final: tu salida,
oso rubio de sangre,
desmayada bandera en hombros por el campo.

¡Oh, Platko, Platko, Platko
tú, tan lejos de Hungría!
¿Qué mar hubiera sido capaz de no llorarte?
Nadie, nadie se olvida,
no, nadie, nadie, nadie.

Rafael Albert no acudió solo a la triple final de El Sardinero. Le acompañaron su editor, José María de Cossío, y el genial tanguista Carlos Gardel. El cantautor argentino también se refirió a Platko en la adaptación de uno de sus tangos, *Patadura*. En la tercera estrofa, Carlos Gardel cantaba así:

Chingás a la pelota
chingás en el cariño,
el corazón de Platko
te salta, che, chambón.
Pateando a la ventura
no se consiguen goles;
con juego y picardía
se altera el marcador.

Platko finalizó su carrera como jugador en el Recreativo de Huelva. Inmediatamente después de colgar las botas, en 1931 inició su carrera como entrenador. La suya fue una larguísima trayectoria, con etapas en el Basilea, el Mulhouse, el FC Barcelona (brevemente, en dos ocasiones, en las temporadas 1934-35 y 1955-56), el Oporto, el Cracovia, el Arsenal de Sarandí, el Colo-Colo, el River Plate, la selección de Chile, el Magallanes, el Santiago Wanderers, el Boca Juniors y el San Luis de Quillota. Falleció el 2 de septiembre de 1983, en Santiago de Chile.

Los Gonzalvo y otros veintiún hermanos

A lo largo de su historia, el FC Barcelona ha tenido veintidós casos de hermanos que coincidieron como jugadores en el primer equipo del club. Concretamente, ha habido dieciséis parejas y seis tercetos. Los primeros fueron los hermanos Arthur y Ernest Witty (1899) y los últimos, los hermanos Thiago y Rafa Alcántara (2011). Muchos coinciden en que la familia más relevante de todas fue la de los hermanos Gonzalvo i Falcon, nacidos en Mollet del Vallès. Y no solo porque fueran tres sino por la transcendencia histórico-deportiva de su apellido.

Marià Gonzalvo, el menor de los tres hermanos y conocido como Gonzalvo III, fue sin duda uno de los mejores mediocentros de la historia del club. Su estancia en el FC Barcelona fue larga (1940-1957) y estuvo plagada de éxitos. Fue uno de los grandes jugadores del mítico equipo de las Cinco Copas, con Ramallets, Segarra, Basora, Kubala y César. Disputó 331 partidos con la camiseta azulgrana y marcó 56 goles. Posteriormente, desde la llegada de Núñez a la presidencia en 1978 y hasta su muerte, el 7 de abril de 2007, colaboró con el club en funciones de ojeador.

Su hermano Josep, Gonzalvo II, alternó las posiciones de medio volante y la de lateral izquierdo. Llegó al club tres años después que Marià, pese a ser dos años mayor que él. Jugó 198 partidos y marcó cinco goles en los seis años que permaneció en la plantilla del Barcelona. Pero su vinculación al club no terminó aquí, porque en etapas diferentes también fue entrenador y directivo. Sin duda alguna, el mayor éxito internacional de la familia Gonzalvo fue cuando Josep y Marià jugaron como titulares los cinco encuentros de la selección española en el Mundial de 1950 en Brasil.

Además de eso, Josep Gonzalvo tuvo un hijo, Jordi, que fue jugador de las categorías inferiores blaugrana y que llegó a actuar en el Condal, en Segunda División. Y otro hijo suyo, Josep Maria, fue entrenador del filial barcelonista entre 1997 y 1999, consiguiendo el ascenso a Segunda División A en 1998, tras superar al filial del Real Madrid en los dos partidos de la eliminatoria final (5-0 y 0-2). En aquel equipo jugaban futuras estrellas como Puyol, Xavi y Gabri.

El menos brillante de los hermanos Gonzalvo fue Juli, el mayor de todos ellos. Jugaba como interior y, aunque tuvo una larga carrera como jugador, solo estuvo un año en el primer equipo barcelonista y no llegó a actuar jamás como blaugrana junto a Josep y Marià en partidos de competición oficial. En cambio, sí había coincidido con ellos en el Real Zaragoza, durante la temporada 1941-42, en la que el joven Marià Gonzalvo fue cedido al club aragonés. La participación de los tres miembros de la saga Gonzalvo fue fundamental aquel año para el equipo aragonés, ya que alcanzó el subcampeonato en Segunda División y ascendió a Primera.

Arthur y Ernest Witty debutaron en el FC Barcelona con ocasión del segundo partido de la historia del club, que le enfrentó al Català el 24 de diciembre de 1899. El caso es que ambos también participaron en el primer encuentro del 8 de diciembre, pero se alinearon con el equipo de la Colonia Inglesa. Arthur Witty, además, fue el cuarto presidente de la entidad, cuyos destinos dirigió entre 1903 y 1905. Es obvio que ellos dos fueron los primeros hermanos en jugar juntos como azulgranas.

Antes de que el mayor de los Witty accediera a la presidencia, los hermanos James, Samuel y Henry Morris defendieron los colores del club en la final del trofeo que se disputó en el marco de las fiestas de coronación del rey Alfonso XIII, llamado oficialmente Copa de la Coronación. El FC Barcelona llegó a la final del torneo, que se jugó entre el 13 y el 16 de marzo de 1902 en el Hipódromo de Madrid. El Vizcaya, un equipo formado por jugadores del Athletic Club y del Bilbao FC, fue el vencedor. Aquella competición pasó a denominarse al año siguiente Copa de Su Majestad el Rey. El Athletic Club de Bilbao conserva el trofeo en su museo y sigue reivindicando el derecho a que esa Copa de la Coronación de 1902 se le compute como una Copa de España más.

Los apellidos Harris (1899-1906), Morales (1911-16) y Cella (1920-25) también forman parte de la historia del club. Pero la verdad es que las tres parejas de hermanos con estos apellidos pasaron tan inadvertidas que de alguno de ellos ni siquiera se tiene constancia del nombre que recibió en la pila bautismal. Jugaron pocos partidos y su participación resultó del todo intrascendente.

Carles fue el mejor de la saga de los hermanos Comamala. Marcó 172 goles en sus 145 partidos con el club. En cambio, Arseni y Àureo no tuvieron tanta presencia ni tanta brillantez en sus actuaciones. Pero eso mismo, que unos destacaran y otros no, sucedió en otros muchos casos. César Rodríguez eclipsó a su hermano Ricardo; Estanislao Basora fue mucho mejor que su hermano Joaquín; la saga de los Rifé estuvo marcada por el éxito de Joaquim y por la discreción de Llorenç, y José Mari Bakero llegó mucho más lejos que su hermano pequeño Jon.

No hubo tantas diferencias de calidad y rendimiento entre Charles y Percival Wallace, Alfredo y Santiago Massana, Manuel y Ramón Parera o, mucho más próximos en el tiempo, Genís, Òscar y Roger Garcia Junyent, Gerard y Sergi López Segú, los gemelos Ronald y Frank de Boer, Giovanni y Jonathan dos Santos o Thiago y Rafa Alcántara, los dos hijos del internacional brasileño Mazinho, quienes por edad y por trayectoria podrían estar muchas temporadas en la entidad barcelonista.

La delantera que nunca existió

El viernes 16 de marzo de 2012, en Las Palmas de Gran Canaria, falleció Estanislau Basora. Tenía 85 años y era el último superviviente de la delantera de las Cinco Copas. Basora había sido jugador del club entre los años 1946 y 1958. Disputó 373 partidos y marcó 153 goles. También fue veintitrés veces internacional con España. En 1949 recibió el sobrenombre de «el Monstruo de Colombes», después de marcarle tres goles a Francia en solo doce minutos, en ese célebre campo de fútbol francés. Un año más tarde disputó el Mundial de Brasil de 1950, donde fue el segundo máximo goleador del torneo, con cinco tantos, y, además, fue elegido para formar parte de uno de los múltiples equipos ideales que se elaboraron tras la competición, junto a sus compañeros de equipo Antoni Ramallets y Marià Gonzalvo, el valencianista Antonio Puchades o el vasco Piru Gainza.

Basora destacó por su rapidez, su regate y la extrema precisión de sus centros. Esta última cualidad fue, según sus propios compañeros de equipo, una de las causas por las que el leonés César Rodríguez se convirtió en uno de los tres más grandes goleadores de la historia del club. Solo Lionel Messi, en la primavera de 2012, fue capaz de superar su cifra de goles en partidos oficiales. En aquel equipo de las Cinco Copas, en la temporada 1951-52, junto a Basora y César, jugaban futbolistas como Ramallets, Seguer, Biosca, Segarra, Cheché Martín, Marià Gonzalvo, Kubala, Aldecoa, Vila o Manchón, por citar a los más conocidos.

La coincidencia de aquel gran equipo con la infancia que le tocó vivir, hizo que Joan Manuel Serrat incluyera una mención a la delantera que conquistó las Cinco Copas de 1952 en la letra del tema *Temps era temps*. La canción forma parte del álbum «Tal com raja», que fue publicado en el año 1980. En una de las estrofas de aquellos versos, Serrat escribió:

Fills d'Una, Grande y Libre, Metro Goldwyn Mayer,
lo toma o lo deja, gomas y lavajes,
Quintero, León i Quiroga, panellets i penellons,
Basora, César, Kubala, Moreno y Manchón

Uno de aquellos cinco futbolistas a los que Serrat cantó y a los que aún sigue cantando formaba parte de la plantilla pero fue un suplente habitual durante esa genial temporada 1951-52. El cantautor catalán tuvo que modificar un poco la composición de la delantera real para cuadrar la métrica de su poema. Así que Serrat decidió eliminar a Jordi Vila i Soler del puesto de interior izquierdo, posición en la que disputó diecisiete encuentros esa temporada, y reemplazarlo por Tomás Hernández Burillo, alias *Moreno*, quien solo jugó tres partidos oficiales de aquella campaña. Seguramente a Serrat no le quedaba otra solución poética para rendir homenaje a aquel mítico equipo, pero lo hizo cantándole a una delantera que casi nunca jugó durante la histórica temporada de las Cinco Copas.

Kubala, «el niño de la pelota»

Contar la historia de Ladislao Kubala Stecz en unos cuantos párrafos tampoco resulta una tarea sencilla. Su vida, que comenzó en Budapest el 10 de junio de 1927, fue apasionante y estuvo plagada de hechos lo bastante significativos como para que su simple relato necesitara de dos o tres volúmenes como este. Nadie duda que fue un personaje trascendental en la historia del FC Barcelona. Recién cumplido el décimo aniversario de su muerte, que acaeció el 17 de mayo de 2002, y con la perspectiva del tiempo, nadie duda de que en el Barça hubo un antes y un después de Kubala.

La época que le tocó vivir fue convulsa, especialmente durante su infancia y su adolescencia. Sus padres eran de origen eslovaco y tuvieron que emigrar a Hungría en busca de trabajo antes de que él naciera. Tras abandonar Bratislava, se instalaron en Budapest, donde Pavel, su padre, era peón de albañil y Anne, su madre, se ganaba la vida en una fábrica de cartonajes. Allí, en un barrio marginal de la capital húngara, nació y creció Ladislao. Él mismo explicó muchas veces que había tenido «una infancia muy feliz» y recordó en voz alta los años en los que su madre le confeccionaba pelotas hechas de trapo y de papel, para que pudiera jugar en la calle. Todavía no levantaba dos palmos del suelo.

En aquellos tiempos, la gente del barrio le conocía como «el niño de la pelota», porque se pasaba todo el día haciendo malabarismos con ella. Es cierto que hubo un momento en el que estuvo tentado de dedicarse al boxeo, pero decidió ser futbolista. Quizá le influyó que su padre había sido un destacado futbolista en el Ferencvaros. La evolución del pequeño Laszi permitía pensar que llegaría a ser un grandísimo jugador de fútbol. Con solo once años jugaba en el Ganz Torna húngaro. El estallido de la Segunda Guerra Mundial abrió un pequeño parentésis en su incipiente carrera. Pero su pasión por el juego era tan grande que, ni siquiera entre bombardeos, dejó de practicarlo.

Al término de la contienda bélica se incorporó al Ferencvaros, donde en 1944 cobró su primer sueldo como profesional. Era muy poca cosa, pero Ladislao, que había recibido de sus padres una extraordinaria educación en valores, hizo con aquel dinero lo que haría durante el resto de su vida: repartirlo entre los más necesitados. Entonces ayudó a sus padres, como después ayudaría a amigos e incluso a húngaros desconocidos que le visitaban en Barcelona. Pero eso fue varios años después. Antes, debutó como internacional por Hungría y cambió de club. Firmó por el Bratislava, equipo cuyo entrenador era Fernando Daucik.

El niño grande que empezaba a ser Kubala se consagró como fubolista dos años después. Con solo 19 años ya había sido 19 veces internacional por Checoslovaquia, había ganado su primer título de campeón de Liga y había marcado muchos goles. Tras contraer matrimonio con Anna Viola Daucikova, hermana de su entrenador en el Bratislava, regresó a Hungría para jugar en el Vasas SC y lo primero que hizo fue... ¡recoger a media docena de pobres que encontró por las calles y comprarles algo de ropa!

La situación política de Hungría, sometida a un régimen estalinista, hizo que Kubala tomara la decisión de huir de su país con destino a Austria, acompañado de cuatro futbolistas más, sin comunicárselo ni a su propia madre. Y su mujer y su hijo Branko se quedaron en Checoslovaquia. Kubala, que había cruzado la frontera con un disfraz de soldado soviético dentro de un camión militar, no volvería a ver a su familia hasta 1949. En Innsbruck (Austria) jugó con el Pro Patria. Pero solo pudo actuar en algunos partidos amistosos, porque la FIFA le había inhabilitado a consecuencia de la denuncia que la Federación Húngara de Fútbol había interpuesto por incumplimiento de contrato.

Unos meses más tarde, Kubala se reencontró con Fernando Daucik en Roma. Los antiguos estudios cinematográficos de Cinecittà se habían convertido por aquel entonces en una especie de campo de concentración al que acudían expatriados de numerosos países del Este. Europa estaba en plena Guerra Fría. Curiosamente, la terrible situación por la que le tocaba pasar fue la causa de su fichaje por el FC Barcelona. El Hungaria, equipo de refugiados que Daucik había formado en aquellos momentos de tanta incertidumbre, fue contratado para jugar un partido amistoso en Barcelona.

El encuentro se disputó el 5 de junio de 1950 y enfrentó al Hungaria con el Espanyol. Kubala jugó un magnífico partido y marcó cuatro goles. En las gradas de Sarrià se congregó mucho público. También estaban presentes Agustí Montal i Galobart y Josep Samitier, entonces presidente y secretario técnico del FC Barcelona. En cuestión de horas, Fernando Daucik y Ladislao Kubala firmaron sus respectivos contratos con el club y empezaron, juntos, a escribir algunas de las mejores páginas de la historia de la entidad.

Kubala tardó en debutar, porque seguía sancionado por la

FIFA. Y así fue hasta que, gracias a los trámites efectuados por Raimundo Saporta, entonces directivo del Real Madrid, consiguió la nacionalidad española. El futbolista húngaro tuvo que bautizarse antes de que, el 1 de junio de 1951, pudiera jurar la Constitución Española. La FIFA retiró entonces la inhabilitación a Kubala, porque la legislación de la época no permitía al Vasas de Budapest seguir defendiendo su postura ante la federación internacional, porque Kubala ya era ciudadano de otro país.

Convertido en el buque insignia de aquel FC Barcelona, Kubala no solo fue el artífice del Barça de las Cinco Copas, sino que fue el principal causante de que el club tuviera que abandonar el campo de Les Corts, que ya no admitía más ampliaciones, y construir un flamante Camp Nou. Sin duda, hubo un antes y un después en la historia y ese cambio transcendental tuvo como principal protagonista a Kubala. Permaneció en el club hasta el verano de 1962, consiguiendo marcar 194 goles. Todavía hoy es el tercer máximo goleador de la historia del club en partidos oficiales y mantiene el récord de goles en un solo partido de Liga, con siete frente al Sporting de Gijón, el 10 de febrero de 1952.

La escoba de Evaristo

La primera vez que Evaristo de Macedo vio jugar al FC Barcelona fue el 1 de mayo de 1957. Su nuevo club, por el que había firmado contrato unas semanas antes, se enfrentaba al Atlético de Madrid en el partido de vuelta de los octavos de final de la Copa de Su Excelencia el Generalísimo. Los azulgrana habían ganado por 2-5 en el encuentro de ida, celebrado en el estadio Metropolitano de Madrid. El delantero brasileño no podía ser alineado hasta el inicio de la temporada siguiente, pero había decidido adelantar su viaje a la Ciudad Condal para buscar piso, empezar a aclimatarse a sus nuevas condiciones de vida y, por supuesto, conocer a sus futuros compañeros.

Aquella tarde ocupó un asiento en la tribuna del campo de Les Corts con la única intención de ver cómo jugaba el equipo con el que se había comprometido para los tres años siguientes. Le habían dicho que tendría que pelear con un futbolista paraguayo por el puesto de delantero centro y, como no podía ser de otra manera, sentía curiosidad por saber a qué clase de reto tenía que enfrentarse. El FC Barcelona estuvo pletórico. Tanto que acabó ganando por un contundente 8-1, con siete goles de Eulogio Martínez. El brasileño no entendía nada: «¿Es verdad que me han traído para sustituir a este hombre? Con un delantero así no entiendo para qué me han fichado a mí. A lo mejor me dan una escoba y me hacen barrer el vestuario».

Cuatro días más tarde, el 5 de mayo, Evaristo debutó con su nuevo equipo en un partido amistoso, de homenaje al portero Juan Zambudio Velasco, que se retiraba después de quince temporadas en la plantilla barcelonista. El rival de los azulgrana fue el Saarbrücken alemán, y Domènec Balmanya, entrenador del equipo, alineó juntos a Eulogio Martínez y al flamante goleador brasileño. El encuentro acabó con el resultado de 4-1 y a Evaristo le fue anulado un gol en los primeros minutos de juego. Pero la rapidez y la calidad que demostró en su debut hicieron presagiar que tanto al club como a él mismo le esperaban muchos éxitos y, por supuesto, muchos goles.

Evaristo de Macedo permaneció cinco años en el FC Barcelona. En ese tiempo disputó 226 partidos oficiales y marcó 178 goles. El equipo, al que un año más tarde se incorporaría Helenio Herrera como entrenador, ganó dos Ligas, una Copa y una Copa de Ferias. Pero la actuación más recordada por los barcelonistas se produjo en la Copa de Europa de la temporada 1960-61, ante el Real Madrid. El equipo blanco se había demostrado imbatible en aquel torneo, cuyas cinco primeras ediciones había ganado. El 23 de noviembre de 1960 se jugó la vuelta de los octavos de final. El partido de ida había finalizado con empate a dos goles y, a pocos minutos para el final del choque de vuelta, el marcador reflejaba un nuevo empate, esta vez a un gol. El Camp Nou se había llenado como nunca y la tensión electrizaba. En el minuto 81, Kubala lanzó un saque de esquina en corto, Olivella centró sobre el área, Santamaría no acertó a despejar y Evaristo, lanzado en plancha, se adelantó al portero Vicente y consiguió, de cabeza, el gol de la victoria.

Dos años después, Evaristo decidió abandonar el club. La directiva de Enric Llaudet quería renovarle el contrato, pero le exigía que se nacionalizara español. Y él no quiso. Firmó por el

Real Madrid, donde ganó otros dos títulos de Liga. Sin embargo, jamás perdió su vinculación sentimental con el FC Barcelona. De regreso a Brasil se hizo entrenador y siempre que descubría a algún jugador con mucho talento informaba a los directivos azulgrana de ello, estuviera quien estuviera al frente del club. Su papel en la contratación de Ronaldo Luís Nazário de Lima en 1996 fue decisivo.

Silva, el chófer de Llaudet

El sábado 17 de diciembre de 1966, los periódicos de toda España publicaban la noticia del fichaje de Wálter Machado da Silva por el club azulgrana. La edición sevillana del diario *ABC*, por poner un ejemplo, ofrecía la información bajo los siguientes titulares: «Llaudet ya tiene chófer negro. El brasileño Silva ya es jugador del Barcelona. Solo jugará partidos amistosos aunque ha costado diez millones de pesetas».

En aquel momento, los estatutos y los reglamentos de la Federación Española de Fútbol prohibían la contratación de jugadores extranjeros. Aun así, la directiva azulgrana que presidía Enric Llaudet creyó que, tarde o temprano, podría conseguir un permiso especial del Consejo Nacional de Deportes y cerró la operación del fichaje de Silva. La realidad fue muy distinta y la respuesta del organismo futbolístico fue inamovible: los futbolistas de origen extranjero no podían ser alineados en partidos oficiales.

Wálter Machado da Silva era un delantero centro que destacó por su capacidad goleadora en todos los equipos en los que jugó. Formado en el São Paulo, su carrera transcurrió por el Botafogo, el Corinthians y el Flamengo. Cuando el FC Barcelona decidió ficharle, con la esperanza de que las normas federativas cambiaran, era propiedad del Corinthians de São Paulo, aunque estaba cedido al Flamengo de Río de Janeiro, donde conquistó el Campeonato Carioca y además anotó 48 goles entre 1965 y 1966. Y, justo unos meses antes de ser fichado por el club azulgrana, fue uno de los integrantes de la selección brasileña que disputó la fase final del Campeonato del Mundo de 1966 en Inglaterra.

El FC Barcelona y el futbolista suscribieron un contrato de carácter civil. No podía ser de otra manera. Silva jugó diversos encuentros amistosos, pero jamás pudo alinearse en un partido de competición oficial. Las presiones que la directiva realizó para conseguir la apertura de las fronteras a la contratación de extranjeros resultaron infructuosas. Fuertemente criticado por una oposición que entonces encabezaba Nicolau Casaus, el presidente Llaudet ironizaba cada vez que un periodista le preguntaba por la operación: «Será mi chófer; siempre me ha hecho ilusión tener un chófer negro».

Ni que decir tiene que el fichaje, que había costado 10 800 000 pesetas, una fortuna para esa época, resultó un absoluto fracaso deportivo y económico. El FC Barcelona no pudo cambiar la normativa legal hasta siete años más tarde y Silva, cansado de entrenarse para no jugar, acabó por hacer las maletas y regresar a su país. Prosiguió su carrera en el Santos (donde ganó el Campeonato Paulista) y en el Flamengo. Saltó al equipo argentino Racing Club de Avellaneda, fue máximo goleador del Campeonato Metropolitano de 1969 y sigue siendo el único jugador brasileño que ha sido máximo goleador en un campeonato futbolístico argentino. Regresó luego al Vasco da Gama y allí conquistó su segundo Campeonato Paulista, antes de terminar su recorrido futbolístico en el Rio Negro de Manaos y en el Atlético Junior de Barranquilla, en Colombia. Marcó más de 300 goles a lo largo de su carrera, se formó en derecho y actualmente sigue trabajando para el Flamengo, organizando bautizos, bodas y festejos en sus instalaciones del exclusivo barrio de Gávea, en Río de Janeiro.

La misteriosa muerte de Benítez

La noche del 6 de abril de 1968, la cantante española Maria Félix de los Ángeles Santamaría Espinosa, o sea, Massiel, saltaba de alegría sobre el escenario del Royal Albert Hall de Londres. Su interpretación de la canción *La, la, la,* que Joan Manuel Serrat se había negado a defender porque no le permitían cantarla en catalán, acababa de obtener el triunfo en la decimotercera edición del Festival de Eurovisión. En España se celebraba aquel triunfo como si se tratara del mayor éxito alcanzado jamás en la historia de un país con vocación de conquistador.

Mientras eso sucedía, el cuerpo sin vida de Julio César Benítez yacía en el depósito de cadáveres del Hospital de la Cruz Roja de Barcelona. El defensa azulgrana, uruguayo y de 27 años de edad, había fallecido a las 2.45 de la tarde de aquel Sábado de Gloria. El parte que firmaron los doctores Baxarías Rey, Tornos Solano y Altisench Puigmartí, este último adscrito a los servicios médicos del FC Barcelona, era difícil de entender para quien no tuviera conocimientos de medicina:

> Muerte por fibrilación ventricular consecutiva a una séptico-piohemia intensísima, cuya etiología, dada la rapidez del cuadro, no se ha podido establecer. Cuadro humoral repetidamente estudiado por los doctores Salazar Badía y Travé Alonso. Cultivos bacteriológicos por los doctores hermanos Foz Tena.

Los medios informativos de la época difundieron, en sus primeras y apresuradas crónicas, que la muerte del futbolista del FC Barcelona se había producido por una intoxicación tras comer marisco. Incluso se llegó a precisar que el uruguayo Benítez había comido ostras en mal estado durante una visita a Andorra. El futbolista había estado en el Principado hacía ocho días, con su esposa Pilar Ruiz y con el matrimonio propietario del Hotel Vallvidrera. La hipótesis de la intoxicación no se sostenía. Y acabó por desvanecerse con el desmentido público del doctor Baixarías Rey: «Mi impresión es que la bacteria que ha paralizado su organismo es un neumococo y los neumococos se respiran, están en el aire. No hay ninguna razón clínica para creer que la muerte de Benítez se deba a haber comido marisco».

Al día siguiente de la muerte de Benítez debía disputarse en el Camp Nou un decisivo encuentro del Campeonato de Liga entre el FC Barcelona y el Real Madrid. El partido fue aplazado cuarenta y ocho horas para dar tiempo al club a celebrar las exequias por su jugador. La capilla ardiente fue instalada en el oratorio que el club hizo construir en el túnel que comunica los vestuarios con el terreno de juego. Desfilaron ante el féretro muchos miles de socios y aficionados. El lunes por la tarde, tras un concurridísimo funeral en la iglesia de San Gregorio Taumaturgo, Julio César Benítez fue enterrado en el cementerio de Les Corts y, el martes por la noche, el

Madrid empató (1-1) en el estadio barcelonista y dio otro paso en su lucha por conquistar el título.

Más allá de lo que dijeran los partes y declarasen los médicos, siempre hubo un halo de misterio en torno a la muerte de aquel extraordinario lateral ofensivo. Y más aún cuando, en 1976, otro futbolista uruguayo se incorporó a la plantilla azulgrana. Era Alfredo Amarillo, que, como Benítez, había jugado en el Real Valladolid en su tránsito entre el fútbol charrúa y el FC Barcelona y quien también jugaba de lateral zurdo. Ante tanta coincidencia, Amarillo sintió curiosidad por visitar la tumba de su compatriota Benítez. Y lo hizo. Pero desde entonces se vio atrapado por un hechizo y todos los días, al salir del entrenamiento, se dirigía al cementerio «para hablar con Julio César».

Amarillo refirió pronto a sus amigos que mantenía conversaciones con el muerto y que, en uno de aquellos diálogos de ultratumba, Benítez le había asegurado que su fallecimiento no fue accidental, sino producto de un envenenamiento. La inmensa mayoría le tomó por loco. Sobre todo cuando, tras finalizar su carrera profesional en 1982 y regresar a Uruguay, se supo que Alfredo Amarillo había sido internado en un sanatorio psiquiátrico de Montevideo. Mucho tiempo antes, Pilar Ruiz, la viuda de Benítez había retornado a su Zaragoza natal, donde en 2006 fue entrevistada por *La Vanguadia*, justo al cumplirse 38 años de la triste desaparición del futbolista.

Pilar relató entonces su vida junto a Julio César y desveló todos los detalles que rodearon la muerte de su esposo. Contó que su marido había comido verdura y carne en Andorra, que nunca en los días anteriores a su muerte había ingerido marisco, que nadie le enseñó los resultados de la biopsia de hígado que se le hizo al futbolista después de fallecer y que jamás entendió porque a Benítez no se le practicó una autopsia. También contó que le aconsejaron que solicitara judicialmente la exhumación del cadáver y la realización de los análisis que determinasen las causas reales de la muerte, pero que no pudo hacerlo por falta de recursos económicos.

Una frase, la que daba pie al titular de la entrevista, «Julio murió de un envenenamiento», llamaba poderosamente la atención. En el transcurso de su conversación con el periodista Enric Bañeres, Pilar refería que, el día antes de la muerte de Benítez, mantuvo esta conversación con uno de los doctores, presumiblemente Altisench, que estaba tratando a su moribundo marido:

—Mire, salvación no tiene Julio, pero vamos a hacer un último intento, que es llevarlo a la Cruz Roja, el banco más importante de sangre.

—¿Pero se pondrá bien?

—No, porque su marido tiene un envenenamiento tan atroz que no tiene salvación.

El día 6 de abril de aquel año 2006, periódicos, cadenas de televisión y emisoras de radio de toda España dedicaron amplios reportajes a la conmemoración del treinta y ocho aniversario de la victoria de Massiel en el Festival de Eurovisión. En cambio, fueron muy pocos los medios informativos que se acordaron de Julio César Benítez y, menos aún, los que se hicieron eco de la desgarradora narración de su viuda. Mientras, a nadie se le ocurrió pensar que el pobre Amarillo quizá no estaba tan loco como para ingresar en el centro psiquiátrico donde sigue recluido.

El holandés volador

El fútbol español reabrió las fronteras a los jugadores extranjeros durante el año 1973. La Federación Española de Fútbol acordó que cada club profesional podría contratar a un máximo de dos jugadores que, por razón de su nacionalidad, no pudieran jugar en la selección española. El primer futbolista en firmar contrato con un club de nuestro país fue Raúl Marcos Longhi, que se incorporó a la disciplina del RCD Espanyol. Era un jovencísimo centrocampista y fue contratado con la idea de que acabara de formarse durante el proceso de dos años de residencia que los convenios internacionales exigían como paso previo para obtener la doble nacionalidad.

El FC Barcelona optó por hacerse, en primera instancia, con los derechos federativos del peruano Hugo Sotil, conocido popularmente como el Cholo, y una de las grandes estrellas del fútbol mundial tras plantarle cara a Brasil en el mismísimo Campeonato del Mundo de 1970, en México. Unos meses más tarde, cuando logró superar todos los obstáculos que planteaba su contratación, el club anunció la incorporación al equipo de Hendrick Johannes Cruyff, sin duda uno de los mejores jugadores del mundo de aquella época. El acuerdo de traspaso con el Ajax de Ámsterdam parecía cerrado en septiembre, pero el futbolista no debutó con la camiseta azulgrana hasta el 28 de octubre de 1973, en un partido que enfrentó al conjunto barcelonista y el Granada, en el Camp Nou.

Aquel retraso vino dado por el hecho de que el Ajax tenía prácticamente cerrado el traspaso de su mejor jugador al Real Madrid. Pero Cruyff prefería reencontrarse con Marinus Michels en el FC Barcelona y forzó la situación hasta conseguir su objetivo. Es cierto que eso le supuso al club azulgrana realizar un desembolso mucho mayor. El Ajax, que acabó cobrando una cifra entonces récord de sesenta millones de pesetas (unos 360 000 euros), y el propio Cruyff también sacaron tajada. Pasó a ser el futbolista mejor pagado de España, con una ficha de dieciocho millones de pesetas anuales que, con sueldos y primas, alcanzaba sin esfuerzo los veinticinco millones (unos 150 000 euros).

Comparadas con las cifras de hoy, todo eso parece una ridiculez. Pero para entender la magnitud de la operación, basta con tener en cuenta que un futbolista internacional de la época, como su compañero de equipo Juan Manuel Asensi, cobraba en torno a las 900 000 pesetas al año (unos 5 400 euros al cambio). Aquel agravio comparativo llevó, un año después, a situaciones tan esperadas como tensas. La mayoría de jugadores de la plantilla azulgrana pasó por las oficinas del club a pedir un aumento y en el campo, cuando Cruyff le pidió a Asensi que corriera un poco más, el alicantino le respondió «corre tú, que para eso cobras más que todos nosotros».

Espigado y con apariencia de enclenque, Cruyff tenía un talento natural y unas condiciones técnicas y tácticas excepcionales. Había entrado en el fútbol base del Ajax gracias a que su madre, Petronela Bernarda Braaijer, compaginaba su trabajo en la tienda de frutas y verduras de la familia, con tareas de limpieza y de lavandería en el Ajax. El chaval, que vivía a apenas quinientos metros del campo del club, en las afueras de Ámsterdam, había ganado sus primeros florines vendiendo periódicos y también limpiando zapatos por las calles. Johan tenía, entonces, solo diez años.

Su padre, Hermanus Cornelius Cruyff (Cruijff, en holandés), falleció solo dos años más tarde, por lo que jamás pudo disfrutar de los éxitos de su hijo. Cuando llegó al FC Barcelona, con 26 años, Johan había ganado seis Ligas, cuatro Copas holandesas, tres Copas de Europa, dos Supercopas de Europa, una Copa Intercontinental y un Balón de Oro (luego recibiría dos más, en 1973 y 1974). Y nada más vestir de azulgrana, con el equipo situado en el undécimo puesto de la clasificación, se convirtió en el catalizador de un equipo enorme. Asombró por su fútbol de genio incomparable y el club ganó el Campeonato de Liga a cinco jornadas del final, después de una travesía del desierto de catorce años, desde la marcha de Helenio Herrera en 1960.

Todo el mundo recuerda los dos goles de su debut contra el Granada y la mayoría de los otros veintidós que consiguió. Uno de ellos en el 0-5 del 18 de febrero de 1974 en el Bernabéu. Pero de todos esos goles de su primer año, nadie puede borrar de su retina, ni aún queriendo, el tanto que le marcó a Miguel Reina en un FC Barcelona-Atlético de Madrid, cuando pilló a dos metros de altura, y con la espuela, un balón que era imposible de alcanzar para cualquier otro mortal. Aquel gol le hizo ganarse el sobrenombre de «el holandés volador». Y vaya si voló. A partir de aquella temporada, y hasta su marcha cinco años más tarde, el equipo no ganó otro título que el de la Copa del Rey de 1978, en la final disputada contra el Las Palmas en el Bernabéu.

Cruyff había volado. O mejor, había decidido ser otro. Había descubierto que la afición le idolotraba y, con muy poca o ninguna televisión en los partidos, se dio cuenta de que aquello iba a seguir siendo así mientras, cada quince días, en el Camp Nou, siguiera regalándole exquisiteces a su público. Fuera de casa se escondía en una esquina y destacaba por su habilidad para sacar los fueras de banda o los córners. Un entrenador, el alemán Hennes Weisweiler, se atrevió a recriminárselo y cometió la osadía de sustituirle en un partido ante el

Sevilla, en el Sánchez Pizjuan, durante la temporada 1975-76. Ni corto ni perezoso, Cruyff escupió a su entrenador cuando pasó por delante del banquillo. La historia acabó con el despido fulminante... ¡de Weisweiler!

Pero para vuelo, el que protagonizó en junio de 1978. Abandonó el club sin despedirse y emprendió viaje a Estados Unidos, donde jugó en Los Angeles Aztecas y en el Washington Diplomats. En Barcelona dejó grandísimos recuerdos y numerosos agujeros económicos. Ni el dinero que había ganado en el fútbol ni el que había conseguido con la publicidad de Citröen o de Pinturas Bruguer le alcanzaron para tapar el fracaso de la compra de Ganadera Catalana. Inducido por un ruso blanco de apellido impronunciable, Cruyff invirtió en la adquisición de una granja porcina en Girona. El problema fue que una peste le dejó sin un solo cerdo. Los que no murieron tuvieron que ser sacrificados.

Padres, hijos, suegros, yernos, cuñados y primos

A lo largo de la historia, se han producido cuatro casos de padres e hijos que han jugado en el FC Barcelona. Si nos atenemos al orden de incorporación de sus progenitores, el primer caso fue el de Miguel Reina (1966-73) y su hijo Pepe Reina (2000-02). Después llegó Quique Costas (1971-80), cuyos hijos Quique Álvarez (1995-98) y Oscar Álvarez (1996-98) jugaron en el Barcelona B, aunque el mayor de ellos llegó a jugar ocasionalmente con el primer equipo. El tercero fue Johan Cruyff (1973-78), quien siendo entrenador dio la alternativa a su hijo Jordi Cruyff (1994-96). Y el último ha sido Carles Busquets (1990-98), que ha asistido a la eclosión de su hijo Sergi Busquets (2008-...), ganador de catorce títulos en los cuatro años que ha sido dirigido por Pep Guardiola.

También se han registrado tres casos de suegros y yernos. Antonio Torres (1966-76), Juan Manuel Asensi (1970-80) y Johan Cruyff (1973-78) casaron a sus hijas con Guillermo Amor (1988-99), Iván de la Peña (1995-98 y 2000-01) y Jesús Mariano Angoy (1994-96). Este último coincidió con su cuñado Jordi Cruyff. Ambos dejaron el Barcelona a raíz del despido de Johan Cruyff en 1996. Antes hubo otra pareja de cuñados. Los paraguayos Raúl Amarilla (1985-88) y Julio César Romero, *Romerito* (1989), no llegaron a coincidir en la plantilla, pero también tuvieron ficha profesional con el primer equipo.

Además de padres, hijos, suegros, yernos y cuñados, el club ha contado con dos parejas de jugadores que eran primos. Albert Jorquera (2003-09) y Marc Crosas (2005-07) actuaron juntos en diversas categorías, hasta llegar ambos al primer equipo profesional bajo las órdenes de Frank Rijkaard. Y primos son, aunque de cuarta generación, Lionel Messi (2004-…) y Bojan Krkic (2007-11). Sus tatarabuelos eran hermanos, aunque nadie se enteró del parentesco hasta hace aproximadamente un año, el 12 de octubre de 2011, cuando el diario *Segre* publicó la noticia de que Messi y Bojan eran primos. Tremendamente lejanos, pero primos a fin de cuentas. Sus tatarabuelos habían nacido en El Poal (el Pla d'Urgell, Lleida) a finales del siglo XIX.

Maria Torrent Solé, una ciudadana de la localidad de Bellcaire d'Urgell, decidió un buen día que dedicaría parte de su tiempo a investigar el pasado de su familia con el único objetivo de elaborar su árbol genealógico. Rebuscando entre los recuerdos que alguno de sus parientes había guardado en un viejo baúl, inició una ardua tarea que la llevó, posteriormente, a los ayuntamientos y a los registros civiles de otras poblaciones leridanas. Así, descubrió que una prima hermana de su bisabuelo había contraído matrimonio con Ramón Pérez Llobera en 1860. Y el tal Ramón Pérez resultó ser tatarabuelo de Lionel Messi por vía paterna.

El descubrimiento hubiera muerto ahí, en que Messi tuvo antepasados en Lleida. Pero la coincidencia del apellido Pérez y el hecho de que la familia del Bojan también procediera de El Poal, llevó a un tío del delantero catalán a iniciar una nueva investigación. En un primer paso, aparecieron datos respecto a que los Pérez habían emigrado desde Teruel al Pla d'Urgell durante el siglo XVIII. Luego, el tío de Bojan tuvo conocimiento de que Ramón Pérez Llobera, el tatarabuelo de Messi, había nacido en 1859 y que nueve años más tarde, en 1868, había venido al mundo su hermano, Gonçal Pérez Llobera. Y siguió tirando del hilo, hasta encontrar el ovillo.

Rosa Maria Pérez Mateu, nieta de Ramón, se había casado en Argentina con Eusebio Messi Baró. Ambos fueron los padres de Jorge y los abuelos de Lionel Messi. Por su parte, Gonçal tuvo un nieto, Salvador Pérez, que contrajo matrimonio con Enriqueta Salla. De esta pareja nació Maria Lluïsa, que es la madre de Bojan Krkic. Por las venas de Messi, que también tuvo antepasados italianos, corre una mezcla de sangre argentina, italiana y catalana. La sangre de Bojan es mitad catalana y mitad serbia. Su padre, antiguo jugador del Estrella Roja de Belgrado, fichó en 1988 por el Mollerussa de la Tercera División española. Fue entonces, durante la recuperación de una lesión, cuando conoció a la enfermera Maria Lluïsa Pérez.

Migueli: debut y al calabozo

Domènec Balmanya recomendó al FC Barcelona que fichara a un joven defensa del Cádiz que tenía unas envidiables condiciones para jugar al fútbol. Respondía al nombre de Migueli y formaba pareja con otro joven central que se llamaba Andrés. A los dos los iba siguiendo el Real Madrid. Pero Balmanya, quien en aquel año 1973 entrenaba al club andaluz del Ramón de Carranza, tenía el alma teñida de azulgrana. Había sido jugador y técnico. Y además, mantenía muy buenas relaciones con la junta directiva que presidía Agustí Montal i Costa. Por eso dio el aviso.

El Real Madrid los vio a los dos y decidió quedarse con Andrés. Y el Barcelona, aunque reaccionó tarde, acabó por incorporar a Migueli a su plantilla. El jugador, cuyo nombre completo era Miguel Bernardo Bianquetti, había nacido en Ceuta el 19 de diciembre de 1951. Sus compañeros del Cádiz le tiraban piedras cuando, en la pretemporada, hacían sesiones de resistencia aeróbica, corriendo por la montaña. Y le tiraban piedras para que bajara el ritmo, cuando ya todos los demás andaban con un palmo de lengua fuera de la boca. «Es un prodigio físico», decían.

Aquel mismo año, Migueli fue llamado a filas. Le tocó cumplir con el servicio militar en su Ceuta natal. Se enteró del fichaje de Johan Cruyff por los periódicos, entre guardia y garita. Ni en sueños podía imaginar que una tarde de aquel otoño recibiría una llamada del FC Barcelona convocándole para el partido de Liga que su equipo debía jugar en La Romareda el 18 de noviembre. Por aquel entonces todavía no había jugado ni un triste amistoso con su nuevo equipo. Y la ilusión pudo con todo. Sabía que no le darían permiso para viajar a Zaragoza y decidió escaparse del cuartel.

Si la llamada le había producido una gran sorpresa, no hay que hacer muchos esfuerzos para imaginar qué sintió cuando, momentos antes del partido, Marinus Michels le comunicó que iba a ser titular. Cruyff no estaba en la convocatoria. Se había ido a Holanda para jugar un partido con su selección. Al saltar al campo le temblaron las piernas, pero al minuto parecía un veterano. Su debut fue tan brillante que todos los periódicos del día siguiente aparecieron con el nombre de Migueli en las portadas y en los titulares de las crónicas. Cuando el 19 de noviembre regresó al cuartel fue llamado por la superioridad. Obviamente no iban a darle ninguna buena noticia. Estaba preparado para recibir un castigo por su indisciplina. Y vaya si lo tuvo. Le cortaron el pelo al cero y le encerraron en un calabozo durante un buen número de días.

Hasta la temporada siguiente no pudo incorporarse a su nuevo club. Pero ahí, como sucedería después en la selección española, respondió a las expectativas que se habían creado a su alrededor. Su compañero Andrés, en cambio, dejó pronto el Real Madrid y se marchó a jugar al modesto Castellón. Con el apodo de Tarzán, debutó en el equipo nacional en Escocia, marcando a Joe Jordan, una auténtica bestia parda. Saltaron chispas, pero el joven Migueli no estaba para dejarse intimidar. Paso a paso fue escribiendo una historia interminable. Estuvo dieciséis temporadas en el club y mantuvo, hasta 2011, el récord de partidos jugados con el FC Barcelona.

Participó en la conquista de once títulos importantes, fue 31 veces internacional y disputó el Mundial de 1978 y la Eurocopa de Naciones de 1980. El año 1977 fue uno de los protagonistas del decisivo Yugoslavia-España, clasificatorio para el Mundial de Argentina. La selección que dirigía Ladislao Kubala necesitaba empatar o perder por un gol de diferencia como máximo.

El ambiente fue muy hostil en las gradas del Pequeño Maracaná de Belgrado aquel 29 de noviembre, aniversario de la fundación del FC Barcelona. Y en el campo saltaron chispas. España ganó aquel partido con el histórico gol de Rubén Cano. Pero en el fragor de la batalla, Migueli perdió un amuleto, su medalla de la Virgen de África, que le había acompañado siempre desde niño.

El disgusto de Migueli fue grandísimo. Y nada comparable con la alegría que recibió unos meses después. La selección de Alemania Federal había ido a jugar un partido a Yugoslavia. Y un futbolista del combinado balcánico, que había encontrado la medalla y que había observado que llevaba grabadas las iniciales MBB, le comentó el hecho a Paul Breitner, entonces jugador del Real Madrid. Unas semanas después, el FC Barcelona acudió a jugar un partido de Liga al Santiago Bernabéu. Al finalizar el encuentro, Breitner le preguntó a Migueli si aquella medalla era suya. Y sí, era la medalla de la Virgen de África que le habían arrancado del cuello en la batalla de Belgrado.

Maradona y la cocaína

Diego Armando Maradona firmó contrato por el FC Barcelona después del Mundial de España de 1982. Venía precedido de una fama extraordinaria, pero su único éxito internacional había sido el Mundial Juvenil de Japón de 1980, Copa Coca-Cola, donde un jugador azulgrana, Juan Carlos Pérez Rojo, le discutió hasta el último día el premio al mejor jugador del campeonato. Es cierto que el centrocampista argentino era muy joven cuando llegó a la Ciudad Condal. Demasiado, quizá, para gestionar la fama que ya había acumulado antes de empezar a ganar batallas.

Le llamaban el Pelusa. Y todo el mundo se sabía de memoria la historia de su vida. Había nacido el 30 de octubre de 1960 en Lanús (Argentina). Sus padres, Diego y Dalma, ya habían traído al mundo a otros cuatro hijos, todo chicas, y aún tendrían otros dos más, estos varones. Se crió en Villa Fiorito, una barriada miserable de Buenos Aires, donde muchos días sus padres no tenían para darle de comer a tanta prole. De ahí que, siendo un niño, Diego sufriera de raquitismo en la pierna izquierda, la que le convertiría en el mejor jugador de su época y en uno de los mejores de todos los tiempos, junto a mitos como Pelé, Kubala, Di Stéfano o Cruyff.

El fútbol fue la mejor medicina para Maradona. Su paso por «las siete canchitas» le llevó a probar con las divisiones inferiores de la Asociación Atlética Argentinos Juniors. El equipo de su quinta se llamaba Los Cebollitas. Eso sucedía en 1969. A partir de aquel momento, fue subiendo peldaños y cuando cumplió los catorce años tuvo, por fin, una licencia de la Asociación Argentina de Fútbol (AFA). Mucho antes, el 28 de septiembre de 1971, su nombre, mal escrito, apareció por primera vez en los medios de comunicación. El diario *Clarín* dijo de él que era un muchacho que asombraba por su talento.

De aquella escueta nota a llenar las páginas y páginas en todos los periódicos de Argentina, todo sucedió muy deprisa. Diez días antes de cumplir los 16 años, debutó en el Campeonato Metropolitano y al año siguiente, en febrero de 1977, jugó su primer partido con la selección albiceleste absoluta. El debate que se originó cuando se supo que César Luis Menotti le había dejado fuera de la convocatoria para disputar el Mundial de 1978 fue tremendo. Ni siquiera se mitigó a medida que la selección iba ganando partidos y acercándose a la conquista de una Copa del Mundo que parecía manchada por la cruel dictadura militar que padecía el país.

En 1981 y pese a tener una oferta mareante del River Plate, Maradona decidió firmar contrato con el Boca Juniors. Luego vino el Mundial de España, donde Argentina jugó con pena y su futbolista, sin gloria. Incluso fue expulsado en su último partido. Pero el FC Barcelona decidió contratarle como guinda del pastel de un proyecto grande, muy grande.

Llegaba sin haber hecho nada trascendente y se marchó peor de lo que había venido. Estuvo dos temporadas, truncadas por una hepatitis con la que se enmascaró una enfermedad de transmisión sexual y por una gravísima lesión de tobillo, respectivamente. Solo ganó una marginal Copa de la Liga y se despidió, después de una denigrante participación en la final de la Copa del Rey, como se hubiera despedido un individuo de la peor calaña: insultando a la esposa de su presidente.

La explicación a semejantes comportamientos estaba en las compañías con las que llegó y las que adquirió durante su corta estancia en Barcelona. Unos y otros le llevaron a vivir la vida como un deportista no puede hacerlo jamás. Fiestas, sexo de alquiler, alcohol y drogas. Una noche sí y la otra también. Maradona había llegado limpio a Europa, pero se marchaba con una importante degradación y una adicción a la cocaína que le acompañaría durante años. No se descubrió hasta muchos años después, cuando fue detenido por posesión y consumo en 1991. Él mismo lo confirmó en un programa de la televisión argentina, *La noche del 10*, el 18 de octubre de 2005. Pero quiso culpar a los demás de todos sus males.

Hechos como este no han ocultado la grandeza futbolística que Maradona alcanzó en los años siguientes, conquistando títulos nacionales e internacionales, recibiendo galardones individuales de todo tipo, incluido el que le consideró el mejor futbolista del siglo XX, en una votación realizada a través de la página web de la FIFA. Cuando un deportista se droga, suelen desposeerle de todos sus premios. Pero a él se los conservaron todos. Un mal ejemplo, sin duda, para aquellos que deben velar para que los ídolos del deporte se conviertan en transmisores de valores a las nuevas generaciones. Y Maradona no ha transmitido nada bueno en ese sentido.

Eso sí, puede dar gracias de poder contarlo. José Cano, *Canito*, uno de los futbolistas con más talento que ha producido España, jugador del Espanyol, el FC Barcelona, el *Real* Betis o del Real Zaragoza, falleció el 25 de noviembre de 2000, en Tarragona. Tenía solo 44 años y, además de arruinarse económicamente, destrozó su vida y la de los que más le querían. Pasó sus últimos años en la más absoluta de las miserias, ayudado por excompañeros futbolistas y con graves problemas de salud. Cuando dejó de respirar ya hacía tiempo que era un cadáver.

Historias de dopaje

Una buena mañana del mes de marzo de 2011, el periodista Juan Antonio Alcalá se levantó, en la Cadena Cope, con el anuncio de que el Real Madrid iba a solicitar que se realizaran controles antidopaje más serios, porque sospechaba que los jugadores del FC Barcelona estaban manteniendo un nivel de rendimiento superior a lo normal y que alguno de los médicos contratados por el club azulgrana era de dudosa reputación. El escándalo fue tremendo. El Real Madrid se desmarcó de la cuestión. El periodista no rectificó su información y la directiva barcelonista interpuso una demanda judicial contra la Cadena Cope, solicitando una indemnización de seis millones de euros por daños y perjudicios.

El tema se solucionó varios meses más tarde, no sin que antes el presidente del Real Madrid y los máximos responsables de la emisora de radio trataran por todos los medios de que la sangre no llegara al río. Al final, el Barcelona aceptó un acuerdo según el cual la Cope rectificaría públicamente su información e indemnizaría al club con 200 000 euros, que la directiva azulgrana destinó a beneficencia. El daño, sin embargo, ya estaba hecho, y los jugadores barcelonistas sufrieron, durante varios meses, más controles de dopaje que en toda la historia del club.

El dopaje, como práctica para mejorar el rendimiento de un modo artificial, existe desde que el deporte es deporte. Y de eso ya hace muchos siglos. Entre los siglos VIII y IV antes de Jesucristo, los atletas que participaban en los Juegos Olímpicos de la Antigüedad ingerían pociones estimulantes para hacerse más fuertes y ganar, así, un reconocimiento social y económico que les apartara de la pobreza. Es decir que, básicamente, hacían trampas por dinero. Ese mecanismo, tan humano como nocivo, ha estado presente a lo largo de los siglos, aunque no empezó a combatirse hasta 1926, cuando la Federación Internacional de Ciclismo prohibió el uso de sustancias dopantes. Por aquel entonces, se utilizaban sustancias estimulantes como la estricnina, la cafeína o la cocaína para mejorar el rendimiento.

No fue hasta los años setenta del siglo pasado cuando la lucha contra el dopaje se hizo extensiva a la mayoría de federaciones internacionales y nacionales, que empezaron a utilizar reglamentaciones comunes. Los primeros controles, sin embargo, no servían de mucho, porque no había medios para detectar la presencia de determinadas sustancias, como los esteroides anabolizantes. Ya en 1999, con la creación de la Agencia Mundial Antidopaje, integrada por el Comité Olímpico Internacional, las federaciones nacionales e internacionales y los

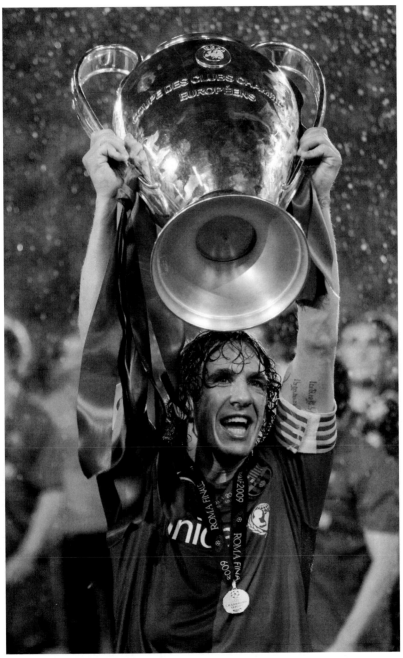

CARLES PUYOL. El capitán del Barça levanta la Copa de Europa del año 2009 ganada al Manchester United en el Estadio Olímpico de Roma. Ese año el FC Barcelona consiguió todos los títulos posibles: seis de seis.

CULERS. A los seguidores del FC Barcelona se les conoce como culés desde el año 1909 por esta imagen. Sobre el muro de obra del campo de la calle Indústria acomodaban sus traseros los espectadores que no cabían en las tribunas, solo con capacidad para 1.500 personas. En esos años, el club alcanzó la cifra de 3.000 socios.

LA DELANTERA DE SERRAT. Basora, César, Kubala, Moreno y Manchón, la delantera que cantó Joan Manuel Serrat en *Temps era temps*. El gran Barça de las Cinco Copas (temporada 1951-52) en realidad jugó casi todo ese campeonato sin Moreno y con Vila como titular habitual.

LA PRIMERA COPA DE EUROPA. El holandés Ronald Koeman figura en los altares de la historia del Barça por este soberbio trallazo, que supuso la victoria ante la Sampdoria en la final de la Copa de Europa de 1992.

JOAN GAMPER. Fundador y presidente del Barça en cinco ocasiones, posando aquí como jugador.

EL BARÇA DE ORO. En el año 2010, el FC Barcelona acaparó el podio del Balón de Oro. Los tres jugadores fueron formados en la Masia: Messi fue el primer clasificado, Iniesta el segundo y Xavi el tercero. **Abajo a la izquierda**, los tres primeros escudos que tuvo el club, superpuestos sobre el escudo actual. **Abajo a la derecha**, otro Balón de Oro blaugrana, Johan Cruyff, bate espectacularmente a Miguel Reina, entonces portero del Atlético de Madrid, en uno de los goles más recordados de la historia del Barça.

MARADONA Y NICOLAU CASAUS. El vicepresidente del Barça recibe al jugador en El Prat. Maradona permaneció varios meses en Argentina recuperándose de la tremenda lesión que le produjo Andoni Goikoetxea.

NÚÑEZ, RONALDO Y ROBSON. Presidente, jugador y entrenador durante la presentación del *crack* brasileño, en el mes de agosto de 1996.

KUBALA Y CRUYFF. Dos leyendas del Barça se saludan en 1973, durante el homenaje a Josep Boter, delegado y ojeador del club. Kubala era el seleccionador de España y Cruyff acababa de fichar por el FC Barcelona.

ROSSELL, LAPORTA Y GUARDIOLA. El presidente recién elegido en las urnas y el que abandona el cargo celebran, junto al entrenador y el equipo, la Liga de la temporada 2009-10 antes de la disputa del trofeo Joan Gamper, que enfrentó a FC Barcelona y el AC Milan.

gobiernos, la carrera entre los malos y los buenos adquirió unos niveles de resultados satisfactorios.

En España, la lucha contra esa mejora artificial del rendimiento se inició a finales de la década de los ochenta. Primero se realizaron unas pruebas piloto, en las que se detectaron diversos casos positivos. Uno de ellos fue el de Gerardo Miranda, entonces defensa del FC Barcelona. El jugador canario era asmático y tomaba un jarabe que contenía sustancias prohibidas. ¿Qué podía hacer el jugador si, por prescripción facultativa y a causa de su enfermedad crónica, tenía que consumir un medicamento así? ¿Dejar de jugar al fútbol?

Casos como el de Gerardo dieron lugar a que los organismos oficiales establecieran unas normas al respecto. Los médicos de los clubs debían informar a los organismos encargados de organizar las competiciones sobre las enfermedades de sus deportistas y los tratamientos que requerían para su curación. Y se decidió que, aquellos que pudieran acreditar sus casos y sus tratamientos, quedarían libres de sanción, siempre que la información estuviera en poder de las federaciones nacionales o internacionales antes de realizarse los controles. De este modo, dejó de meterse en el mismo saco a los enfermos y a los tramposos.

Desde que se regularon los controles, se establecieron las normas de realización de los análisis, se unificaron las listas de productos prohibidos y se universalizó la lucha contra el dopaje, dos futbolistas del FC Barcelona han dado positivo en los controles. Fueron los casos de Ramon Maria Calderé, por presunto consumo de efedrina durante la celebración del Mundial de México de 1986, y de Frank de Boer, porque se detectó la presencia de nandrolona en la muestra de orina que se le tomó después de un Celta-Barcelona de la Copa de la UEFA, en la primavera de 2001.

Calderé pasó control antidopaje después del España-Irlanda del Norte del 7 de junio de 1986, que se disputó en el estadio Jalisco de Guadalajara. Las versiones fueron muy dispares. Unos dijeron que tenía bronquitis, otros que había sido azotado por «la venganza de Moctezuma» (una simple diarrea) y otros que se había dopado voluntariamente. La pura verdad es que Calderé tuvo una infección que le obligó a tomar un jarabe que contenía efedrina. El medicamento había sido recetado por un médico de la FIFA, de manera que el futbolista no pudo ser sancionado. Eso sí, la Federación Española de Fútbol tuvo que pagar una multa de un millón y medio de pesetas (unos 9 000 euros) por haber incumplido los plazos legales para la administración del medicamento. La normativa establecía que podía tomarse el jarabe con 72 horas de antelación con respecto al partido y Calderé lo había tomado solo doce horas antes.

Frank de Boer fue sancionado con un año de inhabilitación porque se detectó la presencia de nandrolona en su orina tras el partido que el Celta y el Barcelona disputaron en Balaídos el 8 de marzo de 2001. El control fue realizado a instancias del organizador de la competición, que era la UEFA. Tras realizarse el contraanálisis y comprobarse que el índice de nandrolona superaba con creces la tasa permitida (dio 8,2 nanogramos, cuando el máximo autorizado era de 2) fue sancionado, en primera instancia, con un año de inhabilitación.

Las circunstancias del caso fueron extrañas. Solo unos días antes, el 28 de febrero de aquel mismo año, Holanda y Turquía habían disputado un encuentro de carácter amistoso en el que no se realizaron controles. Pero Edgar Davids dio positivo por nandrolona después de participar en el Juventus-Udinese de la liga italiana. Todo indicaba que el producto le había sido suministrado por los médicos de la Federación Holandesa, igual que a Frank de Boer. Esta circunstancia hizo que se abriera una investigación exhaustiva. Hubo cruce de acusaciones y, al final, se cerró el caso de un modo un tanto extraño. Se exculpó a Holanda y también al Barcelona, por entender que De Boer había ingerido, por su cuenta, un complejo vitamínico comprado en una farmacia. Finalmente, la UEFA redujo la sanción a dos meses, que De Boer cumplió durante las vacaciones de verano.

Unos meses después, Pep Guardiola también dio positivo por nandrolona, siendo ya jugador del Brescia italiano. El Comité Olímpico Nacional Italiano (CONI) le sometió a un control rutinario el 21 de octubre de 2001, tras un partido entre su equipo y el Piacenza. Después de los contraanálisis, Guardiola fue sancionado con cuatro meses de suspensión, una multa de 2 000 euros y una pena de prisión de siete meses, que no tuvo que cumplir. Después de seis años de lucha por demostrar su inocencia, Guardiola fue absuelto por un tribunal de apelación de la ciudad de Brescia. La sentencia reflejaba que el futbolista no se había dopado nunca.

«El motín del Hesperia»

Hesperos fue el nombre con el que los antiguos griegos bautizaron a la primera estrella del firmamento que se observaba, desde occidente, cuando se producía el crepúsculo solar del atardecer. Asimismo y según la mitología griega, las Hespérides eran las ninfas que cuidaban de un maravilloso jardín próximo a la cordillera del Atlas, en el continente africano. Es posible que ambas cosas estén relacionadas y que esa doble idea, consistente en mezclar el concepto de la puesta del sol con el momento de recogerse en un lugar paradisíaco, diera lugar a que, hace treinta años, un empresario español decidiera bautizar su cadena hotelera con el nombre de Hesperia.

Uno de los hoteles más antiguos del grupo es el Hesperia Sarrià. Está situado en el distrito de Sarrià-Sant Gervasi y, más concretamente, en la barriada conocida por el nombre de Tres Torres. Muy cerca del lugar donde se levanta el edificio, residió Joan Gamper durante sus primeros años de estancia en la Ciudad Condal. Y cuentan los historiadores que fue a escasa distancia de allí donde el fundador del club azulgrana organizó sus primeros partidos de fútbol antes de iniciar el proceso de constitución del FC Barcelona.

Pero el Hotel Hesperia Sarrià ha pasado a la historia por motivos muy distintos. El jueves 28 de abril de 1988, en uno de sus amplios salones, la práctica totalidad de la plantilla del primer equipo azulgrana ofreció una rueda de prensa para pedir la dimisión de Josep Lluís Núñez como presidente del club. El enfrentamiento entre los futbolistas y la junta directiva, surgido de una inspección de Hacienda que reclamaba a los futbolistas el pago de más de 350 millones de las antiguas pesetas, fue bautizado por los medios de comunicación de la época como «el motín del Hesperia».

Casi dos años antes de la celebración de aquella conferencia de prensa, el Barcelona había perdido la final de la Copa de Europa de 1986. La dolorosa derrota ante el Steaua de Bucarest provocó que Schuster abandonara el Sánchez Pizjuán de Sevilla por su cuenta, en una avioneta particular. Al día siguiente, en el aeropuerto de San Pablo, Núñez anunció que el futbolista alemán no volvería a ponerse nunca más la camiseta azulgrana. Y unos días después, la directiva inició un largo procedimiento judicial contra Schuster, interponiendo demandas ante los tribunales laborales y civiles, a los que solicitó la resolución de los contratos suscritos con el jugador.

Josep Maria Antràs, entonces presidente del Colegio de Abogados de Barcelona, recibió el encargo de preparar la demanda relativa al contrato futbolístico. Mientras, el abogado Antoni Maria Muntañola, catedrático de Derecho de la Universidad de Barcelona y secretario de la junta directiva del club, se ocupó de elaborar la correspondiente al contrato de imagen y de publicidad. Este último procedimiento judicial sirvió para destapar que los jugadores del FC Barcelona estaban percibiendo una parte de sus ingresos en negro y para que Hacienda iniciara una exhaustiva inspección de todos los contratos que el club tenía suscritos.

El resultado de la intervención de Hacienda fue concluyente. Los jugadores de los equipos profesionales del club (fútbol, baloncesto y balonmano), en tanto que titulares de las percepciones, debían hacer frente al pago de los impuestos correspondientes y a una fuerte multa por un delito de fraude fiscal. Los capitanes de las distintas secciones iniciaron una negociación con la directiva, porque entendían que el club era corresponsable en la firma de aquellos compromisos fiscalmente opacos.

Los jugadores de baloncesto y balonmano cerraron acuerdos con la directiva y se repartieron el pago de los importes correspondientes. Pero los futbolistas exigieron que fuera el club quien se hiciera cargo de la totalidad de las cantidades reclamadas por Hacienda. La intransigencia por ambas partes, ya que la directiva también se enrocó en la negativa a participar en el pago de la deuda, desembocó en aquella rueda de prensa del 28 de abril de 1988 y, por lo tanto, en el motín del Hesperia.

La consecuencia de aquel enfrentamiento fue demoledora para Luis Aragonés, quien había apalabrado la renovación de su contrato como entrenador y para los jugadores Amarilla,

Calderé, Clos, Cristóbal, Gerardo, Linde, López-López, Manolo, Moratalla, Nayim, Pedraza, Schuster y Víctor. Todos ellos causaron baja, mientras el club cerraba la contratación de Johan Cruyff como nuevo entrenador y fichaba a una docena de nuevos futbolistas que abrieron el camino a una de las etapas más brillantes de la historia. La directiva, eso sí, acabó por pagar los 350 millones de pesetas que reclamaba Hacienda.

Acusados de violación

Dos veces en 113 años de historia, jugadores del FC Barcelona han sido acusados públicamente como presuntos autores de delitos de violación. El primer caso se produjo en la primavera de 1978 y tuvo como protagonista a Paco Fortes. Y el segundo caso, aún más sonado por su resonancia internacional, comportó la detención de José Ramón Alexanko en el Nationaal Sport Centrum Papendal de Holanda, durante el verano de 1988. Ninguno de los dos fue condenado, entre otras razones porque no violaron a nadie.

Fortes fue un habilidoso, escurridizo y peleón extremo. Se formó en las categorías inferiores del club, para dar el salto al primer equipo en el año 1975, siendo entrenador el alemán Hennes Weisweiler. Tras un año de cesión en el Málaga, regresó al Barcelona, donde permaneció hasta el verano de 1979. En ese intervalo llegó a jugar un partido con la selección española absoluta. Tras dejar su club de toda la vida, se marchó al Espanyol y luego al Málaga. Posteriormente se hizo entrenador y dirigió durante varios años al Farense en la Primera División portuguesa.

La noche del 19 de abril de 1978 se disputó, en el Santiago Bernabéu, la final de la Copa del Rey de aquella temporada. El FC Barcelona se impuso a la UD Las Palmas por 3-1, con goles de Esteban, Asensi, Brindisi y Rexach. Tras festejar el título sobre el césped, se celebró una cena oficial en el Hotel Barajas, al lado mismo del aeropuerto de Madrid. Como no podía ser de otra manera, Marinus Michels dio permiso a sus jugadores, con la única condición de que regresaran al hotel con tiempo suficiente para tomar el vuelo de regreso a la Ciudad Condal a la mañana siguiente.

La gran mayoría de los jugadores aprovechó el permiso para asistir a fiestas privadas, que ya estaban preparadas con anterioridad a la final, o para ir a tomar unas copas. Paco Fortes se marchó a un domicilio particular, donde se había organizado una buena juerga, a la que asistieron varias azafatas del programa televisivo *Un, dos, tres... responda otra vez*, que presentaba Kiko Ledgard y dirigía Chicho Ibáñez Serrador. Sobre las 7 de la mañana, el delantero regresó al hotel, se quitó la ropa y se metió en la cama. Su compañero de habitación, el argentino Rafael Zuviría, dormía a pierna suelta.

El sobresalto de Fortes fue tremendo cuando se supo que una empleada de la limpieza del hotel había denunciado al futbolista por violación. Todavía ahora, el extremo azulgrana sigue preguntándose qué pasó para que se viera metido en semejante situación. El futbolista regresó a Barcelona con el resto de la expedición, después de prestar declaración en comisaría. Un par de días después, en mitad de una tormenta periodística de considerables dimensiones, el sindicato del ramo de la hostelería, que había secundado inicialmente a su afiliada, emitió un comunicado retirando su apoyo a la trabajadora, quien también fue despedida de manera fulminante por la dirección del hotel.

Diez años y tres meses más tarde, el FC Barcelona celebraba su concentración de pretemporada en el centro deportivo de Papendal cuando la policía holandesa se llevó detenido a José Ramón Alexanko. Fue durante la tarde del miércoles 3 de agosto de 1988. El jugador, capitán de una plantilla que acababa de protagonizar el motín del Hesperia, era conducido a la cercana comisaría de Arnhem, donde permaneció durante cinco días, hasta que el juez le tomó declaración. Una empleada de limpieza de las instalaciones, donde el equipo estaba alojado, le había denunciado por un presunto delito de violación. Se enfrentaba a una pena de doce años de cárcel.

Alexanko negó los cargos que se le imputaban, pero en su caso no pudo volver a Barcelona con el equipo. Tuvo que quedarse unos días más en Holanda. Justo hasta que los abogados holandeses que Johan Cruyff, entrenador del equipo, había puesto a disposición del jugador consiguieron la libertad provisional de su cliente. El proceso continuó y, finalmente, el juez y el fiscal determinaron la libertad del futbolista, después de concluir que no existían pruebas para inculparle.

Los supuestos hechos que denunció la empleada del centro deportivo de Papendal se habían producido el 1 de agosto de aquel 1988, pero no fue hasta la tarde del día siguiente cuando la muchacha presentó su inconsistente denuncia. Según personas consultadas entonces por la propia policía holandesa, la empleada aprovechaba las facilidades que le otorgaba su puesto de trabajo para intimar con algunos clientes del centro, la mayoría de ellos deportistas de muy buen ver.

El defensa internacional, que se había incorporado al FC Barcelona en 1980, protagonizando entonces el traspaso más caro de la historia del fútbol español por un futbolista de su posición (el Athletic Club cobró cien millones de pesetas, unos 600 000 euros), continuó su carrera hasta alzar la primera Copa de Europa de la historia del club en Wembley. El pobre Alexanko no pudo evitar, sin embargo, que en algunos campos que visitó el equipo aparecieran pancartas alusivas a la inexistente violación. Con motivo del Torneo Ciutat de Palma que se jugó aquel mismo mes de agosto pudo leerse una pancarta que decía: «Preservativos Barça, los de Alexanko».

Las mujeres de Ronaldo

La sangre de Ronaldo siempre ha corrido por sus venas a ritmo de samba. Y él siempre ha sido un tipo muy cálido, en el más amplio sentido de la palabra. En Eindhoven, donde vivió entre los 17 y los 20 años, se mostró como un muchacho muy dado a las fiestas y con un extraordinario apetito sexual. Eso sí, su tendencia a disfrutar de la música y del sexo nunca dieron la sensación de afectarle en su rendimiento futbolístico. De hecho, su carrera deportiva ha estado jalonada de éxitos, desde que inició su carrera profesional en el PSV, hasta que las secuelas de sus graves lesiones y una enfermedad de tiroides le llevaron a abandonar la élite en 2008.

Jugó doce temporadas al más alto nivel y ganó más de veinte títulos con el Corinthians, el PSV Eindhoven, el FC Barcelona, el Inter de Milán, el Real Madrid, el Milan y, por supuesto, las distintas selecciones de Brasil. Fue alineado en 694 partidos oficiales y marcó 494 goles. Y por ahí andará, si es que no lo supera, el número de mujeres que han pasado por sus brazos de gran conquistador. De hecho, su actividad durante el año que permaneció en Barcelona fue extraordinaria. Sobre todo en Castelldefels, donde instaló su residencia y donde fue cliente habitual de los mejores locales de salsa.

A los pocos días de incorporarse al FC Barcelona protagonizó una anécdota que definía perfectamente sus gustos. Desconocedor de las calles de la ciudad, una noche llegó al Camp Nou, aparcó su coche en el subterráneo que da acceso al palco presidencial, salió a la calle y esperó a un taxi. «Si voy con mi coche, me perderé», le dijo al vigilante de seguridad del estadio. Se marchó a cenar y tres horas más tarde apareció, en otro taxi. Pero esta vez no iba solo. Le acompañaban dos mujeres espectaculares. El vigilante todavía las recuerda.

Ronaldo y sus dos acompañantes descendieron al aparcamiento para subir al coche y marcharse. O eso supuso el vigilante de seguridad. Viendo que el futbolista tardaba en salir, empezó a preocuparse. «¿Le habrá pasado algo?», se preguntaba. Hasta que, en un arrebato de responsabilidad, decidió ir a ver si Ronaldo tenía problemas. En el aparcamiento estaba el coche vacío. Total, que se adentró en el palco, creyendo que tal vez había ido hasta los vestuarios para mostrárselos a las dos mujeres. La sorpresa fue mayúscula cuando se encontró a los tres practicando sexo en uno de los sofás que, por aquel entonces, formaba parte de la decoración del antepalco.

Al día siguiente, el vigilante informó al jefe de seguridad del club, que también lo era de la constructora Núñez y Navarro. En lo que entendió como el cumplimiento de sus obligaciones, Antonio Iglesias, que así se llamaba el responsable de la seguridad del club, informó al presidente, Josep Lluís Núñez. Conociendo a Núñez, cualquiera le habría imaginado con cara de preocupación y echándose las manos a la cabeza. Pero no fue así. Ni mucho menos. El presidente sonrió y le dijo a Iglesias: «¿Usted no entiende que es un chaval de 20 años y que tiene edad de divertirse?»

No sé si Ronaldo llegó a conocer la frase de Núñez. Pero la cumplió al pie de la letra. Se divirtió y de lo lindo. Durante aquel año no se le conoció ninguna acompañante estable. Le duraban una o dos noches. Eso sí, a diferencia de otros futbolistas que pagaban un caro peaje por sus desórdenes privados, Ronaldo completó la mejor temporada de toda su carrera. Contribuyó decisivamente a que el equipo, dirigido por Bobby Robson, ganara la Recopa de Europa, la Copa del Rey y la Supercopa de España. Y encima marcó 34 goles en 37 partidos de Liga, el de Compostela entre ellos, y recibió la Bota de Oro al máximo goleador europeo de aquel año.

Dos años más tarde, en 1999 y siendo jugador del Inter, Ronaldo contrajo su primer matrimonio, con la brasileña y también futbolista Milene Domingues. La pareja solo duró cuatro años, como consecuencia de las constantes infidelidades del futbolista. A partir de ahí, se sucedieron las fiestas en su residencia de Madrid, el desfile de espectaculares modelos por su vida, una boda ilegal en París con Daniela Cicarelli, otra relación con la brasileña Raica Oliveira, un incidente con un travesti en un hotel de Brasil y, finalmente, una nueva boda con Maria Beatriz Antony, con la que todavía mantiene su relación de pareja.

Ronaldo tiene cuatro hijos reconocidos. El mayor, fruto de su primer matrimonio con Milene; dos con su actual esposa Maria Beatriz, y el último como consecuencia de una relación esporádica. El futbolista aceptó legalmente a este hijo natural, de 5 años, después de someterse a una prueba de paternidad. Tras afirmar que «cuatro ya es mucho», el mismo Ronaldo confirmó a los periodistas que el día 26 de diciembe de 2010 había clausurado su «fábrica de niños», tras someterse a una vasectomía.

Ronaldinho, víctima de la soledad

La directiva presidida por Joan Laporta decidió, en 2003, poner en marcha su ambicioso proyecto deportivo sobre la base de contar con un líder en el banquillo y otro en el terreno de juego. En ese momento, Txiki Begiristain propuso las contrataciones de Frank Rijkaard y de Ronaldinho de Assis Moreira, este avalado por el vicepresidente deportivo Sandro Rosell. El FC Barcelona cerró ambos acuerdos en pocos días. A partir de aquel momento se inició la construcción de un equipo sólido que acabaría por ganar la Champions League de 2006, las Ligas de 2005 y 2006 y las Supercopas de España de 2006 y 2007.

La plantilla estaba formada por grandes jugadores y no había motivo para pensar que el FC Barcelona dejase de ganar títulos. Pero aquel proyecto se vino abajo de un modo inesperado e inexplicable. El presidente Laporta atribuyó aquella situación a la autocomplacencia de un entrenador y de unos jugadores que se habían acomodado después de ganar aquellos cinco títulos en poco más de dos años. Hubo quien, en cambio, creyó que la cohesión del equipo se había roto como consecuencia de la lucha de egos que se había producido entre algunos jugadores.

A día de hoy todavía no existe una explicación razonable sobre el cambio tan rápido y brusco que sufrió el equipo. Sí se sabe, en cambio, que algunos se tiraron de la moto en marcha. O sea, que abandonaban el proyecto en plena temporada. El caso más evidente fue el de Ronaldinho, precisamente el hombre que tenía la responsabilidad de liderar al equipo sobre los terrenos de juego. Su deterioro futbolístico fue progresivo e imparable. Se inició a comienzos de la temporada 2006-07 y concluyó en el verano de 2008 con su traspaso al Milan de Silvio Berlusconi.

Ronaldinho llegó al FC Barcelona desde el París Saint-Germain, fruto de un acuerdo de traspaso que negoció el entonces vicepresidente Rosell. El club pagó alrededor de veintidós millones de euros, pero se comprometió a abonar unos incentivos si se conquistaban determinados objetivos. Y como se conquistaron, el precio total del traspaso acabó siendo de veinticinco millones de euros. Era muchísimo dinero, sobre todo si se tenía en cuenta que la economía del club no estaba para muchos trotes, después de que Joan Gaspart hubiera pasado por la presidencia del club a lomos de un caballo como el de Atila.

Poco después de su llegada a Barcelona, Ronaldinho se fue a vivir a Castelldefels. Alquiló una casa, que después compraría, y allí se instaló en medio de un ambiente muy familiar. Su hermana Deisy vivía con él; su madre, doña Miguelina, pasaba largas temporadas en su casa; y varios primos se ocupaban del cuidado del jardín, de cocinar e incluso de acompañarle todos los días a los entrenamientos, porque a Ronaldinho no le apetecía lo más mínimo tener que conducir. Y su hermano Roberto, agente FIFA, estaba siempre viajando por todo el mundo, pero hacía parada y fonda en Castelldefels con muchísima frecuencia.

Mientras se mantuvo ese clima familiar, Ronaldinho era un tipo feliz, que disfrutaba con su vida y, sobre todo, con su profesión. No se separaba del balón, su cómplice en tantas diabluras, ni para dormir la siesta. Y cuando salía a cenar fuera lo hacía con toda la familia. Acudía al restaurante El Faro, ya desaparecido, donde Claudio le servía unos magníficos platos de pasta y unos espectaculares entrecots de buey. Ronaldinho no cataba el alcohol. Solo tomaba bebidas refrescantes.

Un buen día, Deisy se enamoró de un futbolista. Jugaba en el Espanyol y se llamaba Eduardo Costa. El problema surgió cuando el mediocentro brasileño se marchó a jugar a Francia y, más concretamente, al Paris Saint-Germain. Deisy se fue con él y eso produjo un tremendo vacío en la casa de Ronaldinho. Además, doña Miguelina también se echó un novio en Brasil y ya no venía a Castellfedels con la frecuencia a la que tenía acostumbrado a su hijo. Y a Ronaldinho se le cayó la casa encima.

Combatió la soledad saliendo cada vez con más frecuencia y a lugares donde no se preocupaban de su alimentación como lo hacia Claudio. Cambió las bebidas refrescantes de las comidas por el vino y se aficionó a tomar copas en locales como Bye, Bye Brasil, La Sandunguita o Casanova Beach Club, donde al parecer también invirtió una cantidad de dinero junto a su amigo Deco. La carrera de Ronaldinho hacia el ocaso había empezado y daba la sensación de no acabar nunca.

Varias veces se presentó en los entrenamientos en unas condiciones poco adecuadas. Su entrenador y sus compañeros le justificaban diciendo que se había quedado a trabajar en el gimnasio. Pero los periodistas de aquella época le veían llegar al Camp Nou tumbado sobre el asiento trasero de su todoterreno. Y así fue hasta que, en verano de 2008, sin haber podido despedirse de la afición, fue traspasado al Milan. Unos días antes de que se firmara el contrato, y como consecuencia de los rumores de que Ronaldinho podía sufrir adicción a alguna droga dura, los médicos del club italiano le realizaron un análisis capilar. La prueba dio resultado negativo.

Messi, la pulga más grande del mundo

Hay debates y debates. Los que se sostienen sobre argumentos sólidos y los que no hay por dónde cogerlos. Durante muchos años, uno de esos debates, retroalimentado desde Madrid y desde Barcelona de forma recurrente, tuvo como protagonistas a Ladislao Kubala y a Alfredo di Stéfano. Que si fue mejor don Alfredo; que así, con el tratamiento de respeto por delante parece que se le reconoce mayor grandeza; que si fue más bueno Laszi, sincopado para que parezca menor... Y cada uno sostenía su idea a partir de uno o varios conceptos. Es obvio que los dos eran muy buenos y que fueron muy diferentes. Con respecto a los demás jugadores de su época y de otros tiempos más o menos cercanos, pero también entre ellos mismos.

Hay otros muchos ejemplos parecidos. Para unos, Pelé fue más grande que el pobre Garrincha, aunque muchos no sepan siquiera que uno se llama Edson Arantes do Nascimento y que el otro se llamaba, porque murió siendo todavía muy joven, Manuel Francisco dos Santos. Según los holandeses no hubo jamás nadie como Johan Cruyff. Y según los argentinos, ni Di Stéfano se acercó por asomo a los niveles de Diego Armando Maradona, a quien los herejes se han atrevido a llamarle Dios, con mayúscula. Todos, además, se llenan la boca explicando cosas que nunca vieron con sus propios ojos. Simplemente, hubo alguien que se las contó un buen día.

Entretanto, esos y otros debates semejantes, generalmente absurdos, han servido para seguir alimentando la pasión de los pueblos por un juego que cada día mueve y remueve más sentimientos, y que cada vez oculta más deficiencias sociales. Hoy, en plena crisis económica mundial y, lo que es peor, en mitad de una crisis de valores humanos que asusta, vivimos otra de esas discusiones insostenibles. Para los barcelonistas, Lionel Messi es el mejor futbolista de la historia, aunque los argentinos sostengan que Maradona sigue estando en el cielo, a pesar de sus alarmantes debilidades. Y para los madridistas, el que ahora mismo se merece todos los premios es Cristiano Ronaldo. Otra vez, la noche y el día se contraponen.

Pues nada, que sigan discutiendo, que sigan comparando,

que sigan imaginando y que sigan facturando. Mientras, la realidad es la que es. Kubala no tuvo jamás un sobrenombre conocido, en contraposición con la Saeta Rubia, O Rei, la alegría del pueblo, el Flaco, el Pelusa, el Bicho o la Pulga. Pero con nombre y apellidos o con el simple apodo a cuestas, cada uno de ellos fue o es distinto a todos los demás y, quizá por ello y también porque jugaron en épocas muy diferentes, son incomparables. Fueron o son muy buenos y no hay más que hablar. ¿O sí?

Más allá de cualquier consideración, Lionel Messi está ahí arriba del todo. Y su historia es lo único que cuenta, con independencia de cómo transcurrieran o transcurran las vidas de los otros. La Pulga nació al sur de Rosario, en la provincia argentina de Santa Fe, el 24 de junio de 1987. Vamos, que tiene 25 años, una edad impropia para que todos nosotros estemos discutiendo a todas horas sobre lo que habrá andado cuando le llegue la edad de retirarse. De momento, sabemos qué pasos ha dado para llegar hasta aquí. Y nada más. O nada menos.

Empezó a mostrar sus habilidades, las innatas y las que tuvo que inventarse para pelear con chicos más fuertes y más altos que él, siendo un niño. Su abuela Celia le acompañaba a los entrenamientos y a los partidos. Por eso, cada vez que marca un gol mira al cielo, levanta los dedos índices de las dos manos y recuerda a esa gran mujer que contribuyó, llevándole y trayéndole a los campos, a labrar su gran sueño. Ella ya no está, pero la Pulga sabe a dónde fue a parar en el mismo momento de morir.

Un buen día, Lionel fue visto por un representante. Es posible que a Josep Maria Minguella le avisaran de que allí, en las categorías inferiores de Newell's Old Boys, había un niño muy pequeño, muy pequeño, que hacía locuras con la pelota en los pies. Y se lo trajo, aun a sabiendas de que aquella insólita menudez requería tratamiento médico. Necesitaba hormonas de crecimiento para ser normal. Y aquello costaba un dineral que sus padres no podían pagar. Los médicos de River Plate descubrieron en la revisión médica previa a su fichaje que aquel niño sufría un grave retraso en el crecimiento por culpa de ese déficit hormonal. Y la directiva del club argentino rechazó su incorporación porque no quiso pagar el tratamiento que necesitaba el joven futbolista. En cambio, el FC Barcelona sí quiso hacerse cargo de la factura.

Con sus apenas 13 años, el representante Minguella y Carles Rexach le firmaron al padre de Lionel un compromiso en una servilleta de papel de un bar. Aquel documento de dudosa validez jurídica fue suficiente para que Jorge Messi, padre del jugador, decidiera quedarse en Barcelona. El club azulgrana se hizo cargo del precio de un tratamiento de 1 000 dólares mensuales que un simple trabajador de la industria metalúrgica no podía afrontar. Y así empezó la verdadera historia de la que hoy se ha convertido, con su 1,70 metros de estatura, en la pulga más grande del mundo.

Más allá de sus gestas como infantil, cadete, juvenil o promesa, Lionel Messi debutó con el primer equipo del FC Barcelona en diciembre de 2003, con ocasión de un partido amistoso que el equipo dirigido por Frank Rijkaard disputó frente al Oporto de Jose Mourinho. Paradojas del destino, aquel futbolista de 16 años se convertiría en la pesadilla de un técnico que le acusó de «hacer teatro del bueno» cuando desmontó a su Chelsea en el mismísimo Stamford Bridge o, después, cuando le ganó ligas, copas y supercopas, españolas y europeas, un año sí y otro también.

Desde su debut, Messi no ha hecho otra cosa que coleccionar títulos, colectivos e individuales, y récords. Ya ha logrado diecinueve campeonatos oficiales con el FC Barcelona, una medalla de oro en los Juegos Olímpicos, un trofeo Golden Boy y un Bravo, un FIFA World Player, tres Balones de Oro y dos Botas de Oro y dos Pichichi. Ha sido elegido mejor jugador de dos Champions League, donde comparte el récord de goles marcados en una sola edición, con catorce; también tiene el récord de partidos oficiales jugados por un futbolista extranjero con la camiseta azulgrana; es el máximo goleador de la historia del club en encuentros de competición; en la temporada 2011-12 estableció el mejor registro de goles en la historia de la Liga Española, con 50 tantos en 38 partidos; y también tiene el mejor registro mundial de goles en partidos oficiales durante un ejercicio, con 73 dianas, superando a míticos goleadores como Dixie Dean, Pelé o Gerd Muller.

Es cierto que no ha ganado ningún Campeonato del Mundo

de selecciones y que aún le esperan otros récords por batir. Pero todavía le quedan muchos años de carrera por delante y, más allá de que la gente le compare con otros futbolistas de antes y de ahora, mantiene las dos virtudes que le han permitido llegar hasta donde lo ha hecho: es un tipo humilde y disfruta jugando al fútbol como el primer día. Mientras continúe siendo así, sus virtudes como futbolista seguirán apareciendo cada tres o cuatro días sobre el césped de los campos de fútbol a donde le lleven el FC Barcelona y la selección argentina. El día que pierda esa sencillez y esa pasión será otra cosa.

CAPÍTULO 4

Historias de representantes

Minguella, condenado por estafa

$\mathcal{A}$ medida que el juego del fútbol fue acercándose a los actuales niveles de deporte de alta competición, espectáculo y negocio fueron apareciendo nuevas profesiones a su alrededor. Una de ellas fue la de los intermediarios, cuya primera función era la de asesorar a los clubs y a los jugadores en las negociaciones de los contratos deportivos. Esta figura, que surgió a finales de la década de los sesenta, adquirió mucha fuerza en muy poco tiempo, hasta el punto de que la federación internacional se vio obligada a regular su participación mediante un reglamento por el que, a partir de ese momento, los representantes pasaron a denominarse «agentes FIFA».

La normativa internacional trató, en un principio, de limitar la eclosión de los intermediarios. Para ello, la FIFA tomó la decisión de exigir que aquellos que quisieran dedicarse a la representación futbolística tuvieran que darse de alta en la propia organización. El reglamento establecía que, para convertirse en agentes, los candidatos debían abonar en torno a cinco millones de las antiguas pesetas a fondo perdido, presentar un aval bancario por unos veinticinco millones de pesetas más y acreditar, mediante un certificado de penales, que no tenían antecedentes delictivos.

Con el paso de los años, la normativa ha cambiado y, ahora, se precisa superar un curso acreditativo para ser agente de la FIFA. Los exámenes se realizan en las distintas federaciones nacionales de los 206 países afiliados y constan de diferentes preguntas sobre reglamentos y estatutos, derecho internacional y derecho nacional del país para el que se solicita la licencia. Se precisa tener conocimientos de derecho civil, derecho administrativo y derecho deportivo. Aun así, sigue siendo requisito imprescindible para concurrir a la prueba no haber sido condenado por los tribunales de justicia ni sancionado por los órganos disciplinarios de las federaciones deportivas.

Uno de los primeros ciudadanos españoles en conseguir la licencia de agente FIFA fue Josep Maria Minguella, cuya vinculación al FC Barcelona ha sido muy notable a lo largo de los últimos años. Tras cursar los estudios de derecho, Minguella fue entrenador en equipos de fútbol base del club. Posteriormente, se convirtió en segundo entrenador del equipo profesional, en tiempos de Marinus Michels. En 1975, tras abandonar la entidad azulgrana, se dedicó a la contratación de equipos para participar en los principales torneos veraniegos y también a la representación de futbolistas.

Durante el año 1996, y tras un largo procedimiento judicial, Minguella fue condenado por los tribunales a un año de prisión y al pago de una indemnización de cuarenta millones de las antiguas pesetas por un delito continuado de estafa a la compañía aérea Iberia. Junto a un empleado de una agencia de viajes y a un colaborador suyo, adquirían billetes de avión con tarifa infantil y los utilizaban para desplazar a entrenadores y jugadores de diversos equipos profesionales. Por esta razón, Josep Maria Miguella se vio desprovisto de su licencia como agente de la FIFA.

Gaspart, Figger y el fichaje de Giovanni

La marcha de Johan Cruyff después de ocho años en el banquillo del FC Barcelona abrió una carrera desesperada por conseguir un equipo competitivo, capaz de hacer olvidar al genial Dream Team. El primer fichaje de aquel verano de 1996 fue el brasileño Giovanni Silva, centrocampista del mítico Santos. La contratación del futbolista estuvo plagada de anécdotas y desembocó en la decisión del presidente azulgrana, Josep Lluís Núñez, de limitar la presencia de su vicepresidente deportivo Joan Gaspart en las negociaciones de futuros fichajes y también de prescindir del representante uruguayo Juan Figger, que hasta entonces había trabajado para el club.

La incorporación de Giovanni se hizo popular porque Núñez aseguró en una comparecencia ante los medios informativos que había visto hasta catorce partidos del jugador brasileño. Este hecho motivó que se extendiera el criterio de que el FC Barcelona fichaba a sus jugadores por vídeo. Pero el hecho más relevante de aquella operación estuvo en las circunstancias que rodearon al último acto de la negociación, la noche del 17 de junio de 1996, en dos suites del hotel L'Illa, propiedad de Joan Gaspart.

Una vez cerrado el fichaje, Núñez reconoció ante los periodistas que le habían informado sobre ciertos problemas que habían aparecido a última hora y que, por esa razón, había tenido que intervenir. Las «pequeñas discrepancias» a las que se refirió el presidente en su comparecencia ante los medios no eran pequeñas, ni tampoco discrepancias. El hecho fue que el precio del jugador subió de forma inesperada. El club tenía una propuesta por escrito de seis millones de dólares y, en un momento dado, la operación se disparó hasta los doce millones.

Las discusiones se alargaron hasta la madrugada y se terminaron justo en el momento en que, tras ser informado de que los representantes insistían en aquel precio disparatado, Núñez decidió enviar a su hijo Josep Lluís, entonces vicepresidente económico del club, al hotel L'Illa. Nada más entrar por la puerta de una de las suites, el precio del traspaso bajó considerablemente. En el último momento, el propio presidente se incorporó a la reunión para cerrar el acuerdo definitivo en siete millones y medio de dólares, 975 millones de las viejas pesetas.

El contrato de esclavitud de Ronaldo

La esclavitud es la situación por la cual un ser humano está bajo el dominio de otro, hasta el punto de perder su libertad y sus bienes. Los libros de historia cuentan que semejante fenómeno empezó a producirse en Mesopotamia, durante la época de los sumerios. Es decir, unos 5 000 años antes de Jesucristo. Los primeros esclavos fueron prisioneros de guerra a los que se utilizó como mano de obra. A ellos se atribuye la construcción de las pirámides de Egipto, unos 3 500 años a. C.

Esos mismos libros refieren que la esclavitud fue una actividad socioeconómica que perduró a lo largo de muchos siglos y que estuvo instalada en todas las culturas, civilizaciones y países. El proceso de su abolición no comenzó hasta el siglo XVIII y a partir de movimientos como la Ilustración, la Revolución Francesa o la Revolución Industrial. Aun así, hasta 1949 no se aprobó el Tratado para la Represión de la Trata de Personas, en las Naciones Unidas. También por decisión de su Asamblea General, adoptada en 1996, el día 2 de diciembre de cada año se celebra el Día Internacional para la Abolición de la Esclavitud.

Precisamente en 1996 se produjo el fichaje de Ronaldo Luís Nazário de Lima por el FC Barcelona. Y viene esto a cuento porque las negociaciones entre los directivos azulgrana y los representantes del futbolista, los brasileños Alexander. Martins y Reinaldo Pitta, pusieron de manifiesto que la esclavitud no se había abolido todavía. El club requirió a los intermediarios que acreditasen la representación del jugador. Aquel contrato revelaba que Ronaldo era «propiedad» de una sociedad que Martins y Pitta habían constituido, en 1993, en las Islas Vírgenes Británicas.

El contrato estaba firmado por el padre de Ronaldo. El futbolista tenía entonces 17 años y en Brasil no se alcanza la mayoría de edad legal hasta los 21. Un trabajo de investigación periodística permitió descubrir que los padres del delantero estaban separados y que, aprovechando un vacío legal en el convenio de divorcio del matrimonio Nazário de Lima, Martins y Pitta habían conseguido la firma del padre del jugador… a cambio de una cantidad de dinero que le permitiría mantener sus adicciones solo durante un corto tiempo. Mientras, la madre trabajaba catorce horas diarias para sacar adelante a sus otros hijos.

A partir de la firma del documento, la voluntad de Ronaldo quedaría secuestrada durante diez años, hasta 2003. Eso explica, entre otras cosas, que, solo un año después de haber firmado un contrato de ocho temporadas por el FC Barcelona, el futbolista tuviera que marcharse al Inter de Milan. Ronaldo estaba en Noruega con la selección de Brasil. Mientras, Martins y Pitta celebraban, en un bar de alterne de Barcelona, que habían conseguido cerrar el traspaso del futbolista al Inter y que iban a cobrar enormes comisiones por la operación.

Cuando Ronaldo se enteró de la noticia estuvo varias horas llorando a lágrima viva.

Ya en 2004, Ronaldo, se vio liberado de aquel contrato de esclavitud y aún tuvo tiempo para rehacer parte de la fortuna que sus dos representantes le habían birlado a lo largo de esos diez años. En diciembre de ese mismo año, Martins y Pitta ingresaron en prisión para cumplir una condena de once años de cárcel por diversos delitos, entre ellos el blanqueo de dinero y la evasión de capitales. Anteriormente ya habían sufrido otra condena de similares proporciones por mantener un negocio ilegal de apuestas en Río de Janeiro.

El negocio de Overmars y Petit

El contrato del traspaso de Luis Figo, que los respectivos presidentes del FC Barcelona y el Real Madrid, Joan Gaspart y Florentino Pérez, firmaron durante el verano del año 2000, permitió que el club azulgrana ingresara la suma de 11 000 millones de las antiguas pesetas (unos 66 millones de euros). Josep Lluís Núñez acababa de marcharse y dejaba los números saneados, según reflejó la auditoria de cuentas que encargó el presidente antes de abandonar el cargo. Eso significaba que la directiva barcelonista disponía de grandísimos recursos para afrontar la mejora de una gran plantilla.

Además del dineral que había dejado la venta de Figo, el club disponía de una partida presupuestaria que elevaba el montante disponible para fichar en torno a los 15 000 millones de pesetas (90 millones de euros). En aquel momento se trataba de una fortuna. Si el FC Barcelona administraba bien sus posibilidades, podía poner en manos del nuevo entrenador, Llorenç Serra Ferrer, una plantilla de ensueño. Vamos, como el Real Madrid «galáctico» que empezaba a construir Florentino. Así, a bote pronto, el equipo necesitaba muy poco. Tenían contrato en vigor Vítor Baía, Reina, Arnau, Reiziger, Puyol, Abelardo, Frank de Boer, Déhu, Sergi, Guardiola, Xavi, Cocu, Motta, Gabri, Luis Enrique, Simão, Kluivert, Dani, Rivaldo, Zenden y Nano.

Vamos, que con dos o tres retoques de calidad había más que de sobras para sacar pecho y presumir de un equipazo.

Pero Gaspart nunca fue un experto en gestionar las cosas de un modo favorable a los intereses del club. Y ahí residía el temor de los que le conocían. No entendía de fútbol y era excesivamente generoso con los demás. Sobre todo con los representantes y también cuando debía pagar con un dinero que no era suyo. Así que más de uno esperó acontecimientos, pero con la lupa preparada para que no se escapara ni el más pequeño detalle.

El 28 de julio de 2000 llegó, desde Londres, la noticia de que Gaspart había logrado cerrar los fichajes de Emmanuel Petit y Marc Overmars, ambos jugadores pertenecientes a la plantilla del Arsenal. El acuerdo se había cerrado en una suma en torno a los 8 200 millones de pesetas (algo menos de 50 millones de euros). La noticia estremeció a más de uno, sobre todo porque se tenía conocimiento de que una gestión realizada unos meses antes por Louis van Gaal, en nombre de Núñez, situaba el precio de Overmars en unos 4 000 millones de pesetas. Y todo el mundo sabía que Petit era un jugador de mil millones, tirando largo.

Para negociar con el Arsenal habían viajado hasta Londres el presidente Gaspart, el directivo Amador Bernabéu (abuelo de Gerard Piqué), el gerente Jaume Parés y el abogado laboralista Leopoldo Hinjos. A las reuniones asistieron también varios directivos y profesionales del club inglés, con David Dein a la cabeza. En una de las últimas negociaciones y en un momento determinado, Gaspart y Dein se levantaron de sus asientos y se marcharon. Al cabo de un rato largo regresaron a la sala con todos los tratos cerrados. El resto de negociadores se quedó con un palmo de narices.

Las sospechas que levantó aquella doble operación se alargaron durante mucho tiempo. Un año después, el FC Barcelona expuso en su auditoria que la operación se había cerrado en 8 200 millones de pesetas. Un socio del club, Luis del Val López, se hizo accionista del Arsenal para poder tener acceso a las cuentas oficiales de los londinenses. Dicen que la auditoria del Arsenal registraba un ingreso, al cambio con la libra esterlina, de poco más de 5 000 millones de pesetas. Nadie, sin embargo, puso jamás una demanda en los juzgados. Y nadie, por lo tanto, sabe a ciencia cierta cuánto pagó el Barcelona, cuándo cobró el

Arsenal, ni cuánto dinero se llevaron los intermediarios en una operación que, todavía hoy, sigue bajo sospecha.

Pellegrino y los comisionistas

En verano de 1998, Louis van Gaal buscaba un defensa central para consolidar su plantilla. El club estaba tratando de cerrar la incorporación de Frank y de Ronald de Boer, pero el Ajax de Ámsterdam puso tantos impedimentos que los hermanos gemelos acabaron por declararse en rebeldía. El FC Barcelona barajaba otras muchas alternativas, pero el entrenador holandés estaba convencido de que al final conseguiría sus objetivos y no quiso que el club invirtiera demasiado dinero en un jugador que solo tendría protagonismo hasta la llegada de Frank de Boer.

Tal y como presumía Van Gaal, el Ajax acabó por ceder y Frank y su hermano Ronald llegaron en diciembre, durante el mercado de invierno. Antes, los técnicos en quienes confiaba el entrenador holandés le habían puesto encima de la mesa una opción interesante para cubrir aquella eventualidad. Se trataba de Mauricio Pellegrino, un espigadísimo defensa del Vélez Sarsfield, con 1,93 metros de estatura, zurdo y con mucha calidad para sacar el balón jugado desde atrás. Eran, junto al de la provisionalidad, los tres requisitos que exigía Van Gaal.

El club entabló las conversaciones oportunas. Primero con un agente que, en los meses anteriores, había contactado con el club para ofrecer el fichaje del jugador. Se trataba de garantizar que tenía la autorización correspondiente para negociar. Pero no pudo acreditar documentalmente que actuaba en nombre del club o de Pellegrino. Así que se establecieron los contactos de forma directa con el Vélez Sarsfield y con el jugador. El club negó que hubiera encargado a nadie la venta del defensa central y el futbolista facilitó los datos de su único y legal representante.

La operación se cerró. El FC Barcelona y el Vélez Sarsfield acordaron un precio de traspaso y establecieron que el pago se realizaría en dos veces. Una en el momento de firmarse los contratos y la otra al término de la temporada, siempre que el club azulgrana decidiera hacer efectivo dicho pago. En caso contrario, el club argentino recuperaba los derechos sobre el jugador. Aquel acuerdo encajaba perfectamente con los deseos de Van Gaal. Y se firmaron los compromisos. La sorpresa fue que, oficializada la operación, cuatro intermediarios diferentes acudieron a la sede azulgrana para exigir que se les pagase la correspondiente comisión.

Por petición expresa de Van Gaal, quien desconocía la identidad de esos individuos, el club azulgrana reconoció por escrito a la única persona que había estado en contacto con el FC Barcelona desde el primer instante. De este modo, el intermediario podía solicitar al Vélez Sarsfield el pago de una comisión, siempre que la directiva argentina lo considerase oportuno. Y lo consideró porque, efectivamente, le había solicitado de manera verbal que pusiera al jugador en el mercado.

Aquel intermediario, que no tenía título de agente, era un argentino que residía en Tenerife. Pactó con el Vélez el cobro de un porcentaje y se desplazó hasta Argentina para recibir su premio. Había acordado que le pagarían en efectivo y en dólares. No tenía cuenta bancaria en su país y su idea era la de regresar a Tenerife con el dinero en el bolsillo. Fue a la sede social de Vélez Sarsfield, donde recibió la cantidad pactada. Y al salir de las oficinas, a escasos cincuenta metros, fue atracado a punta de pistola. Quiso resistirse, pero no pudo. Perdió el dinero y, por si fuera poco, recibió un tiro en el brazo. Tardó más de un año en recuperarse.

¿Quién no quería a Puyol?

Carles Puyol cumplió 34 años el 13 de abril de 2012 y ahora mismo está metido de lleno en su decimoséptima temporada como jugador del FC Barcelona. Llegó desde la Pobla de Segur, en pleno corazón de la comarca del Pallars Jussà (Lleida). Apenas tenía 18 años. Y no venía como los grandes, por la puerta de los fichajes que se anuncian a bombo y platillo porque han costado un dineral. Entró sin hacer ruido, de puntillas, para no molestar a nadie. Pero traía sobre sus espaldas dos cosas fundamentales: ilusión y ganas de trabajar, si es que finalmente le daban la oportunidad de hacerlo.

Un buen amigo suyo, Antoni Oliveres, le pidió a Ramón

García, gestor y asesor fiscal de algunos futbolistas y técnicos del club, que utilizara sus contactos para que un chaval fuerte y valiente, que jugaba competiciones territoriales de adultos con el equipo de su pueblo desde los 15 años, pudiera someterse a una prueba. Por aquel entonces, existía una máxima en el club que se respetaba al mil por cien. No podía dejar de probarse a nadie, viniera desde donde viniera. Hoy es diferente. El FC Barcelona ya no hace probaturas. Un observador ve al futbolista jugando con su equipo y, si cae en gracia, bien y, si no, también.

Es muy posible que, con los actuales métodos de detección de talentos y de fichajes, Carles Puyol no hubiese llegado nunca a jugar en el club azulgrana. Bien… y con los antiguos métodos, casi tampoco. Me explico. La gestión de Ramón García dio resultado y el joven futbolista llegó a Barcelona para pasar un examen, acompañado por Ramón Sostres, un buen amigo de la familia, pero sobre todo un tipo muy preparado y honesto que ahora es su representante. Y el de Iniesta y de Bojan, entre otros. Por razón de edad, Puyol iba a ser juvenil de último año en la temporada siguiente. Y ese podía ser su último o su penúltimo tren para llegar a jugar como profesional en la élite del fútbol.

La temporada oficial había terminado, pero el equipo que iba a dirigir Joan Martínez Vilaseca debía preparar y disputar unos partidos amistosos, antes de empezar las vacaciones. Los jugadores estuvieron entrenándose varios días en el campo número 3 del Mini Estadi. Puyol no dejó de correr y de trabajar ni cuando dormía. Tenía que alimentar su sueño y, por supuesto, alcanzarlo. Martínez Vilaseca le dijo enseguida que contaría con él. Pero el tribunal de sabios aún no le había visto jugar y no se había pronunciado. Algunos ya decían que su nivel técnico era bajo para jugar en el FC Barcelona. Otros, más prudentes, callaban.

Puyol debutó en un encuentro amistoso en Sallent. El que iba a ser su entrenador en el Juvenil A quedó muy satisfecho. Pero el responsable del fútbol base del club, Oriol Tort, el técnico que ha dado nombre a la actual residencia de jugadores en la Ciutat Esportiva de Sant Joan Despí, no creía en él. Tanto que, un día a finales de junio de 1995, mientras el futbolista realizaba una nueva prueba, se levantó de su asiento y se marchó antes de que finalizara el partido. Era obvio que no aprobaba la incorporación de Puyol al fútbol base barcelonista. Y no era, ni fue entonces ni años más tarde, el único que se manifestaría en contra de que el jugador firmara contrato.

En su primera temporada, jugando como centrocampista, ganó el Campeonato de Cataluña y la Copa del Rey de juveniles, en cuya final el FC Barcelona derrotó (4-2) al Real Madrid. El partido se jugó en La Romareda y Puyol estuvo extraordinario, consiguiendo además un gol trascendente por el momento del encuentro en el que se producía. Al año siguiente jugó en el Barcelona C, con Xavi Hernández y Gabri García. Les entrenaba Josep Maria Gonzalvo, hijo de Josep Gonzalvo y sobrino del gran Marià Gonzalvo. Un año más tarde, subieron todos juntos al Barcelona B, con el que consiguieron el ascenso a Segunda División A.

La eliminatoria final por el ascenso fue contra el Real Madrid. En el partido de ida, disputado en el Mini Estadi, el Barcelona venció por 5-0. Gonzalvo sustituyó a Puyol en el descanso, ya con la manita de goles en el marcador, porque el jugador tenía una contractura de doce centímetros en el recto anterior de su muslo derecho. El entrenador no quería correr riesgos. Puyol, enfadado porque le habían reemplazado, tumbó de una patada la puerta de la enfermería del campo. Pero en el encuentro de vuelta volvió a ser titular y el Barcelona volvió a ganar, esta vez por 0-2. Aquel segundo partido fue presenciado por Louis van Gaal, quien meses después iría incorporando paulatinamente al primer equipo a Xavi, Gabri y Puyol.

Antes, el futbolista de La Pobla tuvo que pasar por otros tragos. En Segunda División B, el mítico Ronald Koeman hizo las prácticas como entrenador en el equipo que seguía dirigiendo Gonzalvo. Durante el último tercio de la temporada 1997-98, Van Gaal pidió a los dos técnicos que realizaran un informe individual de cada jugador de la plantilla. Gonzalvo el suyo y Koeman el suyo. Por separado y sin que nadie supiera lo que opinaba el otro. El resultado fue demoledor. Según Gonzalvo, Xavi y Puyol eran los mejores de la plantilla y tenían un sitio en el primer equipo. Para Koeman, Xavi era un futbolista para jugar con los grandes, pero Puyol no pasaba del aprobado, frente al notable alto que atribuía a otro de los centrales del equipo, Iban Cuadrado.

Xavi se incorporó a la plantilla profesional inmediatamente. Pero Puyol siguió en el segundo equipo. Trabajando como siempre y peleando como nunca. Tort y Koeman no serían, sin embargo, los únicos que no querían al futbolista. En verano de 1999, Llorenç Serra Ferrer, que se había incorporado al club el 15 de julio de 1997 como responsable del fútbol base barcelonista, estuvo negociando con el Málaga para colocar allí a Puyol. No creía en él y, dicho de un modo directo, quería quitárselo de encima. La operación apenas dejaría dinero para el FC Barcelona, pero Puyol quedaría atado al conjunto andaluz por una cláusula de 2 000 millones de pesetas (unos doce millones de euros). Sus amigos le decían que no se marchara, pero Serra Ferrer le empujaba a caer en las manos de Bahía, la empresa de representación que canalizaba las negociaciones.

Finalmente, Puyol se quedó, con la bendición de Josep Lluís Núñez, que convalecía en la clínica Teknon de una operación de cadera. Y se quedó para seguir jugando en el segundo equipo, con una ficha baja, muy baja. Aquel verano, el Barcelona B se fue a Suiza a disputar un torneo sub-21 y, como Puyol rebasaba la edad, se quedó entrenando con el Barcelona C. Hasta que un buen día, Van Gaal, que andaba buscando un lateral derecho para cubrir la eventualidad de que Michael Reiziger pudiera lesionarse, organizó un partido de entrenamiento en el Camp Nou. Los jugadores del primer equipo se enfrentaron a un combinado de jugadores del juvenil y del tercer equipo del club. Puyol jugó y estuvo enorme.

Sobre las nueve de la noche, recién finalizado el ensayo, Van Gaal se reunió en el vestuario con dos hombres de su *staff*. Los dos insistieron al entrenador holandés que se quedara con Puyol y no hiciera gastar dinero al club en un segundo lateral. Van Gaal escuchó a la gente de su confianza, encabezada por Joan Martínez Vilaseca, y resolvió que el futbolista se quedara en el primer equipo, con ficha profesional. Hoy, Puyol es el capitán del equipo. Es el tercer jugador de la historia del club con más partidos jugados, ha ganado ya dieicinueve títulos con su club, ha sido subcampeón olímpico, campeón de Europa y del mundo con la selección española y, lo que es más importante, se ha convertido en un símbolo y en un modelo para las futuras generaciones. Mientras, alguno de los que le quiso fuera del club sigue colgándose la medalla de que Puyol fue un descubrimiento suyo.

Los consejeros externos

Tradicionalmente, todos los clubs han tenido en su nómina a un secretario técnico, cuya misión ha sido la de conocer las necesidades del equipo en materia de fichajes, rastrear el mercado y, a partir de ahí, estar preparados para poner sobre la mesa los nombres de los jugadores más idóneos para incorporar a sus plantillas en cada momento. Con el tiempo, esa figura ha adquirido mayor relevancia y ha asumido, además, la responsabilidad de dirigir un equipo de observadores y analistas, quienes tratan de controlar un mercado demasiado amplio.

Durante muchos años y hasta hace muy poco tiempo, el FC Barcelona tuvo un secretario técnico que lo hacía todo él solito. De hecho, hasta la segunda mitad de la década de los años noventa, ningún club español de fútbol tuvo un departamento de *scouting* como los que ahora mismo existen en todas partes. Incluso en los clubs menos pudientes, y en cualquier especialidad deportiva, tienen hoy especialistas en ese tipo de funciones, que, por supuesto, coordina un director deportivo.

Josep Lluís Núñez, que fue un adelantado a su tiempo, tuvo siempre la inquietud de organizar un equipo encargado de preparar la información sobre los futuros fichajes. Y lo hizo en 1996. Su vicepresidente Josep Mussons decidió bautizar la idea como «departamento de investigación». Antes de eso, el presidente decidió cubrir las carencias que el club presentaba en este ámbito solicitando opiniones externas. Y pagando, por supuesto, aquellos servicios que le ofrecían sus improvisados consejeros. Algunos eran entrenadores y otros, no.

Por ejemplo, la plantilla que el FC Barcelona elaboró en 1988 para que Johan Cruyff pudiera hacer un equipo campeón, tras el motín del Hesperia, se contrató por ese procedimiento de la asesoría de pago. ¿Quiénes fueron llamados a consultas? Muchas personas ofrecieron a Núñez información sobre jugadores que podían aportar cosas buenas al nuevo proyecto de los azulgrana. Pero hubo dos personas, con nombre y apellidos, que cumplieron con un papel decisivo y que cobraron un buen pellizco por el asesoramiento. Fueron Agustín Domínguez, exsecretario general del Real Madrid y de la Real Federación Española de Fútbol, y Javier Clemente, entonces entrenador del RCD Espanyol.

Mediante los informes que se recibieron a través de aquellos consultores, el FC Barcelona cerró las contrataciones de Luis López Rekarte, José Mari Bakero y Txiki Begiristain (Real Sociedad), Eusebio Sacristán y Julio Salinas (Atlético de Madrid), Juan Carlos Unzué y Jon Andoni Goikoetxea (Osasuna), Ricardo Serna (Sevilla) y Miquel Soler y Ernesto Valverde (Espanyol). La inversión fue muy elevada y los premios que percibieron los consejeros externos fueron muy generosos, en consonancia con la alta personalidad de quienes habían facilitado los informes.

CAPÍTULO 5

Historias de campos y otras instalaciones

El velódromo de la discordia

El FC Barcelona jugó sus primeros partidos en el campo conocido popularmente como el Velódromo de La Bonanova. Estaba situado donde ahora se levanta, unos metros más aquí o unos metros más allá, el Turó Parc, a escasa distancia de la plaza Francesc Macià. En esa instalación tuvo lugar, el 7 de diciembre de 1899, el debut del equipo ante un combinado de la Colonia Inglesa. Y ahí siguieron disputándose los encuentros domésticos del club azulgrana durante poco más de nueve meses, hasta el 23 de septiembre de 1900.

Después de utilizar la instalación a lo largo de siete partidos, la junta directiva decidió trasladar el escenario de sus actuaciones a otro lugar, concretamente al campo del Hotel Casanovas. Las constantes y cada vez más agrias disputas que mantenían diversos equipos por la utilización del terreno (jugaba el que primero llegaba) acabaron por convertir aquel campo en el velódromo de la discordia. Las peleas más encendidas por el uso de la instalación fueron con el Català, que paradójicamente sería el último adversario de los azulgrana en aquel recinto de juego.

El Velódromo de La Bonanova había sido inaugurado el 24 de septiembre de 1893. La pista de ciclismo tenía una cuerda de 400 metros, con peraltes y estaba hecha de cemento. La instalación fue construida pensando en que podrían celebrarse encuentros de otros deportes, como el tenis o el fútbol, en el espacio interior delimitado por la propia pista. El velódromo fue demolido, por acuerdo de su sociedad de accionistas, unos meses antes de la fundación del FC Barcelona. La disputa de las pruebas ciclistas se trasladó entonces a una nueva pista, de madera, construida en un solar de la calle Aragón. En puridad, pues, sería más correcto decir que el primer campo de los azulgrana fue el ex-Velódromo de La Bonanova.

Del Hotel Casanovas a Horta

El conflicto surgido en torno al uso del Velódromo de La Bonanova, y la decisión de la junta directiva de abandonar aquella instalación, dio paso a la búsqueda inmediata de un nuevo terreno de juego. El presidente Walter Wild se encargó personalmente de realizar las gestiones necesarias con los propietarios de unos solares situados en el lugar donde, a comienzos del año 1902, se colocaría la primera piedra para la construcción del Hospital de la Santa Creu i de Sant Pau.

Cerrados los acuerdos y acondicionado el terreno para la celebración de partidos de fútbol, el 18 de noviembre de 1900 se disputó el encuentro inaugural entre el Barcelona y el Hispania. Los equipos cerraron su ardorosa contienda con un empate sin goles. A pesar de que el club había trasladado el escenario de sus actividades desde Sant Gervasi hasta la zona derecha del Eixample, unas 4 000 personas asistieron al estreno de un recinto que fue bautizado como Campo del Hotel Casanovas. Su proximidad con el hotel y el hecho de que sus dueños fueran los mismos propietarios de los terrenos determinaron que la instalación recibiera ese nombre.

El campo tenía unas dimensiones de 100 metros de largo por 50 de ancho. No estaba vallado, porque la situación económica del club no permitió realizar la inversión necesaria. Eso sí, el terreno de juego fue considerado como el mejor de la ciudad durante el año que el FC Barcelona permaneció allí. El inicio inminente de las obras de construcción del Hospital de la Santa Creu i de Sant Pau precipitó la marcha a Horta, donde el club había alquilado un terreno gracias a la generosa aportación de su entonces presidente, Bartomeu Terradas, quien donó la suma de 1 400 pesetas para que pudiera cerrarse el acuerdo y, además, se acondicionara el campo de juego. Las obras costaron 1 000 pesetas.

El domingo 13 de octubre de 1901, los socios del club fueron invitados a visitar los terrenos del que justo un mes después, el 13 de noviembre, se estrenaría como campo del club. El

Barcelona se impuso a la tripulación del barco ingles *Caliope* por 4-0 y Joan Gamper consiguió un *hat-trick*. Sesenta y tres días más tarde, empezó la construcción del Hospital de la Santa Creu i de Sant Pau y el campo del Hotel Casanovas quedó sepultado bajo un conjunto arquitectónico único. La obra, compuesta de veintiocho pabellones, es una joya del modernismo catalán. La UNESCO declaró el conjunto Patrimonio de la Humanidad en 1997.

El paso por la calle Muntaner

La aventura en el campo de Horta duró hasta comienzos de 1905. Pero los propietarios de los terrenos, tal como había sucedido con los del campo del hotel Casanovas, decidieron edificar en su parcela. La ciudad continuaba en plena expansión urbanística y el club tuvo que buscarse, otra vez, un nuevo sitio en el que disputar sus partidos. La directiva encontró un espacio entre las calles Muntaner, París, Casanova y Londres. Recibió el nombre de «Camp del Carrer Muntaner». Se estrenó el 26 de febrero con un amistoso frente al Català, que se impuso por 2-3.

En este campo, donde el Hispania había jugado sus partidos como local durante varios años, malvivió el FC Barcelona. El club pasó por una situación de crisis económica y social aquellos años. Tanto que numerosos afiliados decidieron darse de baja. La amenaza de que el equipo llegara a desaparecer fue importante. Pero en 1908, Gamper decidió dar el paso de asumir la presidencia y, bajo su dirección, el club dejó de estar en peligro. Una muy buena gestión permitió plantear la compra de unos terrenos en la calle Indústria. Poco después de que los azulgrana abandonaran la instalación de la calle Muntaner, los propietarios de los terrenos le alquilaron el campo al RCD Espanyol.

La Escopidora, primer terreno en propiedad

Cansado de ir de acá para allá y después de haber jugado en el Velódromo de La Bonanova y en los terrenos de juego del Hotel Casanovas, de Horta y de la calle Muntaner, el FC Barcelona decidió gastarse el dinero que no tenía en la compra del que sería su primer campo en propiedad. Hasta entonces, tras solo diez años de vida del club, el equipo había jugado en seis lugares diferentes, si tenemos en cuenta que disputó algún partido amistoso en la plaza de Armas y en el campo de La Foixarda, en Montjuïc. Ahora, por fin, abandonaría la provisionalidad y permanecería en su nueva y moderna instalación desde 1909 hasta 1922.

La decisión de comprar los terrenos y construir un campo propio fue tomada por la directiva que presidió Joan Gamper en el primero de sus cinco mandatos. El solar elegido estaba situado entre las calles Indústria (posteriormente pasó a denominarse calle París), Urgell, Vilarroel y Londres. Pudo ser bautizado de muchas maneras, pero finalmente se optó por «Camp del Carrer Indústria», porque la puerta principal estaba situada en esa misma calle. Pero popularmente fue conocido como la Escopidora (en castellano, 'la escupidera'), porque las dimenciones del terreno de juego eran muy reducidas: 91 metros de largo por 52 de ancho.

La reglamentación permitía que los campos de fútbol oscilaran entre los 90 y los 120 metros de largo y los 45 y los 90 metros de ancho. Es decir que el Camp del Carrer Indústria superaba por muy poco las medidas mínimas permitidas. En cambio, se trataba de una instalación muy moderna para su época. Tanto que fue el primer campo de fútbol de toda España que contaba con iluminación artificial. Además, disponía de una tribuna de dos pisos, construida en madera, con capacidad para 1 500 espectadores sentados. El aforo se completaba con 4 500 localidades de pie.

En un principio, la instalación no contaba con vestuarios, por lo que los jugadores tenían que ir a ducharse a sus casas después de los partidos. Un par de años después se construyeron las casetas, de modo que pudo subsanarse el principal inconveniente que tenía el Camp del Carrer Indústria. Pero aun así, fue en este recinto donde el FC Barcelona vivió su primera época dorada. A esos éxitos contribuyó de manera decisiva la contratación de jugadores como Samitier, Alcántara, Sagi-Barba o Zamora.

La Escopidora se inauguró el 14 de marzo de 1909, con un

encuentro del Campeonato de Cataluña que enfrentó al FC Barcelona y al Català. El partido concluyó con el resultado de empate a dos goles. El honor de marcar el primer tanto en aquel nuevo recinto recayó en Romà Forns, quien sería entrenador del equipo entre los años 1926 y 1929. El primer título que se conquistó en el Camp del Carrer Indústria tardó muy poco en llegar. Fue en el segundo partido, celebrado el 28 de marzo frente al AC Galeno. Los azulgrana ganaron por 4-0 y se proclamaron campeones de Cataluña.

El mítico Les Corts

El cuarto mandato presidencial de Joan Gamper se inició el 17 de febrero de 1921 con la promesa de que el FC Barcelona construiría un nuevo campo. El club contaba con casi 4 000 socios y el Camp del Carrer Indústria se había quedado pequeño. El equipo, con jugadores como Zamora, Samitier, Alcántara o Sagi-Barba, jugaba un fútbol cada vez más atractivo, los títulos se iban sucediendo y, como consecuencia de todo ello, la expectación iba en aumento. Era necesario contar con unas nuevas instalaciones o el club correría el riesgo de estancarse en su crecimiento.

Antes de finalizar el año, la directiva convocó una asamblea extraordinaria. Se celebró en el antiguo Teatro Bosque, que ahora son unos multicines, y registró una notable asistencia de socios. Todos estuvieron de acuerdo en respaldar el proyecto de construcción del nuevo campo, de modo que el día 19 de febrero de 1922 se colocó la primera piedra de Les Corts. Las autoridades y los directivos de la época firmaron un pergamino que debía depositarse en el interior de la piedra. Un descuido del secretario del club hizo que el tubo de vidrio lacrado que contenía aquel escrito no fuera introducido en su lugar correspondiente. Y lo curioso es que nadie se dio cuenta hasta que, varios años después, se encontró el tubo dentro de un cajón, en uno de los despachos del local social del club.

Los terrenos que había comprado el FC Barcelona se encontraban entre las calles Vallespir, Marquès de Sentmenat, Numància y la Travessera de Les Corts. El solar era lo suficientemente grande como para albergar un terreno de juego de 101 metros de largo por 62 de ancho y para levantar, a su alrededor, unas gradas con capacidad para 25 000 espectadores. El salto cualitativo y cuantitativo era importante. El proyecto fue elaborado por los arquitectos Santiago Mestres y Josep Alemany y las obras se llevaron a cabo en un tiempo récord. En apenas tres meses de trabajo, el campo estaba acabado.

El partido inaugural se disputó el 20 de mayo de 1922. El club invitó para la ocasión al Saint Mirren escocés. El FC Barcelona venció por 2-1, con goles del visitante Birrel, en propia puerta, y de Alcántara. En origen, el campo disponía de una sola tribuna, pero después se realizaron dos ampliaciones. En 1926 el aforo creció hasta los 45 000 espectadores y en 1943 aumentó hasta el máximo de sus posibilidades, situándose en 60 000 localidades. La segunda ampliación se coronó con la colocación de una gran marquesina de hormigón realizada por el ingeniero Eduardo Torroja Miret, mundialmente famoso también por la cubierta volada que creó para el Hipódromo de la Zarzuela, en Madrid.

El crecimiento del club fue espectacular. En poco más de un año, el FC Barcelona rebasó la cifra de 10 000 socios, en gran parte gracias a los éxitos deportivos del club. Además, el equipo pudo disfrutar por primera vez de un terreno de juego con hierba natural. El trabajo de siembra del césped lo realizó, en 1926, el conserje del club, Manuel Torres. Entre unas cosas y otras, en pocos años se conquistaron cinco Campeonatos de Cataluña consecutivos, tres Copas de España (1925, 26 y 28) y el primer Campeonato de Liga de la historia (1929). Además, Les Corts fue el escenario en el que el club vivió y celebró sus Bodas de Plata y de Oro.

También es cierto que se produjeron hechos espeluznantes, como la clausura del club ordenada por el dictador Miguel Primo de Rivera y por el gobernador civil Joaquín León Milans del Bosch en 1925 o el estallido de la Guerra Civil Española, lo que obligó a suspender las actividades futbolísticas. Pero aquel castigo, impuesto porque los barcelonistas habían silbado los acordes de la *Marcha Real*, y las posteriores circunstancias que rodearon la contienda bélica entre españoles, unieron más que nunca a los socios azulgrana, de tal modo que ninguno de los dos contratiempos restó fuerza y cohesión a la afición barcelonista.

En Les Corts se vivieron, faltaría más, momentos deportivos difíciles. Las bajas de Vicenç Piera y Emili Sagi-Barba, la fuga de Pep Samitier al Real Madrid, el final de la carrera de Ángel Arocha y de otros jugadores más hicieron que el equipo perdiera competitividad. De modo que en la Liga 1933-34, el equipo acabó penúltimo, solo por encima del Arenas de Getxo. Ambos salvaron la categoría porque la Federación Española de Fútbol decidió ampliar de diez a doce el número de participantes en la competición de la temporada siguiente. Y peor fue, todavía, la experiencia deportiva de la temporada 1941-42, cuando el equipo, a pesar de ganar la Copa del Generalísimo de ese año, tuvo que disputar en la Liga la promoción para evitar el descenso a Segunda División. Se jugó a partido único y en campo neutral, en Chamartín. Fue el 28 de junio de 1942. El FC Barcelona fue muy superior al Real Murcia y se impuso por un contundente 5-1, salvando la categoría.

La Liga 1944-45 marcó el final de unos años difíciles. El equipo, entonces entrenado por Josep Samitier, se benefició del extraordinario trabajo que realizó Agustí Montal i Galobart como presidente de la institución. Luego se conquistaron las Ligas de 1948 y 1949. Es decir, que el FC Barcelona celebró sus Bodas de Oro con un equipo que empezaba a transmitir muy buenas sensaciones. Tras ganar la final de la Copa Latina de 1949, ante el Sporting de Lisboa, la llegada de Ladislao Kubala marcó el inicio de la que, hasta aquellos momentos, sería la mejor etapa de toda la historia.

En apenas tres años, entre 1951 y 1953, el equipo ganó dos Ligas, tres Copas del Generalísimo, la Copa Latina de 1952 contra el Olympique de Marsella, la Copa Eva Duarte de Perón, entonces considerada como la Supercopa de España, y la Copa Martini Rossi. El ejercicio 1951-52 se cerró, pues, con la conquista de cinco títulos. Y eso dio origen a que se conociera al equipo como el Barça de las Cinco Copas. Aquella escuadra con aires de invencible tenía de todo: Ramallets, Velasco, Seguer, Biosca, Curta, los hermanos Gonzalvo y, por supuesto, una delantera tan mítica como el propio campo de Les Corts e integrada por Basora, César, Kubala, Vila y Manchón. Ni más, ni menos.

Aquel equipo, aglutinado en torno a la figura de Kubala,

hizo que Les Corts se quedara pequeño, incluso después de haberse ampliado hasta las 60 000 plazas de aforo. Y el club empezó a pensar en contruir otro campo mucho mayor. Así que se estrenó el Camp Nou. La idea original del presidente Francesc Miró-Sans fue que el FC Barcelona conservara el viejo campo de Les Corts por el extraordinario valor patrimonial que tenía. Pero las deudas obligaron a Enric Llaudet a plantearse la venta de aquellos terrenos para sanear la economía del club.

El proceso de recalificación fue durísimo. El Ayuntamiento de Barcelona, con el alcalde José María de Porcioles al frente, puso numerosas trabas, seguramente porque desde el gobierno español se habían recibido las noticias del constante e imparable crecimiento del club con mucha preocupación. El Real Madrid vivía entonces su mejor etapa y conquistaba Copas de Europa sin solución de continuidad. En 1962 se consiguió la recalificación de una parte de los terrenos. Pero no fue hasta 1965 cuando la Dirección General de Urbanismo y el Consejo de Ministros español ratificaron los acuerdos entre el club y el ayuntamiento de la ciudad.

Antes, la asamblea del 7 de mayo de 1963 había autorizado el derribo del campo de Les Corts y la apertura de un concurso para subastar los terrenos. El precio de salida iba a ser de 100 millones de pesetas (unos 600 000 euros actuales). El 15 de septiembre de 1965 la misma asamblea aceptó una oferta que doblaba el precio de salida. La propuesta provenía de un grupo del que solo se conocía el nombre del abogado que lo representaba. Pero aquel grupo, presuntamente inmobiliario, no cumplió con los plazos de pago acordados y, finalmente, el FC Barcelona vendió Les Corts a la empresa Habitat por 226 millones de pesetas. El derribo del viejo campo se inició, finalmente, el 2 de febrero de 1966, en presencia de varios centenares de socios que derramaron lágrimas al ver cómo caía, piedra a piedra, el que había sido templo de sus dioses paganos entre los años 1922 y 1957.

La bomba que destruyó la sede del club

Barcelona fue una ciudad muy castigada durante la Guerra Civil Española. Los que sobrevivieron a esa confrontación fratricida, y continúan vivos a día de hoy, recuerdan con verdadero terror los bombardeos aéreos que padecieron durante los días 16, 17 y 18 de marzo del año 1938. Aquellos no fueron los únicos bombardeos que sufrió la Ciudad Condal durante los tres años que duró la contienda. Pero fueron los más intensos y los que produjeron mayores daños y más muertes entre la población civil.

Entre los meses de enero y marzo de ese mismo año, se habían producido no menos de docena y media de incursiones de la aviación italiana sobre la Ciudad Condal. Los historiadores cuentan que fueron al menos cincuenta los bombadeos que se produjeron sobre Barcelona, si bien refieren que fueron pocas las bombas que cayeron en zonas habitadas. Al principio, los objetivos tuvieron un carácter más estratégico, como las fábricas de armamento y de motores o las instalaciones del puerto, en especial los depósitos de combustible y los barcos que estaban allí atracados.

Pero el 16 de marzo, la aviación franquista empezó a bombardear Barcelona desde las 10 de la noche y continuó haciéndolo, a intervalos de tres horas, hasta las 3 de la tarde del día 18. No distinguió entre objetivos civiles, estratégicos o militares. Los aviones Savoia-Marchetti, Heinkel y Junker de los aliados italianos y alemanes de Franco, comandados por Benito Mussolini y conocidos como el Comando Aviazione Legionaria delle Baleari, porque tenían sus tres bases en la isla de Mallorca, lanzaron unas cuarenta y cinco toneladas de bombas sobre la ciudad. Y ese fue el segundo bombardeo que causó mayor número de muertos en toda la Guerra Civil, tras el de Gernika.

Según cifras oficiales del Ayuntamiento de Barcelona, hubo 875 muertos, 118 de los cuales fueron niños, más de 1 500 heridos, cuarenta y ocho edificios totalmente destruidos y otros setenta y ocho gravemente dañados. Uno de aquellos edificios que se convirtió en ruinas era la sede del FC Barcelona. Estaba situado en la calle del Consell de Cent, muy cerca de la plaza de Cataluña. Eran alrededor de las 11.30 de la noche del día 16 cuando una de aquellas bombas experimentales, de cincuenta kilos de peso pero con una tremenda fuerza expansiva, impactó contra el edificio que ocupaban las oficinas del club.

En el momento de estallar la bomba, la persona encargada

del cuidado de las oficinas, Josep Cubells Bargalló, se encontraba en un anexo trasero del edificio, que era su propia vivienda. Afortunadamente para él y para el club, Cubells resultó ileso y en las horas y días siguientes a los bombardeos pudo rescatar, con la ayuda de otros empleados y socios, algunos objetos de valor de entre los escombros. Se salvaron unos pocos trofeos, unos intactos y otros dañados, algún mueble, una pequeña parte de la documentación del club y 2 500 pesetas, que se encontraron en el interior de uno de los cajones de una mesa de despacho.

El FC Barcelona tributó un homenaje a las dos hijas de Josep Cubells en 2011. Aquel modélico empleado, que había empezado a trabajar para el club en 1927 y que había residido siempre en dependencias o anexos de la sede social, falleció en 1960. Su hija Mercè, que nació en las oficinas de la calle Diputació, y su hija Josefina, que vino al mundo, precisamente, en la sede de Consell de Cent, pudieron testimoniar el agradecimiento del club hacia la figura de su padre. No solo porque salvara todo lo que pudo después de los bombardeos, sino porque, además, fue uno de los integrantes del comité de empleados que conservó el club durante la guerra y que mantuvo sus actividades básicas.

Media vida en el Camp Nou

El 12 de diciembre de 1950 se celebró una asamblea de socios, convocada por la junta directiva que presidía Agustí Montal i Galobart. El tema central de aquella reunión de compromisarios fue someter a votación la idea de comprar unos terrenos para la futura construcción de un nuevo estadio, más moderno y confortable y de mayor capacidad de la que tenía el campo de Les Corts. Después de dos ampliaciones, el recinto barcelonista había quedado pequeño por diversas razones, entre ellas, la expectación que había despertado la contratación del húngaro Ladislao Kubala.

Los asistentes a la asamblea no dudaron ni un instante en dar luz verde al presidente del club para que negociase la compra de un solar lo suficientemente amplio para que, sobre él, pudiera levantarse un futuro gran estadio. En previsión de que la respuesta de los compromisarios fuera positiva, Montal ya había suscrito, en el mes de septiembre, una opción para la compra de unos terrenos agrícolas, situados entre la Travessera de Les Corts y la Maternidad de Barcelona, que tenían una superficie en torno a los 550 000 metros cuadrados. Con la aprobación de los socios y con la compra de los terrenos pendiente de la firma definitiva, el club decidió constituir una comisión para el seguimiento de un proyecto que estaba aún en una fase muy incipiente.

Aquella comisión, bautizada con el nombre de «comissió pel camp nou», no fue todo lo operativa que hubiera sido de desear. El 9 de febrero de 1951, en una de sus reuniones, se produjo un debate sobre la conveniencia de renunciar a los terrenos adquiridos y comprar otros junto a la Diagonal, cuyo nombre oficial era entonces el de Avenida del Generalísimo Franco. A pesar de los desacuerdos, la comisión trató de negociar con el Ayuntamiento la posibilidad de realizar una permuta de terrenos, pero la respuesta de las autoridades no llegó a producirse nunca, al menos con la concreción necesaria para que el proyecto pudiera empezar a dibujarse sobre los planos. Y la idea de tener un nuevo estadio se quedó en vía muerta hasta 1953, cuando Francesc Miró-Sans incluyó entre sus promesas electorales la de construir aquel campo.

Apenas tres meses después de acceder a la presidencia, Miró-Sans convocó una asamblea en la que encontró un apoyo unánime para que el estadio se construyera sobre los terrenos que Montal i Galobart había firmado en escritura pública en 1950. Así, el 28 de marzo de 1954 se procedió a la colocación de la primera piedra, en un acto al que asistieron más de 60 000 socios y aficionados. El gobernador civil de Barcelona, Felipe Acedo Colunga, presidió la comitiva y el arzobispo de Barcelona, Gregorio Modrego, realizó la correspondiente bendición apostólica.

Las obras se iniciaron tan pronto como los arquitectos Francesc Mitjans, primo hermano de Miró-Sans, Josep Soteras Mauri y Lorenzo García Barbón tuvieron los planos acabados. Ese proceso se alargó hasta el verano de 1955, cuando el FC Barcelona adjudicó la construcción a la empresa Ingar, SA, por un presupuesto inicial de 66 millones de pesetas (unos 400 000 euros de ahora). El término fijado para la finalización de las obras se estableció en dieciocho meses. De este modo, el estadio podría estar terminado alrededor de las Navidades del año 1956.

La constructora no pudo cumplir con su presupuesto y tampoco con la fecha de entrega de la obra. La singular orografía del terreno dificultó mucho las tarea de perforación del subsuelo y el proceso de edificación de la estructura se complicó extraordinariamente. Al final, el estadio costó 288 millones de pesetas (1,7 millones de euros), a pesar de que el club desistió de completar el proyecto tal como había sido diseñado. El recinto había de tener capacidad para 150 000 espectadores y unas instalaciones interiores que incluían gimnasios, ascensores y otros muchos elementos que lo hubieran hecho único en su género. Incluso la iluminación, que estaba proyectada, no pudo estrenarse hasta el 23 de septiembre de 1959.

Miró-Sans tuvo que recurrir a varias emisiones de obligaciones, donaciones de particulares y a bonos de caja para hacer frente al pago de la obra. Pero eso, obviamente, encareció aún más la construcción del nuevo estadio, a causa de la carga de intereses adicionales que aquellas fórmulas de financiación representaban. El problema económico que se generó no pudo ser resuelto hasta que el Gobierno de España, con la aquiescencia personal del general Franco, acordó recalificar los viejos terrenos de Les Corts. En este caso, el dictador le echó una importante manita al FC Barcelona.

Finalmente, el nuevo estadio se inauguró el 24 de septiembre de 1957, con una ceremonia que conjugó los intereses del Gobierno de España (se ofició la Santa Misa y asistieron José Solís Ruiz, ministro secretario general del Movimiento; José Antonio Elola Olaso, presidente de la Delegación Nacional de Educación Física y Deportes; Felipe Acedo Colunga, gobernador civil de Barcelona, y Josep Maria de Porcioles, alcalde de la ciudad) con la voluntad del club de sublimar y proyectar la historia, la lengua y la cultura tradicional catalanas (se estrenó el nuevo himno del club, desfilaron clubs y peñas barcelonistas, cantó el Orfeó Gracienc, se entronizó a la Mare de Déu de Montserrat, se bailó una inmensa sardana bajo los acordes de la Agrupació Cultural Folclòrica de Barcelona y se soltaron 10 000 palomas).

Por supuesto, también se celebró un partido de fútbol, que enfrentó al Barcelona con una selección de la ciudad de Varsovia, al uso de la Copa de Ciudades en Ferias que había empezado a disputarse en 1955. Sobre una alfombra de césped de 107 metros de largo por 72 de ancho, el equipo azulgrana venció por 4-2 y el honor de marcar el primer gol en el nuevo recinto correspondió al paraguayo Eulogio Martínez, uno de los grandes jugadores que se incorporó a la plantilla azulgrana para poder competir de tú a tú con el Real Madrid de Alfredo di Stéfano. Los 90 000 espectadores que acudieron a la inauguración, entre los que me conté, disfrutamos de lo lindo con aquel soberbio espectáculo.

Después de ser la casa del FC Barcelona durante la mitad de la existencia del club, el Camp Nou es considerado como un estadio viejo y obsoleto. Es cierto que ha sido ampliado dos veces y que se han realizado diversas mejoras durante todo este tiempo, pero la prueba más evidente de que se piensa en un campo nuevo es que el actual presidente, Sandro Rosell, rechazó el proyecto de Norman Foster que le dejó Joan Laporta en un cajón del club y que, en cambio, está dándole vueltas a la idea de permutar con el Ayuntamiento de Barcelona los actuales terrenos del Camp Nou por otros donde ahora se encuentra la Ciudad Universitaria. El tema, no obstante, aún tardará mucho tiempo en resolverse.

El verdadero nombre del estadio

Del mismo modo que las palabras se incorporan a los diccionarios porque se aplica el criterio de que su uso les confiere el derecho a formar parte del lenguaje, ha sido la costumbre popular la que nos ha llevado a todos a referirnos al actual estadio barcelonista como el Camp Nou. Pero su denominación auténtica, la que consta en todos los documentos oficiales, incluidos los estatutos del club, es Estadi del FC Barcelona. Y eso es así desde que lo decidieron los socios de la entidad, en el año 1965, en una votación convocada por el entonces presidente Enric Llaudet.

La junta directiva del club recibió numerosas propuestas de posibles nombres desde el mismo momento en que comenzaron las obras, en 1954. Una de ellas, que pretendía otorgar al recinto el nombre de Joan Gamper, fue tajantemente prohibida por el gobierno del general Franco. Del resto de ideas aportadas, ninguna convenció a una mayoría suficiente. Así que el estadio se inauguró sin haber sido bautizado. Hasta ocho años después de su estreno, el estadio no tuvo denominación oficial. Quizá lo más sorprendente es que el nombre más usado, Camp Nou, resultó derrotado en la votación que impulsó la directiva del club para terminar con una polémica que amenazaba con enquistarse hasta el día del juicio final.

La realidad es que aquella decisión de los socios no ha acabado de convencer nunca a la mayoría y el debate se ha reabierto, de forma recurrente, en posteriores momentos de la historia culé. Eso sí, el común de los mortales con alma azulgrana sigue utilizando la fórmula «Camp Nou» y nunca ha respaldado de manera mayoritaria las iniciativas que proponían rebautizar el recinto con el nombre del fundador del club, Joan Gamper, o con el de Ladislao Kubala, el futbolista que provocó la necesidad de construir el estadio.

El museo más visitado de Cataluña

El Museo del FC Barcelona fue creado por la directiva de Josep Lluís Núñez y abrió sus puertas el 24 de septiembre de 1984, coincidiendo con el 27 aniversario de la inauguración del Camp Nou. Hasta entonces, y como la mayoría de las instituciones deportivas, el club había mostrado sus grandes conquistas en una sala de trofeos. La idea de Núñez, que luego ha sido copiada por los más grandes y los más pequeños, tenía un doble objetivo: explicar la historia del club a través de copas, camisetas, objetos, fotos, documentos, etcétera y, además, conseguir una nueva fuente de ingresos.

En poco tiempo, y fruto de diversas acciones de *marketing* y publicidad, el museo azulgrana empezó a ganar adeptos y a incrementar, año tras año, el número de sus visitantes. Pronto entró en competencia con los museos dedicados a Dalí, Picasso o Miró. En 1996 se convirtió en el segundo más visitado de Cataluña, por delante del Museo Picasso. Y ya en 1999, coincidiendo con la celebración del centenario del club, pasó a ocupar la primera posición en el ranquin. Al cierre del año 2011 había registrado 1 620 000 visitantes. Solo el Museo de El Prado y el Museo Nacional de Arte Reina Sofía habían tenido más visitantes en toda España.

La evolución del museo, que en el año 2000 recibió el nombre de Museu President Núñez, ha sido constante. Abrió sobre una superficie de 950 metros cuadrados. En 1994 aumentó hasta los 1 900 metros cuadrados, incorporando un fondo de arte que reunía obras de Joan Miró, Salvador Dalí, Antoni Tàpies, José Segrelles, Josep Maria Subirachs y otros. Posteriormente se incorporó la colección Futbolart de Pablo Ornaque, «periquito» de cuna, y se abrieron exposiciones temporales, sobre una superficie que alcanzó los 3 500 metros cuadrados que tiene en la actualidad.

Víctima de la modernidad, el museo vivió su última remodelación en el año 2010, con la creación de un espacio multimedia, dotado de las más modernas tecnologías. Cuenta con numerosas pantallas táctiles de pequeño formato y una gigante, de treinta y cinco metros. En todas pueden verse imágenes en vídeo de los doscientos momentos más importantes de la historia del club. Los audiovisuales están traducidos a treinta y tres idiomas. Por el contrario, la colección Futbolart, el fondo de arte y las exposiciones temporales han desaparecido. Las pinturas y esculturas, algunas de ellas de incalculable valor, duermen en un almacén, cubiertas por una espesa manta de polvo.

Los ingresos siguen multiplicándose gracias a una excelente estrategia comercial. Las agencias de viajes más importantes de Cataluña tienen suscrito un convenio para que se incluya el museo del FC Barcelona en el paquete turístico. La visita guiada incluye el paso por el palco presidencial, el terreno de juego y los vestuarios. Los visitantes, además, salen a la calle a través de la tienda oficial del club, donde pocos resisten la tentación de comprar recuerdos para familiares y amigos. A lo largo de su existencia, que va camino de los treinta años, el museo ha tenido cuatro directores. El primero fue Jaume Ramon, que permaneció en el puesto hasta 1990. Su sucesora, Roser Cabero, tuvo un paso efímero que apenas duró un año. En 1991 accedió al cargo Albert Pujol y, finalmente, desde al año 2003 el director es Jordi Penas. En cuanto al centro de documentación, que forma parte del museo y que dirige Manuel Tomás desde su apertura en 1995, es un lugar de consulta obligado para historiadores, investigadores, periodistas, escritores y curiosos.

La ampliación de Rumasa

El Consejo de Ministros español de 23 de febrero de 1983, reunido en el palacio de La Moncloa bajo la presidencia de Felipe González, tomó la decisión de expropiar el *holding* Rumasa. Fundado por la familia Ruiz Mateos y Jiménez de Tejada en 1961, el grupo estaba formado por más de setecientas empresas, tenía en torno a 60 000 trabajadores y facturaba anualmente unos 350 000 millones de las antiguas pesetas (más de 2 100 millones de euros al cambio). La expropiación de Rumasa se llevó a cabo mediante el decreto 2/1983, que justificaba la drástica medida por razones de utilidad pública y de interés social.

Todo el mundo sabe que Rumasa, nombre que respondía al acrónimo de Ruiz Mateos Sociedad Anónima, tenía negocios en los ámbitos de la banca, la construcción, la hostelería y la restauración, la alimentación, la producción vinícola, las grandes superficies comerciales y también multitud de pequeñas marcas comerciales. También es de conocimiento público que la familia Ruiz Mateos creó la Nueva Rumasa a partir de 1996 y que, desde el año 2011, diez de las más importantes empresas que forman el grupo se han sometido de forma voluntaria a un proceso de concurso de acreedores.

Muy poca gente sabe, sin embargo, que Rumasa tuvo una importante vinculación con el FC Barcelona a comienzos de la década de los años ochenta del siglo pasado y que, gracias a los acuerdos suscritos entre el entonces presidente azulgrana, Josep Lluís Núñez y el presidente del *holding* empresarial, José María Ruiz Mateos, fue posible la primera ampliación del Camp Nou. La obras de la tercera gradería del estadio barcelonista fueron realizadas por Hispano Alemana de Construcciones y la creación de las 22 150 nuevas localidades fue sufragada por miles de nuevos socios que adelantaron el importe de cinco anualidades. El club facilitó el pago de los correspondientes importes mediante un acuerdo de financiación suscrito entre el club y el Banco Occidental.

Hispano Alemana de Construcciones y el Banco Occidental formaban parte del grupo empresarial Rumasa. Afortunadamente para el FC Barcelona, el proyecto se realizó de acuerdo con los plazos establecidos y la tercera gradería estuvo lista y a tiempo para el Mundial de Fútbol de España en 1982, cuyo partido inagural se celebró el 13 de junio en el Camp Nou. La majestuosa obra elevó el aforo del estadio hasta las 120 000 localidades y el encuentro inaugural lo disputaron Bélgica y Argentina. Aquel día se produjo el estreno mundialista de Diego Armando Maradona, con derrota para su equipo (0-1).

Ocho meses más tarde, se produjo la expropiación de Rumasa. El proceso no afectó para nada al FC Barcelona, ya que las empresas del grupo fueron reprivatizadas y los nuevos propietarios mantuvieron todos los compromisos que Ruiz Mateos había suscrito con Núñez. Incluida una póliza de crédito que el Banco Occidental había concedido a la empresa constructora Núñez y Navarro, que por aquel entonces tenía problemas de tesorería como consecuencia de la situación económica de la época. Aquella crisis, que se había iniciado en el año 1977, fue la que dio origen a la firma de los pactos de La Moncloa, suscritos por todos los agentes políticos, empresariales y sociales para encauzar económicamente un país que acababa de dejar atrás la dictadura del general Franco.

El Banco Occidental fue absorbido por el Banco de Vizcaya en 1982, después de que su presidente, Gregorio Diego Jiménez, abandonase España un año antes y huyese a Florida tras dejar un agujero patrimonial de 43 000 millones de pesetas (unos 260 millones de euros actuales), derivado de la quiebra del vaticano Banco Ambrosiano y del suicidio, o no, de su director, el banquero italiano Roberto Calvi, en el puente de Blackfriars sobre el río Támesis.

Hispano Alemana de Construcciones fue absorbida tres años más tarde por la estadounidense Transworld Construction, con una deuda reconocida de casi cien millones de euros y después de que Patrimonio del Estado invirtiera ingentes cantidades en oxigenar y reflotar la constructora.

La «fábrica» de La Masia

El término catalán «masia» no es más que un nombre común con el que se define un tipo de casa, integrada en una finca agrícola y/o ganadera, típica de los antiguos reinos de Cataluña y Aragón. Pero escrito con el correspondiente artículo y en mayúsculas, La Masia es el nombre propio que recibió la casa de payés que se encuentra dentro del terreno sobre el que se levanta el Camp Nou y es, desde hace muy pocos años, la marca que distingue a los jugadores formados en la filosofía del FC Barcelona.

La Masia, como edificio y como residencia de futbolistas, tiene una larguísima historia. Fue construida en el año 1702 y albergó durante más de 250 años a varias generaciones de una familia de payeses. De hecho su nombre original es «la masia de Can Planes». En 1953 fue comprada como parte de los terrenos sobre los que, un año después, se iniciarían las obras para la construcción del Camp Nou. La junta directiva que presidía Francesc Miró-Sans decidió inicialmente que la casa fuera utilizada como taller y sala de trabajo de los arquitectos y de los constructores del nuevo estadio.

Una vez inaugurado el Camp Nou, el 24 de septiembre de 1957, la directiva cerró las puertas de La Masia sin tener demasiado claro a qué nuevo uso podía destinarse. Ocho años más tarde, bajo la presidencia de Enric Llaudet, se decidió remodelar y ampliar el edificio para convertirlo en la nueva sede social de la entidad. El 26 de septiembre de 1966, el club abandonó sus viejas oficinas de la vía Laietana y estrenó los nuevos despachos y la sala de juntas de La Masia.

En unos pocos años, el recinto se fue quedando pequeño. El crecimiento del club y de su número de empleados había sido constante. Por ello, la directiva de Agustí Montal hijo decidió aprovechar la construcción del Palau Blaugrana y de la Pista de Hielo para ir trasladando algunas dependencias administrativas a las nuevas instalaciones, que fueron inauguradas el 23 de octubre de 1971. Aun así, La Masia siguió albergando los principales despachos y la sala de juntas del club hasta las elecciones de 1978.

Josep Lluís Núñez trasladó la totalidad de las oficinas del

club al edificio en el que se encuentran actualmente. Y La Masia, como había sucedido tras la inauguración del Camp Nou, volvió a quedarse vacía. Esta vez, sin embargo, apenas tardó un año en reabrir sus puertas. El vicepresidente Josep Mussons trabajó muy duro para convertir aquel emblemático edificio en una residencia para jóvenes jugadores. La idea fue recogida con entusiasmo por el resto de sus compañeros de junta directiva y el 20 de octubre de 1979 abrió sus puertas como una instalación única en su tiempo.

En origen, la residencia de jugadores de La Masia contó con cocina, comedor, sala de estar, cuatro grandes dormitorios, baños, vestuarios y un espacio reservado para los menesteres propios de su administración. Luego se amplió el número de habitaciones y muchos años más tarde, ante la imposibilidad de dar cabida a tantos jugadores de fútbol y de baloncesto como deseaba el club, se construyeron nuevas habitaciones bajo las gradas del gol norte del Camp Nou, a muy pocos metros del histórico edificio.

El éxito del modelo, que aúna conceptos de formación deportiva y humana, hizo que el proyecto de la nueva ciudad deportiva de Sant Joan Despí contemplara, desde sus orígenes, la construcción de una nueva residencia para jugadores. La Ciudad Deportiva Joan Gamper se inauguró, bajo la presidencia de Joan Laporta, el 1 de junio de 2006. Pero no fue hasta el 20 de octubre de 2011 cuando el actual presidente, Sandro Rosell, pudo estrenar la Residencia Oriol Tort, en honor a uno de los técnicos que más trabajó por la formación de los jóvenes jugadores del FC Barcelona.

Al acto inaugural de la nueva «fábrica» de futbolistas asistieron más de ciento cincuenta de los cuatrocientos jugadores de varias especialidades deportivas que habían pasado por La Masia. Una casa de payés que hoy vuelve a estar vacía pero por la que desfilaron inquilinos célebres como Guillermo Amor, Pep Guardiola, Iván de la Peña, Carles Puyol, Víctor Valdés o Lionel Messi, por citar únicamente a aquellos que más trascendencia han tenido en los éxitos conseguidos por el club durante de los últimos años. Y ahora, la vieja masía de Can Planes, junto al Camp Nou, sigue a la espera de un futuro destino.

«La ciudad prohibida»

Aprovechando las subvenciones que el Gobierno de España ofreció a los clubs que iban a ser sede del Campeonato del Mundo de Fútbol en 1982, el FC Barcelona preparó un cuidadoso proyecto que contemplaba la remodelación del Camp Nou, con la construcción de la tercera gradería, la edificación del Mini Estadi y la unión de los dos terrenos mediante la construcción de una pasarela para peatones sobre la avenida Aristides Maillol. La obra se llevó a cabo de acuerdo con los plazos establecidos y las instalaciones del club dieron un salto cualitativo muy importante.

La construcción del Mini Estadi, no obstante, obligó a sacrificar la vetusta zona deportiva que durante muchos años, desde 1959, había servido para que las distintas secciones del club realizaran sus entrenamientos y para que los equipos de base preparasen y disputasen sus partidos como locales. Aquel espacio contaba con un único campo que se utilizó primero para el rugbi y después también para el fútbol. Estaba rodeado por una pista de atletismo de ceniza, con fosos para lanzamientos y para saltos. Y había una pista polideportiva de cemento y, claro está, unos pocos vestuarios.

La desaparición de aquel espacio, que tan útil se había demostrado a lo largo de los años, obligó a la directiva de Josep Lluís Núñez a buscar alternativas. Al principio se construyeron dos campos de fútbol 11 y un campo de fútbol 7, los tres de tierra, en los espacios libres que rodean al Camp Nou. Posteriormente, se adquirieron unos terrenos propiedad del Club de Tenis Laietà, en la zona trasera del actual Mini Estadi, para la instalación de dos campos de fútbol de césped artificial. Pero el constante aumento de los equipos de las distintas secciones y el auge del fútbol formativo obligaron a plantearse la construcción de una ciudad deportiva en toda regla.

En 1986, el presidente azulgrana encargó a un intermediario, que le proporcionaba solares a la constructora Núñez y Navarro, que iniciase la búsqueda de terrenos para desarrollar su ambicioso proyecto. Jaume Nogueras, que así se llamaba el negociador, descubrió que en Sant Joan Despí había una zona ideal, sobre todo teniendo en cuenta que ya empezaba a hablarse de la construcción de una línea de metro que uniera aquel municipio con la ciudad de Barcelona. Finalmente, la línea de metro quedó descartada, pero en su lugar se puso en marcha el llamado Trambaix.

Tras adquirir más de veinte hectáreas y a pesar de que un vecino se negó a vender su parcela, situada justo en medio de los terrenos del club, Núñez inició las negociaciones precisas para convertir el proyecto en realidad. El presidente azulgrana pretendía financiar la obra entregando a cambio nueve hectáreas y el correspondiente permiso para la instalación de un hipermercado de una multinacional francesa. Eso le obligó a alcanzar acuerdos con la asociación de pequeños comerciantes de la zona. Pero cuanto todo estuvo resuelto, la Generalitat de Catalunya condicionó el acuerdo a que, en lugar de abrir un centro de la cadena Continente, se cerrara el contrato definitivo para la financiación de la obra con la cadena de supermercados Caprabo.

Los contratos con Continente estaban cerrados y no había vuelta atrás. Pero la Consellería d'Urbanisme del gobierno catalán no quiso transigir. Las relaciones con las familias Carbó, Prats y Botet, fundadoras y entonces propietarias de los hipermercados Caprabo, no podían resquebrajarse. No le convenía al partido que gobernaba en Cataluña. El mismo partido que acabaría por otorgar a los tres emprendedores la mayor distinción de la Generalitat: la Cruz de Sant Jordi.

A la vista de las dificultades políticas que se planteaban, el FC Barcelona adquirió, en 1995, unos terrenos próximos, los de la masía de Can Rigalt, en el término municipal de L'Hospitalet, con la idea de convertir su viejo edificio en una segunda residencia de jugadores y construir hasta cinco campos de fútbol de hierba. La inversión fue relativamente costosa y acabó resultando inútil. No hubo forma de cerrar un acuerdo con el ayuntamiento de la ciudad vecina y, muchos años después, Joan Laporta vendería esos terrenos para generar efectivos líquidos y poder atacar, durante su segundo mandato presidencial, la construcción de la actual Ciutat Esportiva del FC Barcelona.

Al final, después de muchos años de esfuerzos y de discusiones, resultó que la primera piedra de la Ciutat Esportiva fue colocada en tres ocasiones: una bajo el mandato de Núñez, otra siendo presidente Joan Gaspart y la tercera durante la etapa de Joan Laporta. El auténtico forjador del proyecto no pudo nunca iniciar las obras. Gaspart acabó cerrando el acuerdo de financiación con la constructora Ferrovial, pero a cambio de más hectáreas de las que se habían puesto a la venta en un principio. Laporta inició las obras, no sin antes recortar los prespuestos del draconiano contrato que había heredado del anterior presidente, pero pudo inaugurar la instalación el 1 de junio del año 2006. Finalmente, la directiva de Sandro Rosell acabó la obra, con la edificación de la nueva residencia de jugadores, inaugurada el 20 de octubre de 2011.

Pese a estar en funcionamiento desde agosto de 2006, el primer equipo del club siguió entrenándose durante dos largos años en un pequeño campo de hierba, junto al Camp Nou. Aquel terreno, que no reunía las condiciones mínimas para trabajar, sobre todo los aspectos tácticos del juego, resultaba muy cómodo para los jugadores, que se oponían al traslado a Sant Joan Despí. Hasta que llegó Pep Guardiola. Este dio la orden de acondicionar las dependencias necesarias para acoger a los profesionales y, en enero de 2009, se trasladó allí con todo el equipo. Eso sí, Guardiola se preocupó de cerrar las puertas de la instalación a cal y canto para tener la tranquilidad e intimidad que consideraba necesarias. Esa decisión hizo que los periodistas bautizaran a la nueva ciudad deportiva con el sobrenombre de «la ciudad prohibida».

CAPÍTULO 6

Historias de socios

¿Por qué culés?

*T*odo el mundo sabe que a los socios y seguidores del FC Barcelona se les conoce como los «culés». Pero muy poca gente sabe exactamente por qué y desde cuándo es así. Quede claro, para empezar, que el origen del apelativo tiene que ver con la palabra catalana «cul» (culo, en castellano) y que la acuñación del término surgió a partir del año 1909. En aquel tiempo, el equipo azulgrana empezó a disputar sus encuentros en el denominado Campo de la Calle Indústria.

El perímetro del recinto estaba vallado por un muro de obra de unos dos metros y medio de altura. La instalación contaba con una tribuna de madera con capacidad para 1 500 personas y el terreno de juego, dicho sea de paso, era de unas dimensiones muy reducidas. En aquel tiempo el club alcanzó la cifra de 3 000 socios y, como, obviamente, no cabían todos en la tribuna, se colocaban alrededor del terreno de juego, a pie de campo.

Hasta que alguien tuvo la ocurrencia de sentarse sobre el muro de obra que rodeaba el recinto. La idea fue copiada por otros muchos socios, que así podían ver los partidos desde una altura diferente y con una mejor perspectiva del juego. Sus culos, obviamente, eran lo primero que veían los transeúntes que pasaban por la calle mientras se estaban disputando los partidos de fútbol. Alguien tuvo, entonces, la ocurrencia de llamarles «culés» y la idea caló muy pronto entre los propios barcelonistas, que siempre han lucido este topónimo con mucho orgullo.

Por cierto, siempre lleva a confusión o a despiste, la denominación de este terreno de juego como el «de la Calle Indústria». Para un lector del presente, es más orientativo explicar que, realmente, ese campo de fútbol se enmarcaba entre las calles Comte d'Urgell, Villarroel, Londres y la actual calle de París, bautizada así por el Ayuntamiento en marzo de 1922, amputándosele un tramo considerable al viejo trazado de la calle de la Indústria.

El socio número uno

Resulta obvio decir que los primeros socios del FC Barcelona fueron sus doce fundadores. Y parece ser, porque no es del todo seguro, que el primer carné con el número uno le correspondió a Walter Wild, en tanto que primer presidente de la historia del club. También se sospecha que, cuando Wild regresó a Inglaterra en 1901, fue Joan Gamper quien tuvo el honor de heredar la condición de socio número uno. Pero todo eso no son más que meras especulaciones. En el centro de documentación del museo azulgrana no existe ningún material del pasado que lo acredite, pero tampoco ninguno que desmienta una teoría que se sustenta sobre la base del sentido común.

En cambio sí hay constancia de que, tras el suicidio de Joan Gamper en julio de 1930, y a modo de homenaje póstumo, la junta directiva que presidía Gaspar Rosés decidió otorgar el carné de socio número uno al fundador del club, con carácter permanente. Esta decisión fue refrendada por los socios, que en aquellos tiempos apenas alcanzaban los dos millares, y fue respetada por las asambleas y los presidentes que gobernaron los destinos del club durante los setenta y tres años siguientes.

Y así fue hasta el año 2003. Entonces, y en la primera asamblea de Joan Laporta como presidente, se abolió aquel viejo acuerdo. No tenía sentido que los estatutos del club impidieran que los socios fallecidos mantuvieran su condición de socios y que, por el contrario, los familiares de Joan Gamper pudieran conservar un privilegio del que no podían disfrutar los parientes de los demás afiliados a la entidad. A partir de entonces, y a medida que se han producido fallecimientos, el número uno ha ido cambiando de manos. Eso sí, desde el 13 de noviembre de 2009, y por acuerdo de la junta directiva presidida por el mismo Laporta, Joan Gamper siempre compartirá honores con el socio vivo más antiguo.

Hoy, Jaume Descals i Sanmartí ostenta con orgullo esa condición de número uno, junto al fundador del club. Descals fue dado de alta en el año 1926. Por aquel entonces, no estaba permitido inscribir a socios menores de tres años, de modo que el padre tuvo que esperar a que su hijo cumpliera la edad reglamentaria. Desde entonces, ha mantenido su condición de socio de forma ininterrumpida. El día 22 de enero de 2010 el presidente del club le hizo entrega de su nuevo carné con el número uno, en un sencillo acto celebrado, en el antepalco del Camp Nou, antes del encuentro del Campeonato de Liga que disputaron el Barcelona y el Sevilla.

Jaume Descals, que cumplió 88 años el mes de marzo de 2012, protagonizó una curiosa anécdota con motivo del referéndum que el FC Barcelona celebró en 1950 para que los socios se pronunciaran sobre la futura construcción del Camp Nou. Jaume acudió a depositar su voto en las urnas y Pep Samitier trató de impedírselo. Tuvo la sensación de que aquel muchacho no tenía los veintiún años requeridos para participar en la votación. Cuando Samitier comprobó que el joven Jaume tenía veintisiete, se disculpó y le vaticinó proféticamente que algún día llegaría a ser el socio número uno del club.

Un club democrático

El Fútbol Club Barcelona ha sido siempre un club con vocación y tradición democráticas. Desde el mismo día de su fundación, cuando se eligió a Walter Wild como primer presidente, ha procurado adoptar todas sus decisiones mediante votaciones. Es obvio que no siempre lo ha conseguido, porque en los tiempos de las dictaduras fue víctima, como cualquier otra asociación, de los imperativos legales. Pero incluso en aquellos años de dificultad, los directivos y los socios del club trataron de rebelarse contra las imposiciones y, de un modo u otro, hicieron escuchar su voz.

Durante sus primeros años de existencia, el Fútbol Club Barcelona caminó en función de las decisiones que adoptaba su directiva. Los acuerdos, incluida la elección de los presidentes, se tomaban por votación de los miembros de la junta. Pero tan pronto como el club fue arraigando en el tejido social de la ciudad y creció el número de sus afiliados, las decisiones fueron recayendo en la asamblea, convertida en órgano soberano del club. Y cuando el número de socios aumentó, hasta hacer imposible la asistencia de todos a las asambleas, se eligieron compromisarios. Así, durante algunos años, solo votaron dos de cada cien socios, en representación del resto.

En tiempos de dictadura, primero con Miguel Primo de Rivera y después con Francisco Franco, el club tuvo que aceptar las imposiciones del poder. Los presidentes de aquellos años fueron designados directamente desde Madrid, en algunos casos por vía directa de los gobernantes y, en otros, a través de órganos político-deportivos como el Comité Olímpico Español o por el Consejo Nacional de Deportes. Y así fue hasta que la comisión gestora decidió convocar a los socios para elegir al sustituto de Enric Martí i Carreto en la presidencia, aunque con ciertas salvedades: las mujeres no pudieron participar en ese proceso y se requerían dos años de antigüedad para poder votar.

Aquel singular proceso democrático se celebró el día 14 de diciembre de 1953. Participaron un total de 17 241 socios, a los que no se exigió identificación en el momento de depositar el voto en la urna. Quizá por ello, corrió la leyenda de que hasta los muertos habían intervenido en la votación. En cualquier caso, Francesc Miró-Sans i Casacuberta resultó elegido nuevo presidente. Aquella experiencia se quedó solo en eso, en una experiencia. Las siguientes elecciones volvieron a realizarse por asamblea y mediante el voto de los compromisarios. Y así sería hasta la muerte de Franco.

Las primeras elecciones por sufragio universal se produjeron el 6 de mayo de 1978. En esta ocasión votaron todos los socios que reunían los requisitos establecidos en los estatutos del Fútbol Club Barcelona: ser socio, mayor de edad, haber cumplido un año de antigüedad como afiliado y no tener suspendida la condición de socio, bien por falta de pago o bien por haber sido sancionado en un procedimiento disciplinario. Por lo tanto, esa fue la primera vez que pudieron votar las mujeres. Participaron un total de 25 909 socios, que otorgaron su confianza a Josep Lluís Núñez. Desde entonces, todos los presidentes han sido elegidos por este procedimiento.

La primera mujer con carné

Sangre, sudor y lágrimas fue el título de una película inglesa de 1942. Dirigida por David Lean y con argumento y banda sonora escritas por el dramaturgo británico Noel Coward, recibió diversos premios y, entre ellos, las nominaciones a los Óscar de Hollywood a la mejor película y al mejor guion original. La obra estaba basada en el hundimiento del destructor *Lord Mountbatten* durante la Batalla de Creta y relataba el drama que vivió la tripulación de aquel barco de guerra, que se perdió bajo las aguas del mar Mediterráneo. El título de la película tenía su origen en una expresión que habían pronunciado diversos políticos en diferentes momentos de la historia.

En 1940, durante los primeros meses de la Segunda Guerra Mundial, Winston Churchill advirtió que la situación bélica costaría «sangre, esfuerzo, lágrimas y sudor». Algunos historiadores sostienen que el *premier* británico copió la expresión de Theodore Roosevelt, quien ya la habría pronunciado en 1897, durante el conflicto armado contra España por la independencia de Cuba, cuando era secretario adjunto de la Marina en el gobierno de los Estados Unidos. Y otros relevantes políticos también hicieron uso de esa expresión, que viene como anillo al dedo para reflejar cuánto le costó a Edelmira Calvetó ganar su guerra particular para convertirse en socia del FC Barcelona.

No existe constancia escrita del momento en que Edelmira inició su batalla. Pero se sabe que sus esfuerzos por convertirse en la primera mujer con carné de socio dieron su fruto en el año 1913. En aquella época, los estatutos del club prohibían el acceso de las mujeres a la entidad. Pero ella provocó, con su testarudez y con la fuerza de sus argumentos, que la asamblea barcelonista aceptara modificar esa normativa. Es posible que en otras circunstancias no le hubiera resultado tan difícil, pero la situación del fútbol era muy convulsa. Fruto de las fuertes discrepancias de criterio entre los clubs, en esos años se habían producido escisiones en la Federación Catalana y en la Federación Española de Fútbol.

El cambio en los estatutos que permitía la incorporación de la mujer al tejido social del FC Barcelona tuvo lugar durante los últimos meses del segundo de los cinco mandatos presidenciales de Joan Gamper. En el momento de producirse el alta de Edelmira Calvetó, hacía muy poco que el club había alcanzado la cifra de 3 000 socios. Ella fue la primera y nadie, jamás, podrá quitarle ese honor. Actualmente, las mujeres representan el veinticinco por ciento del total del censo y ya superan la cifra de 45 000 socias. Ahora, ninguna de ellas ha tenido que derramar sangre, sudor y lágrimas para conseguir su carné.

Los dibujantes del Barça

Han sido muchos, muchísimos, los dibujantes que han caricaturizado a presidentes, directivos o jugadores del FC Barcelona. Y otros muchos, también, los que han creado personajes relacionados con el club. Entre todos ellos, porque hicieron escuela y porque adquirieron una extraordinaria relevancia, han destacado dos: Valentí Castanys y Joaquim Muntañola. Ambos dejaron un legado inigualable que los ha convertido en parte de la historia barcelonista. De hecho podría decirse que tanto Castanys como Muntañola son mitos legendarios y, por lo tanto, inmortales.

Valentí Castanys nació en Barcelona en 1898 y falleció en 1965. Desde muy joven demostró una gran capacidad para el dibujo. Su creatividad no tenía límites. Trabajó para *En Patufet*, *El Bé Negre*, *El señor Canons*, *La Veu de Catalunya*, *Destino*, *El Mundo Deportivo*, *El Correo Catalán* y otras publicaciones de la época. Durante años hizo una caricatura diaria para el periódico *La Rambla*, del que fue propietario Josep Sunyol, el presidente que fue fusilado al comienzo de la Guerra Civil. Pero lo mejor de su obra barcelonista se expuso a través de las páginas de *El Once*, revista que él mismo creó a partir de 1945. Ahí caricaturizó a muchos de los técnicos y futbolistas de la época. Entre otros hitos, Castanys bautizó a Samitier como «el hombre saltamontes».

Joaquim Muntañola también nació en Barcelona, pero en 1914. Fue un creador prolífico. Publicó sus dibujos e historietas en *El Bé Negre* y *En Patufet* (donde coincidió con Castanys), *TBO*, *El Correo Catalán*, *Vida Deportiva*, *Lean*, *Dicen*, *El Mundo Deportivo*, *La Vanguardia* y otros medios más. Barcelonista de cuna, mostró sus habilidades en semanarios como *Barça* o *RB*, siglas de la conocida *Revista Barcelonista*. Muntañola fue el creador, entre otros, de los personajes de Josechu *el Vasco*, Angelina o Cristobalito. Hasta los últimos días de su larga vida estuvo dibujando personajes del FC Barcelona. Falleció en marzo de 2012, a solo unos pocos días de cumplir los 98 años de edad.

Al margen de estas figuras míticas del dibujo, ha habido otros muchos caricaturistas excepcionales, como Pedro García Lorente, quien, después de un largo recorrido por periódicos y revistas de humor de la época, dedicó sus últimos años a caricaturizar a presidentes, entrenadores y jugadores azulgranas en las páginas de *La Vanguardia*. Llevó, incluso, la caricatura a la televisión, en programas deportivos de Televisión Española, como *Polideportivo* o *Sobre el terreno*. García Lorente fue coetáneo de otros dibujantes como Pañella, Ivà o Perich.

Precisamente, la televisión fue el medio a través del que Óscar Nebreda, otro histórico del dibujo, lanzó a su personaje animado más popular: Jordi Culé. Trabajó para numerosos medios, entre ellos *Tele/eXpres*, *El Periódico de Catalunya* y *El Jueves*. El éxito de sus dibujos eclipsó incluso episodios dramáticos de su vida profesional, como el estallido de un paquetebomba que acabó con la vida de un trabajador y destrozó las instalaciones de la redacción de la revista satírica *El Papus*, en septiembre de 1977. Durante el juicio, uno de los acusados vinculó a los servicios de inteligencia españoles con el atentado terrorista. Óscar comunicó su retirada de la vida laboral activa con una original despedida el 28 de diciembre de 2010, día de los Santos Inocentes.

Los himnos del club

En sus 113 años de historia, el FC Barcelona ha tenido cuatro himnos oficiales. Tres de ellos fueron compuestos para conmemorar las Bodas de Plata, las Bodas de Oro y las Bodas de Platino, respectivamente. El cuarto, tercero en el orden estrictamente cronológico, se hizo para celebrar la inauguración del Camp Nou. Y existe un quinto himno, que se estrenó con ocasión de los festejos organizados con motivo del Centenario, pero nunca ha tenido el reconocimiento popular como tal.

La letra del primer himno fue escrita por Rafael Folch, mientras que la música fue compuesta por Enric Morera. Recibió el nombre de *Himno del FC Barcelona* y fue creado para las Bodas de Plata, que se conmemorarían un año después. No obstante, se estrenó el 25 de febrero de 1923, en los prolegómenos de un partido de homenaje que el fútbol catalán tributó a Joan Gamper. El Orfeó Gracienc se encargó de realizar aquella primera interpretación pública del himno.

La directiva del FC Barcelona encargó un nuevo himno para celebrar las Bodas de Oro. Esta vez fue Esteve Calzada quien escribió la letra y Joan Dotras quien compuso la música. El himno fue bautizado con el nombre *Barcelona, sempre amunt*. A diferencia del primer himno, y a pesar de que la situación política que se vivía en España no lo recomendaba, la letra fue escrita íntegramente en catalán.

Del mismo modo que el *Barcelona, sempre amunt* había reemplazado al *Himno del FC Barcelona*, entró en vigor el *Himne a l'estadi*. Es decir, sustituyendo al anterior. La letra era de Josep Badia y la composición musical de Adolf Cabané. Se estrenó el 24 de septiembre de 1957, con motivo de la inauguración del Camp Nou. Igual que el anterior, estaba totalmente escrito en catalán y tenía la particularidad de que, por primera vez, incorporaba la palabra «Barça».

El *Himne a l'estadi* duró hasta la celebración de las Bodas de Platino, en 1974. A partir de entonces, y hasta hoy, está vigente el *Cant del Barça*. Y a nadie se le ocurre que pueda ser reemplazado en un futuro, ni próximo ni lejano. Forma parte del imaginario colectivo de los barcelonistas y es conocido en el mundo entero. Tanto es así que, cuando en 1998 el FC Barcelona estrenó el *Cant del Centenari*, con letra de Ramon Solsona y con música de Antoni Ros Marbà, ya se calculó que su vigencia se limitaría únicamente al año que duraron los festejos conmemorativos de la efeméride.

El día 27 de noviembre de 1974, el FC Barcelona estrenó su actual himno. Fue con ocasión de los actos conmemorativos del setenta y cinco aniversario del nacimiento del club. Aquella noche, antes de que se jugara un encuentro amistoso entre el equipo azulgrana y la selección nacional de la extinta República Democrática Alemana (RDA), el coro del Secretariat d'Orfeons de Catalunya, formado por unas 3 500 personas y dirigido por el maestro Oriol Martorell, interpretó por primera vez el *Cant del Barça* en público. En las gradas del Camp Nou había 70 000 personas.

La letra había sido escrita por Josep María Espinàs, abogado, periodista, escritor y pionero, como cantautor, del movimiento musical bautizado como la Nova Cançó, y por Jaume Picas, escritor y promotor cultural de acontecimientos relacionados con la lengua catalana. La música fue compuesta por Manuel Valls, abogado, profesor universitario, músico formado en el Conservatori del Liceu y crítico musical. El texto del *Cant del Barça*, que abre y cierra todos los partidos que disputa el equipo, dice así:

> *Tot el camp és un clam.*
> *Som la gent blaugrana.*
> *Tant se val d'on venim,*
> *si del sud o del nord;*
> *ara estem d'acord,*
> *ara estem d'acord;*
> *una bandera ens agermana.*
> *Blaugrana al vent,*
> *un crit valent.*
> *Tenim un nom,*
> *el sap tothom:*
> *Barça,*
> *Barça,*
> *Baaarça!*
> *Jugadors,*
> *seguidors,*
> *tots units fem força.*
> *Són molt anys plens d'afanys,*
> *són molts gols que hem cridat*
> *i s'ha demostrat, s'ha demostrat,*
> *que mai ningú no ens podrà tòrcer*
> *Blaugrana al vent,*
> *un crit valent.*

Tenim un nom,
el sap tothom:
Barça,
Barça,
Baaarça!

Esta letra, acompañada de los correspondientes acordes musicales, se la saben de memoria todos los socios y aficionados del FC Barcelona, incluso los más pequeños. Y la cantan, la corean y la palmean varias veces a lo largo de cada partido que se celebra en el Camp Nou o en el Mini Estadi. Por supuesto, también se ha dejado oír en todas las finales que el equipo ha disputado en los últimos treinta y ocho años.

El 28 de junio de 1997, después de que el FC Barcelona se adjudicara la final de la Copa del Rey al derrotar al Real Betis por 3-2, el club consiguió que pudiera escucharse a través de la megafonía del estadio en el que se jugó esa final. El hecho no tendría nada de particular si no fuera porque el estadio en el que pudo oírse el *Cant del Barça*, a todo volumen y varias veces, era el Santiago Bernabéu. Semejante conquista es atribuible a Eduard Combas, tercera generación de una extraordinaria familia de empleados del club, que en aquellos tiempos ocupaba el cargo de jefe de secretaría.

Y Samaranch se quedó sin carné de... periodista

Juan Antonio Samaranch falleció el 21 de abril de 2010 siendo socio del FC Barcelona. Pero nunca, nunca, fue «culé». Como otras muchas personalidades del mundo del deporte y de la política, estaba afiliado a diversos clubs y entidades, tanto españolas como extranjeras. Pero Samaranch fue siempre, siempre, del Espanyol. Incluso defendió la portería del equipo de hockey sobre patines del club blanquiazul, donde también ejerció las funciones de entrenador. Y lo hizo por amor a su club.

Todo el mundo sabe, pero poca gente se atreve a recordarlo, que la carrera de Samaranch se fraguó desde su adscripción interesada a determinados órganos creados por el franquismo como único cauce autorizado para participar en la vida pública española de la posguerra. Es decir, se integró en el Movimiento

Nacional. Y lo hizo mediante su afiliación a la Falange Española Tradicionalista y de las Juntas de Ofensiva Nacional Sindicalista, partido del que dependieron organizaciones como el Frente de Juventudes, la Sección Femenina, los Coros y Danzas del Estado, el Auxilio Social o Educación y Descanso, solo por recordar las más conocidas.

Samaranch había nacido en Barcelona el 17 de julio de 1920, en el seno de una familia acomodada. Un día y dieciséis años antes del «Glorioso Alzamiento Nacional», nombre con el que el aparato de propaganda franquista bautizó la sublevación armada contra el legítimo gobierno de la Segunda República Española. Sin ser todavía mayor de edad, decidió alistarse en el ejército republicano, que era el que defendía el territorio catalán. Y tuvo muy claro cómo hacerlo: escogió ser sanitario con el objetivo prioritario de cruzar los Pirineros, entrar en Francia y, una vez allí, regresar a España, pero incorporándose a la «zona nacional», como los sublevados denominaban al territorio que controlaban las fuerzas franquistas.

Concluida la Guerra Civil cursó estudios de profesor mercantil. Y aprovechando sus cada vez más estrechas relaciones con el poder, empezó su imparable ascensión. Comenzó jugando a periodista. Publicó sus primeros artículos en *La Prensa*, el diario barcelonés de tarde cuya cabecera era propiedad del Movimiento Nacional. Precisamente ahí, en las páginas del rotativo vespertino barcelonés, Samaranch publicó sus comentarios sobre la eliminatoria de la Copa del Generalísimo de 1943 que se jugó entre el FC Barcelona y el Real Madrid, tan famosa por el 11-1 de Chamartín como por los incidentes que se produjeron tanto en el partido de ida como, sobre todo, en el de vuelta.

El profesor mercantil, metido a periodista, tenía 23 años. Y, seguramente condicionado por el hecho de vivir en Barcelona y escribir para un periódico que se editaba y vendía en Cataluña, cometió un grave error de cálculo. Creyó que en la Ciudad Condal le tratarían como a un héroe por publicar este texto en la edición de *La Prensa* del 14 de junio de 1943:

Con 3-0 a su favor en la ida está eliminado el equipo que más posibilidades tenía para llegar al título de campeón de España. No se martiricen pensando en las causas de estos hechos los incondicionales del Barcelona. Es un buen consejo. No hay que buscar culpables, por que no los hay en el equipo. Ya hemos dicho que el Barcelona no jugó ni bien ni mal. No existió. No se le vio en toda la tarde. Era lo mejor que podía pasar en aquellas circunstancias. Así han quedado las cosas y hasta aquí podía llegar. Para ellos es la final. Son lo mismo 11 que 50. Pero esto ha sucedido a costa de perder Madrid y el Madrid aquella fama de caballerosidad de que tanto y tantas veces nos hablaban esos cronistas de gran renombre y prestigio, que más bien en lugar de dar ánimos como era su obligación han sido los que han inducido a crear el estado de ánimo para superar el 3-0 favorable al Barcelona con un resultado y una descortesía mucho mayores.

La suya fue un importante equivocación, sobre todo teniendo en cuenta en qué bando político había elegido estar y que ese mismo bando concentraba todo el poder en sus manos. Total que, por escribir ese artículo, le retiraron el carné de periodista. Y aprendió deprisa. Porque, unos años después, sus amigos volvieron a darle licencia para escribir. Y a partir de ahí, con la lección bien aprendida, fue subiendo, peldaño a peldaño, por la escalera que le llevaría a la cima del deporte mundial.

Enviado especial de *La Prensa* a los Juegos Olímpicos de Helsinki del 52, presidente de la Federación Española de Patinaje, jefe de la delegación española en los Juegos Olímpicos de Cortina d'Ampezzo del 56, concejal de deportes del Ayuntamiento de Barcelona entre 1954 y 1962, procurador en Cortes entre 1964 y 1977, delegado nacional de Educación Física y Deportes a partir de 1967, presidente de la Diputación Provincial de Barcelona desde 1973, embajador de España en la Unión Soviética y en Mongolia, presidente del Comité Olímpico Internacional de 1980 a 2001 y presidente del jurado de los premios Príncipe de Asturias de los Deportes fueron los cargos que fue ocupando, de uno en uno o simultáneamente, a lo largo de su vida.

Y recibió grandes distinciones y nombramientos de mérito, como la Gran Cruz de Cisneros, la Copa Stadium, la medalla de oro de la Generalitat de Catalunya, el premio Príncipe de Asturias de los Deportes, el Premio de La Paz de Corea del Sur, ser miembro de la Real Academia Catalana de Bellas

Artes, ser miembro de la Académie Française des Sports, conseguir una consejería y, luego, la presidencia honorífica de La Caixa, recibir el marquesado de Samaranch, obtener doctorados *honoris causa* por las universidades de Alicante y Huelva, la Universidad Camilo José Cela y la Universidad Europea de Madrid, ser socio de honor del Club Palomar y tener el collar de la Orden de Isabel la Católica.

A raíz de la publicación por la revista de historia *Sàpiens* de una fotografía de 1974 en la que aparecía con el brazo derecho en alto, junto a otros políticos de la época, la plataforma Democràcia i Dignitat a l'Esport realizó una campaña para forzar su dimisión como presidente honorífico del Comité Olímpico Internacional. Eso sucedía en el año 2009. Por aquel entonces, su hija Maria Teresa ya era presidenta de la Federación Española de Deportes de Hielo y segunda marquesa de Samaranch, y su hijo Juan Antonio era miembro del Comité Olímpico Internacional y vicepresidente de la Federación Internacional de Pentathlón Moderno. Samaranch murió el 21 de abril de 2010.

El busto de Gamper

El Sagrado Corazón, de la iglesia de Terrassa; *La Virgen del Rosario*, del monasterio de Montserrat; *El ángel exterminador*, del cementerio de Comillas; *San Nicolás y los pescadores*, de la iglesia de San Nicolás de Bilbao; el *Sant Jordi*, del Ayuntamiento de Barcelona; *El entierro de Cristo*, de la catedral de Barcelona; el *Sant Jordi a caballo*, del parque de Montjuïc, o *El beso de Judas*, de la catedral de Tarragona, tienen un denominador común: todas estas y otras muchas esculturas fueron realizadas por el catalán Josep Llimona, uno de los artistas más brillantes del estilo modernista.

Formado en la escuela Llotja y en el taller de los hermanos Vallmitjana, Llimona terminó de formarse en Roma y en París, donde recibió la influencia de Auguste Rodin, el escultor impresionista que se hizo universal con *El pensador* o *Los burgueses de Calais*. Sus obras no fueron todas religiosas. Suyos son, entre otros, el friso del Arco de Triunfo de Barcelona, ocho relieves del monumento a Colón, el conjunto escultórico del doctor Robert en la plaza Tetuán de Barcelona y de José María de Usandizaga, en San Sebastián, o *La fuente de la doncella*, del parque Rivadavia de Buenos Aires.

Recibió numerosos premios por su contribución al arte. Así, fue medalla de oro en la Exposición Universal de 1888 por su escultura *Ramón Berenguer el Grande*, el premio de honor de la Exposición Internacional de Bellas Artes de 1907 por *Desconsuelo* o la medalla de oro de la ciudad de Barcelona en 1932. Fundó el Museo Lluc con su hermano, el pintor Joan Llimona, y fue presidente de la Junta de Museos de Barcelona de 1918 a 1924 y de 1931 hasta el momento de su muerte, en 1934.

Uno de los múltiples encargos que recibió fue *El busto de Gamper*, que fue descubierto el 25 de febrero de 1923 en el campo de Les Corts. Aquel día, el fútbol catalán tributó un impresionante homenaje al fundador del FC Barcelona. Asistieron al acto todos los clubs catalanes de la época, excepto el Espanyol y el Europa. También hubo una amplia representación de clubs del resto de España.

El busto fue requisado por el gobierno del dictador Miguel Primo de Rivera en 1925, tras la clausura con la que fue castigado el club azulgrana por los silbidos a la *Marcha Real* española. La escultura fue recuperada durante la presidencia de Agustí Montal i Galobart en 1946, posiblemente como consecuencia de un pacto político. *El busto de Gamper* está instalado a las puertas del museo del club prácticamente desde su inauguración en 1984.

Las religiones del Barça

El FC Barcelona disputó los dos primeros partidos de su historia en dos fechas muy significativas. El estreno frente al equipo de la Colonia Inglesa de la ciudad se jugó el 8 de diciembre, festividad de la Inmaculada Concepción de la Virgen María. Y el segundo encuentro, celebrado ante el Català, tuvo lugar el 24 de diciembre, Nochebuena. Este hecho podría llevar a la errónea percepción de que los fundadores del club podían ser de religión católica. Conclusión del todo equivocada, porque Joan Gamper y muchos de los primeros directivos azulgrana eran protestantes.

Del mismo modo que entre los dirigentes y socios barcelonistas ha habido personas de las más diversas ideologías políticas, en el ámbito de las creencias religiosas ha sucedido otro tanto. Más allá de que el fundador del club y muchos de sus acompañantes en los primeros años de vida de la institución fueran anglicanos, luteranos, calvinistas, metodistas o baptistas, en el FC Barcelona han convivido directivos y afiliados no solo de las iglesias de origen protestante, sino también católicos, semitas, evangélicos, musulmanes, agnósticos y, porqué no, ateos.

Los estatutos del club, como no podía ser de otro modo, no mencionan la religión para nada. Es decir, que el FC Barcelona es una asociación deportiva aconfesional. Aun así, debe reconocerse que en materia religiosa hubo un antes y un después de la Guerra Civil Española. A partir de los años cuarenta del siglo pasado, las diferentes juntas directivas que rigieron el club adoptaron decisiones de marcado carácter católico. Y hay muchos ejemplos de ello.

En diferentes etapas de su historia, el club hizo ofrenda de sus títulos a la Virgen de Montserrat y a la Virgen de La Mercè. Además, la directiva del presidente Francesc Miró-Sans hizo construir una capilla dedicada a la Moreneta, en el túnel de salida desde los vestuarios al césped del estadio. Y durante la presidencia de Josep Lluís Núñez se organizó una misa en el Camp Nou con motivo de la visita del papa Juan Pablo II a la Ciudad Condal. Era en el año 1982 y el club le hizo entrega a Su Santidad del carné de socio número 108 000, carné que conservó hasta que los familiares de los socios muertos perdieron, por acuerdo de la asamblea general, el derecho a mantenerlo.

No obstante, durante muchos años la directiva de Josep Lluís Núñez alquiló el Camp Nou a los Testigos de Jehová, quienes, verano tras verano, realizaron sobre el césped y en la tribuna principal del estadio la ceremonia de bautismo de sus nuevos fieles. El club cobró importantes cantidades de dinero y siempre manifestó su satisfacción por la rectitud de aquella confesión religiosa, que pagó puntual y generosamente, y que siempre dejó las instalaciones del estadio más limpias de lo que las había recibido.

Serrat, el socio que cantó a Kubala

Cantautor, compositor y poeta, Joan Manuel Serrat ha tenido muchas influencias a lo largo de su vida. Especialmente significativas y conocidas han sido las de otros poetas como Antonio Machado, Rafael Alberti, Miguel Hernández o León Felipe, muchas de cuyas obras ha cantado por todo el mundo. Pero también sus profundos sentimientos como catalán y como seguidor barcelonista han estado presentes en su dilatada trayectoria personal y profesional. Más allá de lo que haya podido decir en las miles de entrevistas que le han hecho durante sus viajes por todo el mundo, su itinerario musical nos ha dejado numerosas muestras sobre su forma de ser, de pensar y de sentir.

Escribir ahora sobre su carrera, sus éxitos o sus sentimientos más globales estaría fuera de lugar. Este es un libro sobre el FC Barcelona y su historia. Una historia de la que Serrat forma parte por muchas y poderosas razones. El Noi del Poble Sec nació el 27 de diciembre de 1943, víspera de los Santos Inocentes. Y como todos los niños de la época jugó mucho en las calles. A la pelota, por supuesto. Y se vistió de corto como jugador del Sporting de su barrio. Era un buen futbolista. Pero nunca se dedicó a eso. Su vocación fue siempre la de cantar y la de componer sobre las cosas que ama.

Socio del FC Barcelona durante muchísimos años, aunque en 1981 se diera de baja por sus discrepancias de pensamiento con Josep Lluís Núñez, Serrat entendía y entiende el fútbol, el club y el país de un modo muy personal. En este sentido podría decirse que es un romántico empedernido. Se mantuvo ocho años apartado del club, aunque siempre que pudo continuó jugando con sus amigos de la agrupación de veteranos, hoy Agrupació Barça Jugadors. En 1989 volvió a darse de alta como socio para apoyar al exjugador Josep Maria Fusté como candidato a las elecciones presidenciales del club.

Precisamente aquel mismo año, Serrat lanzó al mercado una canción dedicada a Ladislao Kubala, seguramente el futbolista que más contribuyó a que el FC Barcelona, castigado por las consecuencias de la Guerra Civil y prisionero de la dictadura del general Franco, diera el paso de gigante que acabaría por empujar al club con destino a la grandeza. El gran futbolista húngaro ya era protagonista de la canción *Temps era temps*, en la que se glosaba al equipo de las Cinco Copas, pero Serrat quiso dedicarle una pieza a él solo. La tituló *Kubala*, a secas. La letra dice así:

En Pelé era en Pelé
i Maradona un i prou.
Di Stéfano era un pou
de picardia.
Honor i glòria als qui
han fet que brilli el sol
del nostre futbol
de cada dia.
Tots tenen els seus mèrits;
lo seu a cadascú,
però per mi ningú
com en Kubala.
Es prega al respectable silenci,
que pels qui no l'han gaudit
en faré cinc cèntims:
La para amb el cap,
l'abaixa amb el pit,
l'adorm amb l'esquerra,
travessa el mig camp
amb l'esfèrica
enganxada a la bota,
se'n va del volant
i entra en l'àrea gran
rifant la pilota,
l'amaga amb el cos,
empenta amb el cul
i se'n surt d'esperó.
Es pixa el central
amb un teva-meva
amb dedicatòria
i la toca just
per posa-la en el
camí de la glòria.
Visca el coneixement

i l'alegria del joc
adornada amb un toc
de fantasia.
Futbol en colors,
bocada de «gourmet»,
punta de ganxet,
canyella fina.
Permeteu-me glossar
la glòria d'aquests fets
com ho feien els grecs
uns anys enrera
amb la joia de qui
ha jugat al seu costat
i du el seu retrat
a la cartera.
La para amb el cap,
l'abaixa amb el pit,
l'adorm amb l'esquerra.

Pero si hay un hecho que destaca por encima de todos en ese cruce de caminos y de sentimientos recíprocos entre Joan Manuel Serrat y el barcelonismo, sin duda es la actuación que el cantautor catalán ofreció en el Camp Nou, ante 100 000 espectadores, durante los actos conmemorativos del centenario del club. La noche del 28 de noviembre de 1998, Serrat interpretó, como nunca nadie lo había hecho antes, el *Cant del Barça*. Siempre se recordará aquel tremendo acto de amor por su club de toda la vida.

«Los morenos»

El período comprendido entre los años 1961 y 1968 fue muy difícil para el Fútbol Club Barcelona. La construcción del Camp Nou y el hecho de que la junta directiva no pudiera vender el campo de Les Corts, por el retraso del Ayuntamiento de Barcelona en el proceso de recalificación de los terrenos, hizo que las deudas se acumularan y, como consecuencia de ello, el club no pudiera invertir mucho dinero en la contratación de jugadores para mejorar su plantilla y sus resultados.

Fruto del descontento que se estableció entre los barcelonistas fue el nacimiento, por generación espontánea, de un grupo de socios que se reunía para protestar por la marcha del club. Era fácil verlos en los entrenamientos y en los partidos comentando los pormenores de la actualidad y, sobre todo, quejándose a gritos por todo aquello que no les parecía bien. El principal blanco de las iras de esta cuadrilla fueron siempre el presidente Enric Llaudet y los integrantes de su junta directiva.

El propio Llaudet tuvo la ocurrencia de bautizar a aquel grupo con el nombre de «los morenos». El presidente azulgrana era un apasionado de los toros y, como tal, sabía perfectamente que los aficionados de menor capacidad económica, y más dados a expresar su descontento a voces, ocupaban las localidades de la andanada de sol en todos los recintos taurinos. Precisamente por ocupar siempre ese lugar en los tendidos acostumbraban a ponerse muy morenitos de piel.

Curiosamente, cuando Llaudet abandonó la presidencia del club, «los morenos» prosiguieron con sus protestas contra la gestión de Narcís de Carreras. Pero, una vez que Agustí Montal i Costa ganó sus primeras elecciones, en 1969 dejaron de ser un grupo crítico con las directivas. Entonces se convirtieron en una especie de guardia pretoriana, que protegió al poder establecido ante cualquier movimiento opositor e, incluso, ante las críticas de los medios de comunicación.

Muchos periodistas de la época sufrieron en sus propias carnes los insultos y las amenazas de aquel reducto de violentos, cuyas actuaciones se alargaron en el tiempo hasta la aparición de los Boixos Nois, ya en la década de los noventa. A modo de ejemplo, basta con reproducir un párrafo publicado por *El País* el 20 de octubre de 1979, con motivo de los incidentes que se produjeron al término de un partido de Liga entre el FC Barcelona y el Hércules:

> La nota desagradable estuvo en la agresión sufrida por los informadores deportivos catalanes al término del encuentro en el Camp Nou. Tras no serles permitida la entrada a los vestuarios, un grupo —una banda conocida generalmente como Los Morenos, hinchas furibundos azulgranas— los persiguió con botellas y a pedradas. Al

parecer, no se produjeron desgracias personales. Estos hechos se han producido ya en repetidas ocasiones, sin que se hayan tomado las medidas oportunas para subsanarlos.

El primer desplazamiento masivo

El FC Barcelona siempre ha tenido una afición muy numerosa y muy fiel, pero nunca había acompañado a su equipo de forma masiva en los primeros ochenta años de vida de la entidad. Los socios y seguidores siempre habían llenado los recintos de propiedad azulgrana en los partidos importantes. Pero no tenían la costumbre de desplazarse en grupo a ciudades o a países donde hubiera títulos en juego, por muy trascendentes que estos fueran. Además, los aficionados llevaban muchos años sin celebrar ningún título europeo de relumbrón. Concretamente, desde que le ganaron la Copa de Campeones de Ferias al Leeds United (2-1), en el Camp Nou, el 22 de septiembre de 1971. Seguramente por ambas razones, la respuesta que los barcelonistas dieron al llamamiento del club de que viajaran hasta Basilea para animar al equipo en la final de la Recopa de Europa, contra el Fortuna de Dusseldorf, sorprendió a todos.

El 16 de mayo de 1979, más de 30 000 barcelonistas se desplazaron hasta la ciudad suiza, cubriendo un trayecto de casi 1 100 kilómetros de ida y otros tantos de vuelta. Nadie se arrepintió de emprender la aventura. Ni siquiera los que se metieron quince horas de autocar entre pecho y espalda para llegar a Basilea tres o cuatro horas antes del partido y emprender viaje de regreso nada más terminar el encuentro. El sacrificio económico y físico mereció la pena, porque los 30 000 pudieron ver como el equipo se adjudicaba su primera Recopa de Europa de la historia del club, en una final apasionante, con prórroga incluida, que estuvo rebosante de emociones y de goles.

Más allá del fútbol, y de las sensaciones que dejó ese encuentro, la final de Basilea será recordada siempre por el significado social y político que tuvo aquel desplazamiento. El general Franco había muerto en el año 1975, el país vivía en plena transición democrática, acababa de aprobarse la nueva Constitución Española y en Cataluña llevaban algunos meses redactando el Estatut de Autonomia, que sería votado, en referéndum, el 25 de octubre de 1979. Así que el viaje y el partido se convirtieron, sin que nadie se lo propusiera, en un acto de afirmación catalanista. Las carreteras y autopistas, las estaciones de ferrocarril, los aeropuertos, las calles de Basilea y el estadio Saint Jakob Park se llenaron de señeras y en la ciudad suiza, fronteriza con Francia, se habló más catalán que cualquier otra lengua durante un día entero.

La organización del desplazamiento, incluyendo los aspectos relacionados con la seguridad, fue impecable. Y otro tanto sucedió con el comportamiento de los aficionados. Al día siguiente, tanto las autoridades suizas como los responsables de la UEFA, felicitaron a la directiva barcelonista por el ejemplo de civismo que habían dado al mundo entero con esa invasión pacífica de Basilea. Desde entonces, los socios y seguidores azulgrana han protagonizado otros desplazamientos masivos a distintas ciudades españolas y europeas, incluso para partidos que no eran finales.

El socio 108 000

El año 1982 fue un año grande para el FC Barcelona. Es cierto que el equipo, entonces entrenado por el alemán Udo Lattek, dejó escapar una Liga que tenía ganada a cinco jornadas del final. Pero aquel año pasaron muchas más cosas y de una mayor relevancia deportiva, social y económica. El equipo se adjudicó, en el Camp Nou, la Recopa de Europa al derrotar al Standard de Lieja por 2-1, con goles de Simonsen y Quini. El estadio fue escenario de la inauguración del Mundial de Fútbol y de numerosos partidos de esa competición. Y el 7 de noviembre se celebró sobre el césped del recinto azulgrana una misa oficiada por el papa Juan Pablo II.

Su Santidad realizó en aquella ocasión una visita a numerosos lugares de culto de Cataluña. Estuvo en la basílica de Montserrat, en la Sagrada Família, en la catedral de Barcelona, en Montjuïc... Su apretada agenda, que negoció el Arzobispado de Barcelona, incluyó la celebración de la eucaristía en el Camp Nou. Aquel día 7 de noviembre, Juan Pablo II llegó al estadio sobre las 6 de la tarde y ofició la Santa Misa bajo una lluvia fina, pero ininterrumpida. En su homilía, el Papa se refirió a «la fidelidad del cristiano y la iglesia», con menciones a la necesidad de humanizar el mundo y con referencias constantes al Concilio Vaticano II.

Las gradas del Camp Nou y el terreno de juego se llenaron de católicos. Se registró una asistencia de 120 000 enfervorizados fieles, que escucharon con mucha atención las palabras de Juan Pablo II y que se emocionaron cuando Su Santidad utilizó el catalán durante algunos pasajes de su homilía. Finalizada la Santa Misa, el presidente Josep Lluís Núñez hizo entrega al Papa del carné de socio número 108 000 de la entidad. Instantes después, se dio por finalizada la visita. El *Papamóvil* trasladó a Juan Pablo II hasta el aeropuerto de El Prat, donde tomó su vuelo de regreso a Roma.

Veintiocho años después de la visita de Juan Pablo II, el papa Benedicto XVI realizó otro viaje a Barcelona. Llegó procedente de Santiago de Compostela y también estuvo muy pocas horas en la ciudad. En esa ocasión, Su Santidad no tuvo contacto con el FC Barcelona. Pero sí se produjo una curiosa coincidencia. Benedicto XVI estuvo en la Ciudad Condal el mismo día que Juan Pablo II. Es decir, el 7 de noviembre.

El Grup d'Opinió

Durante el inagotable mandato presidencial de Josep Lluís Núñez se constituyeron diversas plataformas de oposición al dirigente azulgrana. Las dos más trascendentes, por sus conexiones con distintas esferas del poder y por su capacidad logística y de convocatoria, fueron el Grup d'Opinió Barcelonista y el colectivo Elefant Blau. La creación de ambas plataformas se basó en los mismos objetivos y tuvo, incluso, algunas coincidencias entre los nombres de sus promotores. Años más tarde y copiando algunas estrategias del pasado, un grupo anónimo intentó sin éxito provocar la dimisión de Joan Laporta, que curiosamente había llegado a la presidencia tras un larguísimo viaje sobre los lomos del paquidermo azul.

El Grup d'Opinió Barcelonista se gestó en una playa de Palma de Mallorca durante el mes de agosto de 1986. Un grupo de socios, entre los que se encontraba Ricard Huguet, ejecutivo de la empresa Industrias Murtra, acordó constituir aquella plataforma para ir allanando el camino de un futuro candidato a las elecciones presidenciales que deberían celebrarse en 1989. Tenían tres años para erosionar la imagen de Núñez, que en aquellos momentos vivía en el centro de un huracán. El FC Barcelona había perdido la final de la Copa de Europa de Sevilla, frente al Steaua de Bucarest, y la directiva había saltado a las primeras páginas de los periódicos como consecuencia de un desagradable proceso judicial contra la estrella de su equipo, el alemán Bernd Schuster.

El despacho que el Grup d'Opinió abrió en el tercer piso del número 30 de la vía Laietana recibió muy pronto una avalancha de adhesiones al manifiesto de siete puntos que la plataforma había repartido por toda la ciudad. Posteriormente, el 31 de octubre de aquel mismo 1986, el grupo se presentó en sociedad en un acto multitudinario para el que alquilaron la sala más grande del hotel Ritz. Aparecía como portavoz Ricard Huguet, quien leyó en voz alta los nombres de los 28 integrantes de la cúpula del colectivo. Entre ellos se contaban Evarist Murtra y Jacint Borràs. También aparecían en la lista parientes directos de exdirigentes del club, como Albert Alavedra, Francesc de Carreras, Enric Llaudet o Enric Montal.

Al calor de aquel Grup d'Opinió se gestaron otros grupúsculos, como Unió Barcelonista, Plataforma Àmplia d'Oposició o Barcelonistes de Sempre, que no alcanzaron notoria relevancia aunque reunieron a personas como Joan Casals o Albert Perrín, que más adelante reaparecerían en la escena de distintos procesos electorales. Casals había sido directivo con Núñez en 1978 y Perrín se convertiría en directivo de Laporta durante el otoño el año 2005.

La actividad del Grup d'Opinió, que procuró organizar actos coincidiendo con los momentos en que la realidad social, económica o deportiva se encontraba en niveles muy bajos, tuvo episodios sonados con la publicación de los documentos *Declaración Barcelonista* y *El manifiesto de los 80 notables*. Cuatro de los cinco expresidentes vivos del club dieron apoyo a aquellas iniciativas. Francesc Miró-Sans, en cambio, no quiso intervenir en lo que calificó como «una política de paños calientes».

El grupo se disolvió el 29 de julio de 1988, apenas cinco meses antes de que Sixte Cambra anunciara que se presentaba como candidato a las elecciones presidenciales de 1989. Evarist Murtra formaba parte de esa candidatura, con rango de futuro vicepresidente. Cambra, quien contó con el apoyo incondicional de Convergència i Unió (CiU), entonces partido gobernante de la Generalitat de Catalunya, perdió la batalla de las urnas ante Núñez por casi 8 000 votos de diferencia. El vencedor obtuvo el 58,27 por ciento de los sufragios. Participaron en el proceso un total de 43 663 socios.

El carné de Jordi Pujol

El día 9 de junio de 1930 nacía en Barcelona Jordi Pujol i Soley. Su vida, tan intensa como apasionante, ha sido objeto de numerosas biografías. *El virrey*, del periodista José Antich, actual director de *La Vanguardia*, o *Memorias*, escrito por el historiador y periodista Manel Cuyàs, recogen con todo lujo de detalles la trayectoria personal, profesional y política del que fuera presidente de la Generalitat de Catalunya entre los años 1980 y 1993. Ambos cuentan su infancia y su adolescencia; su etapa como estudiante de Medicina; su tiempo como alférez provisional en Segovia; su detención y posterior encarcelamiento durante dos años y medio por defender su nacionalismo frente a las ideas del régimen franquista; su paso por los laboratorios Fides Cuatrecasas, donde inventó la famosa pomada antibiótica Neo-bacitrín; su participación en el nacimiento clandestino de Convergència Democràtica de Catalunya (CDC) o su magnífica trayectoria política. Y ambos recogen también su vinculación sentimental con el FC Barcelona.

Además de lo que ya se ha contado en aquellas y en otras obras publicadas durante los últimos años, podrían escribirse muchísimas páginas más sobre la relación que Jordi Pujol ha mantenido con el club de toda su vida y del que es socio desde hace varias décadas. No en vano, ha acudido a presenciar los partidos siempre que le ha sido posible, ha colaborado desde la sombra con amigos suyos que presidieron o quisieron presidir la institución y ha mantenido siempre una participación activa en todos los actos propios del club, sin dejar de asistir jamás a una votación. Entre ellas, la del procedimiento electoral que enfrentó a Josep Lluís Núñez y Sixte Cambra, a quien prestó todo su apoyo, durante la primavera del año 1989.

Con motivo de aquellas elecciones presidenciales, Jordi Pujol fue protagonista de una singular anécdota. La votación se celebró el 1 de abril en el Mini Estadi del FC Barcelona y, para ejercer su derecho, los socios debían presentar ante la mesa correspondiente el carné del año en curso. La tarde anterior, el presidente de la Generalitat se preparó para el acto del día siguiente. Buscó el documento que se le exigía para poder votar y no lo encontró. Creyó que había extraviado el carné y envió a dos *mossos d'esquadra* a las oficinas del club para que le extendieran un duplicado. Su sorpresa fue mayúscula cuando, de regreso al palacio de la Generalitat, los policías autonómicos le informaron de que el carné no se había perdido, sino que había sido devuelto por el banco a causa del impago de la cuota. No obstante, Nicolau Casaus, presidente en funciones durante ese proceso electoral, decidió entregar a los dos policías el carné a Jordi Pujol sin cargo económico alguno. El *Molt Honorable President* no quiso aceptar ese obsequio y volvió a enviar a los dos *mossos* a las oficinas del club para que abonaran en metálico el importe del carné.

«La Copa de todos»

Los éxitos conseguidos por el FC Barcelona en las diferentes etapas de su historia no solo comportaron la obtención de títulos y trofeos. Esas victorias permitieron al club incrementar el número de sus socios y sus seguidores, y en la calle, al calor de aquellos éxitos, aparecieron también diversas publicaciones dedicadas de forma exclusiva a la actualidad barcelonista. Una de esas revistas fue *Barça*.

Empezó a publicarse durante la construcción del Camp Nou, aunque su depósito legal data de 1958. No hay datos concretos sobre quiénes eran sus verdaderos propietarios, aunque parece ser que el presidente Francesc Miró-Sans fue uno de los que puso dinero para que la revista fuera una realidad. La revista *Barça* tenía su redacción en la ronda Universitat, número

17, y la impresión de la revista se contrató con Talleres de Imprenta, SA, es decir, *La Vanguardia*.

En *Barça* escribían en aquellos tiempos periodistas como Manuel Ibáñez Escofet, Alberto Durán, Ramón Crespo y otros más jovencitos como Jesús Ichaso, quien por aquel entonces trabajaba como corrector en el periódico de la familia Godó y que ahora acaba de cumplir 84 años. Empezó siendo una revista en blanco y negro y acabó publicándose a todo color. Hoy, el FC Barcelona edita una revista con el mismo nombre. Mensualmente, se recibe en todos los domicilios donde reside un socio del club. Ya sea en Barcelona o en Tokio.

En el año 1963, la revista *Barça* tuvo una gran iniciativa: promovió la singular idea de fundir la chatarra de los ochenta trofeos que habían sido destruidos por el bombardeo que sufrió la sede del club durante la noche del 16 de marzo de 1938. El metal resultante de aquel trabajo de fundición se utilizó para realizar un trofeo de carácter simbólico que fue bautizado como «la Copa de todos». Una vez construida, la revista cedió la nueva copa al FC Barcelona, que desde el año 1984 la tiene expuesta en su museo.

CAPÍTULO 7

Historias de partidos y títulos

El estreno

*E*l día de la Inmaculada Concepción de la Virgen María de 1899, los ímprobos esfuerzos de Joan Gamper desembocaron en la disputa del encuentro entre el Foot-Ball Club Barcelona y un equipo de la Colonia Inglesa de la ciudad. No puede decirse que el primer partido del recién nacido club de fútbol fuera un éxito. El FC Barcelona tuvo que pactar con su rival que el encuentro no fuera de once jugadores contra once, como por aquel entonces ya decían las normas inventadas por los ingleses. Gamper solo pudo reunir diez jugadores. El equipo, además, afrontó el compromiso vestido de cualquier manera, porque aún no tenía uniforme oficial. Y el resultado tampoco fue bueno, porque, pese a estrellar dos balones en los postes, la victoria fue para los ingleses por 1-0.

Al día siguiente, 9 de diciembre, el diario *La Vanguardia* publicó una extensa crónica sobre aquel acontecimiento deportivo y ciudadano. El relato, insertado en la página 7, estaba firmado con las iniciales A. S. y recogía, en un particular lenguaje, el que estaba al uso en la época aunque salpicado de muchos vocablos ingleses, lo que al periodista le pareció más significativo. Y lo contaba así:

Macht à foot-ball. – Soberbio fue el jugado ayer tarde en el ex-Velódromo de La Bonanova, entre la sociedad Foot-Ball Club Barcelona y algunos jóvenes de la Colonia Inglesa de esta capital. A las tres en punto, hora prefijada, se alineaban ambos bandos, compuestos de diez jugadores cada uno, en la *pelouse* del indicado ex-Velódromo; empezó el partido con viento N.O. flojo y jugando los ingleses en el lado N.E., mientras el *team* de Barcelona Foot-Ball Club lo verificaba en el N.O. Empezó el juego el *team* Barcelona, sucediéndose aquella serie de incidentes que tanto atractivo proporcionan a este *sport* favorito de las naciones robustas. Desde los primeros goles se distinguieron del *team* Barcelona los señores Hans Gamper, capitán, Urruela, Lomba y Wild, por su acierto en dirigir la pelota. Del *team* inglés, bastante más inteligente que aquel, se distinguieron los señores Parsons, Witty y Fitzmaurice. Durante la primera parte del partido los ingleses lograron un *goal* o entrada, en tanto que el *team* Barcelona perdía dos por embocar la pelota contra los palos de la puerta. Dada la señal de descanso *times* y después de comentarse entre el distinguido e inteligente público que presenció el *match* los incidentes cómico-serios del mismo, empezó la segunda parte del partido, jugando entonces invertidos ambos bandos. En esta segunda parte, el *team* inglés tuvo durante buen rato en jaque al *team* Barcelona, pues estuvo durante quince minutos jugando frente a la misma puerta, hasta que el señor Gamper, capitán del Barcelona Club, logró en una de sus impetuosas salidas conducir la pelota al campo contrario, donde intentó un *goal* por este *bhit*, sin resultado. Para terminar, séanos permitido felicitar calurosamente al Foot-Ball Club Barcelona, que con tan buenos auspicios inaugura sus sesiones y hacer extensiva la felicitación a los jóvenes de la Colonia Inglesa, que con tanta inteligencia llevaron el partido *match* de ayer. No puedo terminar sin hacer especial mención de un partido disputadísimo que salvó el *goal-keepper* del Barcelona Club, señor Urruela, quien fue saludado con un aplauso por parte de los asistentes, entusiasmados ante la vehemencia con que era defendida la entrada de la pelota. Terminó la fiesta alegremente, con los vivas y hurras de ordenanza en tales fiestas. El *team* inglés lo formaban los siguientes señores: J.A. Witty, K. Witty, C.U. Raimdtre, W. Parsons, J. Parsons, S. Harris, A. Walker, J. Morrison, J.R. Webb y D. Fitzmaurice. Formaban el del Barcelona Foot-Ball Club los señores G. Wild, A. Kamper, Urruela, Lomba, Orió (de), Llobet, López, Terradas, Kunzli y Schilling. Tenemos entendido que se está formando otra sociedad de la misma índole por otro grupo de jóvenes de Barcelona, al que pronto veremos medir sus armas o su pelota con los adalides del *match* de ayer. (*Sic*)

Aquel equipo, cuya inminente aparición anunciaba el periodista, era el Català, que se enfrentaría al FC Barcelona la tarde de la Nochebuena de aquel mismo año 1899, en el mismo campo del Velódromo de La Bonanova y con el mismo árbitro que había tenido el primer partido de los barcelonistas, el británico Leack.

Los orígenes del derbi

Ángel Rodríguez, Octavio Aballí y Luis Roca, tres estudiantes universitarios barceloneses, constituyeron la Sociedad Española de Football el 28 de octubre de 1900. Su idea fundacional fue dar vida a un club que, a diferencia de otros y, por supuesto del FC Barcelona, estuviera integrado exclusivamente por jugadores de nacionalidad española. Nacía, pues, con un objetivo que iba más allá de la simple práctica del juego del fútbol y con un espíritu que no ha dejado de estar presente a lo largo de su centenaria historia.

Sí ha cambiado, y varias veces, su denominación. El club sustituyó su nombre inicial por el de Club Español de Football en 1901; después de tres años de inactividad por falta de jugadores, pasó a llamarse Club Deportivo Español, en 1910; tras la Guerra Civil, la directiva solicitó permiso para la utilización del título de «real» e incorporó la corona a su escudo; y, finalmente, en 1995 se convirtió en Reial Club Deportiu Espanyol.

Con un nombre u otro, la rivalidad entre los dos clubs de la Ciudad Condal empezó el mismo día de su primer enfrentamiento sobre un terreno de juego. Fue la tarde del 23 de diciembre de 1900. El club blanquiazul había solicitado la celebración de un amistoso. El choque tuvo lugar en el campo del Hotel Casanovas y finalizó con el resultado de empate a cero. El recién nacido club jugó aquel primer derbi con camisetas amarillas. De hecho, hasta su refundación de 1910 no adoptaría los colores blanquiazules, inspirados en el escudo de armas del almirante almogávar Roger de Llúria.

Las crónicas destacan que el Barcelona afrontó el encuentro con un equipo integrado únicamente por reservas. La alineación de aquel día la componían Reig, Negre, Caralt, Vidal, Cabot, Elias, Llorens, Blanco, Quintana, Margarit y Durà. Ninguna de las estrellas de la época, como Gamper, Parsons, Witty, Terradas, Ossó y Smart estuvieron presentes en aquel primer derbi ciudadano. En cambio, el Espanyol alineó a sus mejores jugadores y, entre ellos, a dos de sus tres socios fundadores.

Entre aquel primer encuentro amistoso y el primer enfrentamiento de carácter oficial transcurrieron solamente treinta y cinco días. El 27 de enero de 1901, FC Barcelona y RCD Espanyol volvieron a encontrarse. Esta vez lo hacían disputando la Copa Macaya, el primer antecedente histórico del Campeonato de Cataluña, que comenzaría a celebrarse a partir de 1903. El conjunto azulgrana, que esta vez jugó con todos sus jugadores titulares, se impuso por un rotundo 4-1. Los cuatro goles del equipo barcelonista fueron obra de Joan Gamper.

El Barça ganó el primer clásico

Veinticinco meses después de que el suizo Joan Gamper fundara el FC Barcelona, los catalanes Joan y Carles Padrós fundaron el Real Madrid, junto a Julián Palacios. Oficialmente, el club de la capital de España nació el 6 de marzo de 1902 con el nombre de Madrid Foot-Ball Club y tuvo como primer presidente a Joan Padrós. La institución surgió de una escisión del Foot-Ball Sky, que había jugado sus primeros encuentros, en 1897, en la barriada de Vallecas.

Solo dos meses después, el 13 de mayo de aquel mismo año, y por iniciativa de Carles Padrós, que en 1904 sucedería a su hermano Joan en la presidencia del Real Madrid, empezó a disputarse la Copa de la Coronación. El torneo futbolístico se incluyó en el calendario de festejos que se organizaron con motivo de la coronación de Alfonso XIII como rey de España. Hijo de Alfonso XII y María Cristina, fue rey desde el mismo día de su nacimiento, el 17 de mayo de 1886, pero no pudo acceder al trono hasta que cumplió los 16 años. Su madre, mientras, actuó como regente.

La iniciativa del Real Madrid fue bien acogida por la Casa Real y se cursaron invitaciones a diferentes clubs españoles. Además del equipo organizador, aceptaron participar el FC Barcelona, el Espanyol y el Bizcaya, combinado en el que jugaron futbolistas del Athletic Club y del Bilbao FC. El torneo se disputó en el Hipódromo de la Castellana los días 13 y 16 de mayo. El primer encuentro enfrentó, por sorteo, al Barcelona y al Real Madrid, de modo que el 13 de mayo de 1902, a las 12 del mediodía, empezó a jugarse el primer clásico de la historia.

Era la primera vez que los azulgrana iban a disputar un encuentro fuera de Cataluña. La expedición, formada por dieciocho jugadores, salió de la Ciudad Condal el día 11. Los jugadores pagaron los gastos del viaje de su propio bolsillo. El FC Barcelona alineó a Reig, Witty, Llobet, Terradas, Meyer, Valdés, Parsons, Steinberg, Gamper, Ossó y Albéniz, mientras que el Real Madrid puso en liza a Sevilla, Molero, Gorostizaga, Spottorno, Palacios, Thomson, Neira, Celada y los tres hermanos cubanos Armando, José y Mario Giralt.

La diferencia entre los dos equipos fue notable. El FC Barcelona se mostró muy superior en todos los aspectos del juego, sin duda porque partía con la ventaja de llevar dos largos años practicando, mientras que el Real Madrid apenas había cumplido dos meses de vida. Los azulgrana ganaron por 3-1, con dos goles de Steinberg y otro de Gamper. La prensa madrileña elogió abiertamente el juego barcelonista.

El debut internacional

Cataluña, como país, siempre ha tenido una gran vocación europeísta. Y el FC Barcelona, como institución catalana, también. No es de extrañar, por lo tanto, que, desde el momento de su fundación, el club tuviera la inquietud y el deseo de cruzar fronteras y enfrentarse a equipos de otros países. El hecho de que Joan Gamper fuera suizo, y que hubiera otros directivos ingleses y alemanes en las primeras juntas directivas, fue decisivo para que el club azulgrana disputara muy pronto su primer partido internacional.

Gamper había vivido en Francia, donde destacó por sus condiciones para practicar el atletismo. Y por eso mantenía contactos con el país vecino. Fruto de esas relaciones, la directiva azulgrana concertó la disputa de un encuentro internacional amistoso con el Stade Olympique de Toulouse. El partido se celebró el 1 de mayo de 1904 en el terreno de juego de los franceses. El FC Barcelona venció por 2-3, con goles de Steinberg, Lassaleta y Forns. Allí mismo, durante la estancia de los azulgrana, se concertó el partido de vuelta.

La devolución de la visita tuvo lugar el 26 de diciembre de aquel mismo año. El fundador del club, que había colgado las botas al finalizar la temporada anterior, concretamente el 28 de junio de 1903, quiso participar en el evento y volvió a formar parte de la alineación. Y se lució, marcando dos de los cuatro goles con los que el equipo azulgrana se impuso contundentemente (4-0). La presencia de un equipo extranjero en Barcelona constituyó todo un acontecimiento ciudadano.

Campeones olímpicos, de Europa y del mundo

Según se tiene constancia, los antiguos griegos empezaron a disputar los Juegos Olímpicos 776 años antes de Jesucristo. Aquellas competiciones se celebraban en Olimpia, la ciudad que terminaría por dar nombre a la mayor manifestación deportiva del mundo moderno. Pero los primeros Juegos Olímpicos, entendidos como tales, se celebraron en el año 1896 en la ciudad de Atenas (Grecia). Desde entonces, sin más interrupción que las obligadas por las dos grandes guerras mundiales, cada cuatro años se celebra una nueva edición. Siempre en años bisiestos.

El FC Barcelona ha tenido, tradicionalmente, representantes en los Juegos Olímpicos. Futbolistas y atletas de otras muchas especialidades. Pero aun más, puede presumir de tener un montón de campeones y medallistas olímpicos, como también puede decir que deportistas de sus distintas secciones se han proclamado campeones de Europa y del mundo en fútbol, baloncesto, balonmano, hockey sobre hierba, hockey sobre patines, atletismo y en otras muchas especialidades. A fin de cuentas el club azulgrana siempre ha tenido un grandísimo ramillete de secciones, que le han convertido en el club de fútbol que practica más disciplinas deportivas en la alta competición.

Referir aquí a todos los atletas del FC Barcelona que han sido bronce, plata u oro en unos juegos olímpicos, campeonatos de Europa y del mundo sería interminable. Casi como la guía telefónica de una población relativamente pequeña. Y como este pretende ser un libro centrado en el fútbol (quizás haya ocasión de escribir otro dedicado a las secciones profesionales y *amateur* del club), será mejor centrarse en los futbolistas, que también hay unos cuantos por mencionar. Eso sí, advirtiendo que otros atletas del club han conseguido medallas en atletismo, balonmano, baloncesto, hockey sobre hierba, hockey sobre patines y ciclismo en pista.

Los primeros medallistas olímpicos del FC Barcelona fueron Ricardo Zamora, Félix Sesúmaga, Agustí Sancho y Josep Samitier, que conquistaron la medalla de plata en Amberes 1920. Pero los primeros y hasta ahora únicos futbolistas del club que se han colgado la medalla de oro han sido Albert Ferrer, Antoni Pinilla y Pep Guardiola, quienes ganaron el torneo olímpico de Barcelona 1992, entrenados por Vicente Miera; Javier Saviola, oro en Atenas 2004, y Lionel Messi, que se adjudicó la competición de fútbol, también con Argentina, en Pekín 2008. Antes de ese último oro, Aloisio Pires fue subcampeón con Brasil, en Seúl 1988; el también brasileño Ronaldo Luís Nazário de Lima fue bronce en Atlanta 1996; y Gabri García, Xavi Hernández y Carles Puyol consiguieron la medalla de plata en Sidney 2000. Y también es necesario citar a Javier Mascherano, actual jugador de la plantilla, quien ganó dos oros consecutivos en Atenas 2004 y Pekín 2008, cuando militaba en el River Plate y en el Liverpool, respectivamente.

En cuanto a los campeonatos de Europa absolutos, Salvador Sadurní (estaba como suplente de José Ángel Iríbar), Ferran Olivella, Josep María Fusté y Chus Pereda ganaron la final de la Eurocopa de 1964, frente a Rusia, con una selección dirigida por Pepe Villalonga. En 2008, con Luis Aragonés en el banquillo, fueron campeones europeos Andrés Iniesta, Carles Puyol y Xavi Hernández y los dos últimos además formaron parte del once ideal de esa fase final. Otros jugadores del FC Barcelona participaron en los encuentros de las fases previas de esas dos primeras citas europeas, pero no tuvieron el honor de colgarse del cuello la medalla de oro. Y la última Eurocopa, la del 2012 en Polonia y Ucrania, ha servido para que Cesc Fàbregas, Gerard Piqué, Víctor Valdés, Pedro Rodríguez, Sergi Busquets y el recién fichado Jordi Alba se incorporen a esta impresionante lista azulgrana de trece campeones europeos.

Y, finalmente, en cuanto a los campeones del mundo, solo

ha habido ocho, aunque ese «solo» debería escribirse con mayúsculas: Víctor Valdés, Carles Puyol, Gerard Piqué, Sergi Busquets, Xavi Hernández, Andrés Iniesta, Pedro Rodríguez y David Villa. Algunos no consideran que Villa fuera jugador del FC Barcelona durante el Mundial de Sudáfrica 2010, pero el delantero ya había firmado contrato con su nuevo club antes de iniciarse la fase final de la competición. Precisamente, Villa fue, además, el máximo goleador del torneo, con cinco goles, los mismos que marcaron Thomas Muller (Alemania), Wesley Sneijder (Holanda) y Diego Forlán (Uruguay). Y también habrá quien piense que Cesc Fàbregas es un campeón del mundo culé, aunque cuando jugó en Sudáfrica 2010 aún militaba en el Arsenal londinense.

La triple final de El Sardinero

La Copa de España de 1928 tuvo un desenlace tan épico como singular. Se clasificaron para disputar la final el FC Barcelona y la Real Sociedad de San Sebastián. La Federación Española de Fútbol decidió que el partido que debía decidir el título se celebrara en Santander y más concretamente en los Campos de Sport de El Sardinero. Aquella fue, sin duda, la final más larga de la historia. Empezó a disputarse el día 20 de mayo y finalizó el 29 de junio, casi seis semanas más tarde.

Hicieron falta tres partidos para decidir el equipo campeón. Los dos primeros se celebraron con un intervalo de tiempo de solo cuarenta y ocho horas. Pero el tercer y definitivo encuentro tuvo que esperar cinco semanas más. Nueve jugadores de la Real Sociedad habían sido convocados para intervenir en el torneo de fútbol de los Juegos Olímpicos de Ámsterdam de aquel año: Amadeo, Marculeta, Kiriki, Mariscal, Trino, Zaldua, Paco Bienzobas, Cholín e Izaguirre. El FC Barcelona no tuvo representación alguna en esa cita olímpica, porque la mayoría de sus futbolistas, los mejores, ya eran profesionales.

El poeta gaditano Rafael Alberti resultó un inesperado cronista del primero de los tres encuentros. Lo explicó así:

Un partido brutal, el Cantábrico al fondo, entre vascos y catalanes. Se jugaba al fútbol, pero también al nacionalismo. La violencia por parte de los vascos era inusitada. Platko, un gigantesco guardameta húngaro, defendía como un toro el arco catalán. Hubo heridos, culatazos de la Guardia Civil y carreras del público. En un momento desesperado, Platko fue acometido tan furiosamente por los de la Real que quedó ensangrentado, sin sentido, a pocos metros de su puesto, pero con el balón entre los brazos. En medio de ovaciones y pitos de protesta, fue levantado en hombros por los suyos y sacado del campo, cundiendo el desánimo entre sus filas al ser sustituido por otro. Mas, cuando el partido estaba tocando a su fin, apareció Platko de nuevo, vendada la cabeza, fuerte y hermoso, decidido a dejarse matar. La reacción del Barcelona fue instántanea. A los pocos segundos, el gol de la victoria penetró por el arco de la Real, que abandonó la cancha entre la ira de muchos y los desilusionados aplausos de sus partidarios.

Resulta obvio que el FC Barcelona no logró la victoria aquel 20 de mayo de 1928, tal como escribió Alberti. El primer partido finalizó con empate a un gol, tantos marcados por Mariscal y por Samitier. Así que el día 22 de mayo se repitió el encuentro. Concluyó con el mismo resultado que el primero, pero esta vez con goles de Kiriki y Piera. Por fin, más de un mes más tarde, el 29 de junio pudo jugarse el desempate final. Los donostiarras que habían participado en los Juegos Olímpicos de Ámsterdam regresaron cansados y, esta vez, no pudieron dar réplica a un magnífico equipo azulgrana formado por Llorens, Walter, Mas, Guzmán, Castillo, Carulla, Piera, Sastre, Samitier, Arocha y Sagi. El partido concluyó con el resultado de 3-1, con goles de Samitier, Txomin Zaldua (de penalti), Arocha y Sastre, todos ellos en la primera parte del encuentro.

De la gira americana al exilio mexicano y francés

Solo unas semanas después de que estallara la Guerra Civil y el presidente Josep Sunyol fuera detenido y fusilado por las tropas franquistas en el frente de Guadarrama, el FC Barcelona inició la temporada 1936-37 con la disputa de los primeros encuentros del Campeonato de Cataluña y la posterior participación del equipo en la Liga Mediterránea. Pero la situación era cada vez más difícil de sostener para todos. Diversos futbolistas de la época, entre ellos Ricardo Zamora y Josep Samitier, fueron detenidos por los milicianos. Cuando Zamora, después de seis meses en la cárcel, logró volver a la calle, decidió exiliarse en Francia, donde coincidiría con su amigo Samitier.

A comienzos del año 1937, con las competiciones suspendidas, el FC Barcelona recibió una nueva oferta para jugar una serie de partidos amistosos en México. Era la cuarta vez que el Asturias, club mexicano, invitaba a los azulgrana. Pero en esta ocasión la respuesta iba a ser afirmativa. La situación general del país y la penuria económica que sufría el club resultaron factores determinantes en la decisión. Manuel Mas Serrano, un empresario catalán que estaba instalado en México y que había sido jugador del equipo de béisbol del club en los años 20, ofreció 15 000 dólares y hacerse cargo de los gastos de alojamiento de la expedición barcelonista. Los contratos se firmaron en abril. Contemplaban hasta el más mínimo detalle: el número de partidos, las fechas en las que se disputarían, los nombres de los adversarios, las consecuencias de una hipotética suspensión de los encuentros, antes de dar comienzo o después de haberse iniciado, y hasta los nombres y apellidos de los integrantes de la expedición.

Ocho días antes de la salida del equipo hacia México, los organizadores de la gira habían depositado en la embajada mexicana de París 8 000 dólares en concepto de anticipo para que el FC Barcelona pudiera pagar los pasajes. El 18 de mayo, la expedición partió en tren desde la Estación de Francia con destino a la de Saint-Lazare, en París. El día 24, el equipo iniciaría un larguísimo viaje que se cerraba con la travesía del Atlántico, con destino a México.

Integraron el importante grupo de viajeros el entrenador Patrick O'Connell, el masajista Ángel Mur, el doctor Modesto Amorós, el delegado Rosend Calvet y los jugadores Josep Argemí, Joan Babot, Domènec Balmanya, Josep Bardina, Josep Escolà, Ferran García, Miquel Gual, Félix de los Heros, alias *Tache* (jugador del Sevilla que se integró en la expedición), Josep Iborra, Juli Munlloch, Josep Pagés, Esteve Pedrol, Joan Rafa, Joaquim Urquiaga, Martí Ventolrà y Ramón Zabalo.

El FC Barcelona se enfrentó a diversos equipos (América, Asturias, Atlante, España, Necaxa, Cidosa...), a razón de un encuentro cada domingo. El éxito hizo que la gira se alargara con la disputa de nuevos partidos más contra los mismos rivales. La expedición dio por cerrado el viaje a México, pero la gira continuó. El equipo se desplazó hasta Estados Unidos, donde permaneció el mes de septiembre. Se disputaron partidos ante el Hispania, un combinado de la American Soccer League y una selección formada por futbolistas de origen hebreo. Y llegó la hora del regreso a casa.

Rosend Calvet, en nombre del club, concedió total libertad a los futbolistas para que regresaran o, si lo preferían, pudieran quedarse en México. La guerra proseguía en España y ese hecho hizo que muchos de los expedicionarios azulgrana decidieran quedarse en México. Concretamente once futbolistas: Ventolrà, Urquiaga, Iborra, Munlloch, Pedrol, Gual, García, Bardina y De los Heros *Tache*. La carrera de Ventolrà, que se enroló en las filas del Atlante, fue magnífica. El extremo barcelonés fue máximo goleador del campeonato mexicano en 1941 y ese mismo año fue elegido como el mejor jugador de la Confederación Norte, Centroamérica y del Caribe de Fútbol (Concacaf).

Es decir, que, de los veinte que emprendieron la gira, solo regresaban nueve. Y de ellos, solo cinco eran futbolistas. El trayecto de regreso se hizo interminable: Nueva York-Veracruz-Le Havre-Barcelona. Y encima, no todos completaron el viaje. Balmanya y Escolà se habían comprometido a jugar en el Sète, siempre que la Guerra Civil no hubiera concluido. Y como los tiros seguían sonando y las bombas estallaban, todo ello sin solución de continuidad, se quedaron en Francia. Eso sí, Calvet traía a Barcelona 12 900 dólares en efectivo, cantidad lo suficientemente importante en aquella época como para que el club superase su crítica situación económica.

Los escasos representantes del equipo que regresaron a casa fueron recibidos como auténticos héroes. Pero las autoridades franquistas no tuvieron el menor reparo en sancionar con dos años de suspensión a diecinueve de los veinte barcelonistas que habían iniciado el viaje aquel 18 de mayo de 1937. Rosend Calvet, por su parte, fue suspendido de empleo y sueldo por un periodo de ocho años.

El 11-1 de Chamartín

Los encuentros entre el FC Barcelona y el Real Madrid han sido, históricamente, los que más interés han despertado entre los aficionados. Aquí y, con los inventos de la radio y la televisión, en el mundo entero. El Camp Nou y el Santiago Bernabéu se han quedado pequeños y los índices de audiencia han batido récords año tras año. Los clásicos de las últimas temporadas han sido vistos en España por más de catorce millones de personas y han alcanzado cifras estratosféricas a escala mundial, con más de cuatrocientos millones de telespectadores de los cinco continentes.

Es obvio que eso no sucedía hace setenta años. Los estadios no tenían la misma capacidad que ahora y la televisión no existía para los españoles. La BBC realizó sus primeras emisiones en 1927, pero en España no supimos lo que era la pequeña pantalla hasta 1956. En aquellos tiempos solo podían escucharse los partidos por la radio, con Matías Prats o Miguel Ángel Valdivieso al micrófono, o leerse las crónicas en los periódicos del día siguiente, por supuesto impreso en aquella tinta negra que te dejaba las manos como si acabaras de cambiarle las bujías al coche de alguno de los privilegiados que lo tenía. Porque también en eso andábamos con retraso y hasta el año 1953, tras la Guerra Civil, no fabricamos el primer coche, que fue el Seat 1400.

Salvo aquellos que podían pagarse una entrada, el resto tenía que conformarse con arrimar el oído al aparato de radio, rezando para que no hubiera interferencias, o impregnarse de emociones (y de tinta negra) leyendo los periódicos de la época. La capacidad de los periodistas para transmitir las informaciones y la fe que cada uno tuviera en lo que leía movía o removía los espíritus del pueblo. Y eso, ni más ni menos, fue lo que sucedió en 1943, cuando el FC Barcelona y el Real Madrid se enfrentaron en las semifinales de la Copa de Su Excelencia Generalísimo, como se decía o te hacían decir en aquellos difíciles tiempos de la posguerra.

El día 6 de junio, en Les Corts, el Barcelona ganó por 3-0, con goles de Valle, Escolà y Sospedra. El partido no registró incidentes, mas allá de los pitos que los azulgrana dedicaron al

Real Madrid cuando saltó al campo. La prensa de Madrid arremetió contra los aficionados catalanes por su falta de deportividad y calificó la bronca como una «organizada y cacareada pita». Como no estaban los tiempos para la lírica, el presidente barcelonista remitió una carta a la directiva del Real Madrid para quitarle hierro al asunto. Enrique Pyñeiro, marqués de la Mesa de Asta, escribió en aquella misiva que la pitada «fue totalmente ahogada con la gran ovación que los 38 200 espectadores dedicaron al club que, después del suyo, goza de las preferencias de nuestros socios». Y concluía expresando la voluntad de «seguir honrados con la amistad de ese gran club, de la que tantas pruebas tenemos recibidas».

Una semana después, el 13 de junio, el Barcelona devolvió la visita a Chamartín. Nada más llegar a la capital, los azulgrana fueron recibidos con una gran hostilidad. El autocar fue apedreado a lo largo del trayecto entre la estación del tren y el hotel donde se alojaron. Los jugadores fueron insultados y zarandeados. Pero nada comparado con lo que sucedería en el estadio madridista. La directiva del Madrid hizo un llamamiento a sus socios y les facilitó un silbato a cada uno. El presidente de la Delegación Nacional de Educación Física y Deportes, el general Moscardó; el director general de Seguridad Nacional, José Finat, y el árbitro del encuentro, Celestino Rodríguez visitaron al equipo en el vestuario para recomendar a los jugadores del Barcelona que no se acercaran a las gradas porque «no podemos garantizar su integridad física ahí fuera». Y en el campo pasó de todo. Tanto que Lluís Miró, el portero del Barcelona, no pudo ponerse bajo los palos porque le tiraban piedras.

El Real Madrid se clasificó para la final. No solo remontó los tres goles del partido de ida sino que le sobraron unos cuantos. El partido finalizó con el resultado más abultado que jamás ha registrado un clásico: 11-1. Eso sí, las autoridades decidieron imponer una fuerte multa al Real Madrid por el comportamiento de su público y otra de 2 500 pesetas al FC Barcelona por su participación en los incidentes. El presidente azulgrana presentó su dimisión, en disconformidad con semejante atropello. Las mismas autoridades habían ordenado que los seguidores barcelonistas no viajaran a Madrid y el club había cumplido escrupulosamente con el encargo del poder.

La bendita debilidad de Kubala

Una antigua leyenda atribuye a Ladislao Kubala la condición de mujeriego. Pero las historias que corren de boca en boca no suelen ser muy fiables. Muchas veces, y este es el caso, hay una gran diferencia entre lo que se cuenta y la realidad. Es cierto que las mujeres de la época le consideraron siempre un hombre atractivo, porque era atlético, tenía unos grandes ojos azules y, además, era uno de los mejores futbolistas de aquellos tiempos. Pero esa no fue, ni mucho menos, la debilidad de Kubala.

El mítico futbolista húngaro solía beber. Seguramente empezó a tomar alcohol, siendo muy joven, para combatir el frío y, sobre todo, para mitigar el dolor que sintió a lo largo de su agitada vida entre Hungría, Checoslovaquia, Austria o Italia. En aquellos tiempos, llegó a estar separado de su esposa Anna y de su hijo Branko durante más de un año. Sea como fuere, Kubala tenía una cierta debilidad por la bebida, aunque pocas veces era incapaz de controlar su adicción.

Una de esas veces, el 18 de noviembre de 1951, el teléfono sonó a las once de la mañana en la casa de un periodista, amigo íntimo de Laszi. Al otro lado del aparato estaba Ángel Mur Navarro, entonces masajista del FC Barcelona y ya padre del que sería, años más tarde, su sustituto tanto en el club como en la selección española. La conversación transcurrió, más o menos, de este modo:

—Hola, Mercedes; ¿está Luis?
—Un momento, Àngel; ahora se pone.

Apenas un instante después, Luis ya estaba hablando con Ángel Mur padre.

—¿Sabes donde está Laszi?
—Anoche estuvimos cenando y luego fuimos a tomar algo.
—Es que tenemos partido esta tarde y no se ha presentado a la hora de concentración.
—¿Dónde estás?
—En el estadio (Les Corts).
—Espera ahí un rato, que ahora mismo paso a recogerte.

Unos minutos más tarde, Luis estaba en Les Corts. Los dos protagonistas de la conversación teléfonica fueron, entonces, a la búsqueda de Kubala, hacia el humilde barrio pescador de la Barceloneta. Su primer destino fue, precisamente, el bar en el que la noche anterior se había perdido el rastro del futbolista. Y ya no hizo falta ir a ningún otro lugar. Laszi estaba en la bodega del local, tumbado en un sofá, durmiendo la turca. Luis y Ángel le recogieron y le llevaron directamente al campo donde tres o cuatro horas más tarde se jugaba un partido de Liga contra al Celta de Vigo.

Ángel Mur se quedó a solas con Kubala. Le obligó a meterse un buen rato bajo la ducha, le hizo beber un par de cafés con sal, le metió durante unos minutos en la sauna para que sudara el alcohol a través de los poros de la piel y le sometió a un cuidadoso masaje para ayudar a reactivar su dañado organismo. A la hora señalada para el comienzo del encuentro, las 3.30 de la tarde, Laszi saltó al césped de Les Corts junto a los otros titulares que había dispuesto el técnico Daucik. El equipo de aquella tarde estaba formado por Ramallets, Martín, Biosca, Seguer, Gonzalvo, Szegedy, Basora, Kubala, César, Aldecoa y Manchón. El FC Barcelona fue tremendamente superior al Celta de Vigo. Le venció por 6-1, con un tanto de Basora y... ¡con cinco goles del resacoso Ladislao Kubala! El trabajo de Ángel Mur y la envidiable fortaleza física del propio futbolista habían convertido una borrachera en una bendita debilidad.

Tres lesiones y una bochornosa final

Ladislao Kubala, Bernd Schuster y Diego Armando Maradona fueron tres grandísimos futbolistas. Los tres vistieron la camiseta del FC Barcelona, aunque con distinto nivel de rendimiento. Pero a los tres les tocó vivir, desdichadamente para ellos, una terrible coincidencia. El húngaro, el alemán y el argentino sufrieron graves lesiones en encuentros frente a un mismo adversario: el Athletic Club de Bilbao. Y dos de ellos, Schuster y Maradona, fueron víctimas del mismo jugador: Andoni Goicoetxea.

El 23 de mayo de 1954 se disputó en San Mamés el partido de vuelta de los cuartos de final de la Copa del Generalísimo. El

FC Barcelona había vencido por 4-2 en el encuentro de ida. El Athletic Club saltó al césped del estadio decidido a intimidar a sus rivales. A los cinco minutos de juego, Biosca y Kubala ya habían caído lesionados. En el caso de Kubala, una dura entrada de Arieta le provocó una rotura del ligamento lateral interno y del menisco de la rodilla derecha. Dado que el reglamento no permitía realizar sustituciones, Biosca se colocó en la posición de delantero centro y Kubala caminó por el campo como extremo derecho hasta el descanso y como extremo izquierdo durante la segunda mitad. El partido terminó 1-1 y el Barcelona se clasificó para la siguiente ronda.

De regreso a la Ciudad Condal, los médicos confirmaron que la lesión de Kubala era lo suficientemente grave como para requerir una intervención quirúrgica. El centrocampista húngaro pasó por el quirófano y necesitó cuatro meses y medio para restablecerse de la grave lesión que le había producido Arieta. El equipo superó al Real Madrid en las semifinales del torneo, pero, privado de su mejor jugador, el Barça perdió la final frente al Valencia, que se adjudicó el título tras lograr un contundente 3-0.

El 13 de diciembre de 1981 fue el turno de Bernd Schuster. El FC Barcelona volvía a visitar San Mamés, esta vez en partido de Liga. A los 25 minutos de iniciarse el encuentro, Schuster recogió un balón al borde del área, tras un saque en corto del meta Urruti. Avanzó en dirección al centro del campo y, en aquel momento, Andoni Goikoetxea salió en su búsqueda desde la posición de defensa central. El centrocampista alemán ya había entrado en el medio campo del Athletic cuando el defensa vasco le hizo una entrada terrorífica. El defensa Manolo sustituyó a Schuster. El colegiado castellano Soriano Aladrén aceptó aquel día que el partido se convirtiera en una batalla en la que todo parecía permitido. Simonsen también sufrió en aquel encuentro una distensión de ligamentos de la rodilla. Y todo por un simple 1-1.

La lesión de Schuster fue más grave que la de Kubala. Los médicos le diagnosticaron una rotura del ligamento lateral interno y también del cruzado anterior de su rodilla derecha. Fue operado en Colonia por el catedrático Paul Gerhard Schneider, quien vaticinó que el futbolista volvería a jugar en un plazo de tres meses. No obstante, surgieron complicaciones y Schuster necesitó de una segunda operación, esta realizada por el traumatólogo Rafael González-Adrio, entonces médico del club azulgrana. El período de baja del centrocampista se alargó hasta los nueve meses. El recuerdo de aquella lesión llevó a Schuster a negarse a viajar a Bilbao en 1985, aduciendo una pequeña lesión muscular. Entonces dijo que «ir a jugar a San Mamés es como viajar a Corea».

El 24 se septiembre de 1983, a Maradona le tocó pasar por un trance similar. El FC Barcelona y el Athletic disputaban su enfrentamiento de la primera vuelta de la Liga en el Camp Nou. Los azulgrana vencían por 2-0 cuando, en el minuto 56 de partido, en una acción intrascendente en el centro del campo, el mismo Andoni Goikoetxea golpeó violentamente y por detrás el pie de apoyo de Maradona. El argentino fue retirado del campo en camilla y fue sustituido por Esteban. El Barcelona acabó ganando por 4-0.

Maradona fue operado en Barcelona por el doctor González-Adrio de una fractura del maleólo peroneal, con desgarro del ligamento lateral interno y de la sindesmosis (ligamentos tibio-peroneos anterior y posterior y ligamento interóseo). Estuvo tres largos meses de baja.

Al final de la temporada siguiente, el FC Barcelona y el Athletic Club de Bilbao se enfrentaron en la final de la Copa del Rey. El recuerdo de las graves lesiones sufridas por Schuster y Maradona estuvo presente en el encuentro, cuyo final se recuerda como el más bochornoso de la historia de la competición. Aquella noche del 5 de mayo de 1984, en el Santiago Bernabéu y en presencia de los reyes de España, el partido terminó con victoria del Athletic por 1-0. Pero lejos de recordarse por el fútbol o el resultado, aquella final se recordará siempre por la batalla campal que protagonizaron los integrantes de los dos equipos al término del encuentro, con patadas de kárate incluidas.

Grace Kelly, Rainiero y Eulogio Martínez

Alfred Hitchcock ha sido uno de los directores cinematográficos que mejor ha plasmado las historias de suspense en el celuloide. Suyas fueron películas como *El crimen perfecto*, *La ventana in-*

discreta o *Atrapa a un ladrón* (*Para atrapar al ladrón*, en la versión sudamericana). Esas tres obras tuvieron un denominador común: Grace Patricia Kelly fue la protagonista femenina. La jovencísima actriz estadounidense compartió reparto con Ray Milland, James Stewart y Cary Grant, respectivamente.

El rodaje de *Atrapa a un ladrón* fue la tercera y última película en la que Hitchcock dirigió a Grace Kelly, e incluía la grabación de unas escenas en Mónaco. El príncipe Rainiero III no quiso perderse la oportunidad de conocer personalmente a Kelly, por la que sentía una gran admiración, y la visitó en el mismo hotel donde se alojaban Hitchcock, Grant y otros protagonistas del film. Nadie hubiera imaginado en aquellos momentos que aquel encuentro desembocaría años más tarde en una boda de cuento de hadas.

La carrera cinematográfica de Grace Kelly había comenzado con *Catorce horas*, *Solo ante el peligro* (*A la hora señalada*, en la versión sudamericana) o *Mogambo*, entonces con papeles secundarios al lado de estrellas como Gary Cooper, Clark Gable y Ava Gardner. Pero su extraordinaria belleza y el éxito como principal actriz femenina de las películas de Hitchcock la catapultaron a la fama. A partir de ahí, intervino en *El cisne* y en *La angustia de vivir*, por la que recibió el Óscar a la mejor actriz principal.

Tras el estreno de *Alta sociedad*, Grace se trasladó a Mónaco, donde el 19 de abril de 1956 contrajo matrimonio con Rainiero en la catedral de San Nicolás. La boda tuvo una gran repercusión social en el mundo entero. Su Alteza Serenísima la princesa Gracia había abandonado la carrera de actriz por amor y a partir de aquel día dedicó su vida a formar una familia y a representar con toda dignidad su cargo. Falleció el 14 de septiembre de 1982 en un trágico y misterioso accidente de circulación.

Entre los actos conmemorativos de la boda real entre Rainiero y Gracia, ese mismo día se organizó un partido de fútbol en el estadio Louis II de Mónaco. Fueron invitados a participar el FC Barcelona y la Portuguesa de São Paulo. En aquel encuentro, que finalizó con el resultado de empate a cero, se produjo el debut de Eulogio Martínez como jugador azulgrana.

El delantero paraguayo fue el máximo goleador del equipo

durante tres temporadas y, con sus 168 goles en 225 partidos, contribuyó a ganar dos Ligas, dos Copas de España y dos Copas de Ciudades en Ferias. Suyo fue el primer gol que se marcó en el Camp Nou, en 1957, contra una selección de la ciudad de Varsovia, y suyo es, todavía hoy, el récord de tantos anotados en un solo partido, con siete, frente al Atlético de Madrid, en una eliminatoria de octavos de final de la Copa del Generalísimo del año 1957.

Tres Copas de Ferias

Fue bautizada con el nombre de Copa de Ciudades en Ferias, pero popularmente se la conoció como la Copa de Ferias. Fue creada en 1955 por Ottorino Barrasi, presidente de la Federación Italiana de Fútbol; Ernest Thommen, vicepresidente de la FIFA, y Stanley Rous, secretario de la federación inglesa de fútbol, quien seis años más tarde se convertiría en presidente de la FIFA. En su origen, estuvo reservada a equipos de ciudades europeas que organizaban ferias de muestras. Es decir que no la disputaban los clubs, sino selecciones formadas por jugadores de diferentes equipos de las ciudades que celebraban aquellas exposiciones de carácter industrial.

Barcelona, pionera en la organización de dichas ferias, fue invitada a participar. En principio, el equipo de la ciudad debía estar integrado por jugadores del FC Barcelona y del Espanyol, pero las relaciones entre los dos clubs no eran lo suficientemente cordiales como para compartir un objetivo común. Así que, tras largas discusiones que desembocaron en la renuncia de los blanquiazules, los azulgrana asumieron la representación de la Ciudad Condal. Ello comportó que el equipo no pudiera jugar con su propio uniforme, ni lucir ninguno de sus símbolos. Y se eligieron el equipaje que ya por aquel entonces utilizaba la selección catalana (camiseta blanca y pantalón negro) y el escudo de la ciudad (curiosamente, el mismo que el club había utilizado durante sus primeros años de existencia, pero desprovisto del laurel, la corona y el murciélago).

Las dos primeras ediciones de aquel torneo fueron ganadas por el FC Barcelona. En la primera final, disputada en 1958, derrotó al equipo de la ciudad de Londres, con un empate (2-2) en

Stamford Bridge y una goleada (6-0) en el Camp Nou. La segunda edición concluyó en 1960. Esta vez, los azulgrana se enfrentaron a la ciudad de Birmingham, con un empate en Saint Andrew (0-0) y otra victoria contundente (4-1) en el estadio barcelonista. Pero aquellos dos torneos fueron caóticos. Solo participaron los equipos de Barcelona, Basilea, Birmingham, Copenhague, Fráncfort, Lausana, Leipzig, Londres, Milán y Zagreb. Y a pesar de que solo había diez participantes, el primero se alargó por espacio de tres años (1955-58) y el segundo tardó dos en disputarse (1958-60).

Con independencia de la corta participación y de la interminable duración de aquellas dos ediciones, el torneo no se celebró con la rigurosidad que se presuponía para un evento serio. Como ejemplo, en aquellos tiempos estaban prohibidas las sustituciones de jugadores. El reglamento contemplaba que, si un futbolista, salvo que fuera el guardameta, se lesionaba en el transcurso del juego, no podía ser reemplazado. En este sentido, la competición tenía un componente épico. Pero los árbitros hacían la vista gorda o no se enteraban de lo que sucedía a su alrededor. Así, en un partido entre el FC Barcelona y el Copenhague, jugado el 25 de diciembre de 1955, Gustavo Biosca se lesionó en los instantes finales del primer tiempo. Al regresar al terreno de juego su lugar había sido ocupado por Joaquim Brugué.

El tercer y último título del FC Barcelona en la Copa de Ferias no llegó hasta 1966. Fue en la octava edición, ya con la participación de cuarenta y ocho equipos de club, pertenecientes a veinticinco federaciones nacionales. El rival de los azulgrana fue el Real Zaragoza, que ganó (0-1) el encuentro de ida en el Camp Nou, para sucumbir en la vuelta (2-4), celebrada en La Romareda. El equipo aragonés formó en aquellos dos encuentros con la mítica delantera de los Cinco Magníficos: Canario, Santos, Marcelino, Villa y Lapetra. Pero el héroe de la final no fue ninguno de ellos. El honor de ser el jugador más determinante, eso que ahora le llaman *the man of the match*, recayó en el extremo barcelonista Lluís Pujol, a quien un cronista deportivo de la época apodó con el sobrenombre de «el Ratoncito», por su corta estatura pero, sobre todo, por la habilidad que tenía para colarse por todos los rincones.

El torneo continuó disputándose hasta 1971, ya con 64 equipos de 29 federaciones. Aquel año, la UEFA decidió reemplazarlo por otra competición de un formato muy similar, que recibió el nombre de Copa de la UEFA. El entierro de la Copa de Ferias se hizo, eso sí, con todos los honores. El primero y el último de los ganadores, el FC Barcelona y el Leeds United, se disputaron la propiedad del trofeo a partido único, con el nombre de Copa de Campeones de Ferias. La fiesta se celebró en el Camp Nou la noche del 22 de septiembre de 1971 y ganaron los azulgrana por 2-1, con dos tantos del granadino Teófilo Dueñas. La Copa de la UEFA, su sustituta inmediata, pasó a mejor vida en el año 2009, cuando fue reemplazada por el actual formato de la Europa League.

Durante muchos años, la Copa de Ferias no tuvo reconocimiento por parte de los organismos oficiales. Pero tanto la UEFA como la FIFA acabaron por reconocer sus campeones, aunque no con el mismo rango de los vencedores de la Copa de la UEFA y de la Europa League. De este modo, el FC Barcelona, con tres títulos de Copa de Ferias, cuatro de Recopa, cuatro de Champions League, cuatro Supercopas de Europa y dos Mundiales de Clubs, comparte el primer lugar de una hipotética clasificación, empatado con el AC Milan a 17 títulos. El Real Madrid es tercero, con 15.

El trofeo Joan Gamper

Teresa Herrera es el nombre del torneo veraniego de fútbol más antiguo de España. Organizado por el Deportivo de La Coruña, celebró su primera edición en el año 1946. Conocido como el decano de los trofeos, otorga un singular premio a su vencedor. Consiste en una reproducción de la Torre de Hércules. Originalmente pesó 920 kilogramos, estaba hecho en plata y oro y se necesitaron 55 000 horas de trabajo para su realización. En el año 1970 fue reemplazado por otro de menores dimensiones y coste, pero igualmente valioso. Actualmente pesa unos cuarenta kilos, con una proporción de tres partes de plata y una parte de oro, y se invierten unas 2 400 horas en su elaboración.

Este torneo gallego se inició y se sigue organizando con fines benéficos. Tomó el nombre de una ciudadana coruñesa que dedicó toda su vida a luchar en favor de los pobres. En 1798, donó todos sus bienes a la congregación de la Virgen de los Dolores para la construcción de un hospital de caridad. Teresa Herrera no solo era conocida por su lucha contra la miseria, sino también porque era una mujer con ciertos poderes paranormales. Por esta razón la llamaban bruja y recibió el apodo de Teresa de los Demonios.

A partir de la aparición del trofeo Teresa Herrera, otros muchos clubs empezaron a organizar torneos veraniegos. Así, en 1955 se celebró en Cádiz la primera edición del trofeo Ramón de Carranza, en 1965 empezó a disputarse en Huelva el trofeo Colombino y en 1966 entró en escena el barcelonés trofeo Joan Gamper. Pero estos y otros acontecimientos similares no nacieron con el objetivo de atender a los más desfavorecidos como la digna Teresa Herrera, sino con el fin de recaudar fondos para atender las necesidades económicas de los propios clubs organizadores.

En el caso del trofeo Joan Gamper, la junta directiva que presidía Enric Llaudet presentó la iniciativa como un acto de homenaje al fundador del club. Pero una cosa es que el nombre elegido para el torneo constituyera, en sí mismo, un tributo a la memoria de Gamper y otra muy distinta es que el objetivo de la celebración fuera realmente ese. En aquella época, el club padecía fuertes tensiones de tesorería y ese torneo cuadrangular le permitía recaudar sumas relativamente importantes de dinero en el improductivo mes de agosto. Los partidos de fútbol no se televisaban por aquel entonces y los socios y los aficionados acudían en masa al estadio para festejar la presentación del equipo de cada temporada, para conocer el juego de los nuevos fichajes y hacerse una idea del nivel competitivo con el que iba a afrontarse la nueva temporada.

En sus orígenes, el trofeo Joan Gamper se celebró con la participación de cuatro equipos y en dos días consecutivos. En la primera jornada se disputaban las semifinales y en el segundo día, la consolación y la final. Desde el año 1996 se juega bajo la fórmula de partido único. El vencedor se adjudica una copa de un kilogramo de plata, recubierta por una lámina de oro y colocada sobre un pedestal de mármol negro que pesa en torno a los diez kilos.

El trofeo Joan Gamper tuvo un lejanísimo antecedente. En el verano de 1913, el fundador del club cerró la segunda de sus cinco etapas presidenciales y la directiva que entonces encabezaba Francesc de Moxó quiso agradecerle su dedicación y sacrificio instaurando la celebración de un partido durante el mes de septiembre de cada año. La Copa Gamper, que así se llamaba, solo se disputó una vez. Fue el 7 de septiembre de aquel mismo año. El FC Barcelona se impuso por 11-1 al Català, con cuatro goles de Alcántara, tres de Berdié y dos tantos de Massana y de Allack.

Los malditos 2-3 de Berna y Basilea

El destino quiso que el FC Barcelona disputara sus primeras finales de la Copa de Europa y de la Recopa de Europa en territorio suizo. Y el destino quiso, también, que el equipo azulgrana no consiguiera ninguno de aquellos dos títulos y que, para colmo de desgracias, perdiera los dos partidos por el mismo resultado de 2-3. En la primera final de la Copa de Europa, en 1961, jugó en el Wankdorf Stadion de Berna y tuvo como rival al Benfica. En la primera final de la Recopa de Europa, en 1969, visitó el estadio Saint Jakob Park de Basilea y se enfrentó al Slovan de Bratislava.

El FC Barcelona había ganado con anterioridad las finales de tres Copas de Ferias (en 1958 contra el equipo de la ciudad de Londres, en 1960 contra el equipo de la ciudad de Birmingham y en 1966 contra el Real Zaragoza), pero aquellas finales no ofrecían tanta emoción puesto que se jugaban en encuentros de ida y vuelta y no a partido único como en el resto de competiciones europeas.

El 31 de mayo de 1961, el conjunto barcelonista saltó al césped del Wankdorf Stadion de Berna con el convencimiento de que ganaría su primera final de la Copa de Europa. Hasta entonces, solo el Real Madrid había ganado el trofeo y lo había hecho en cinco ocasiones consecutivas. Enrique Orizaola presentó un once formado por Ramallets; Foncho, Garay, Gensana, Gràcia; Vergés, Kubala, Suárez; Evaristo, Kocsis y Czibor. Parecía un equipo imbatible. Pero la victoria acabó siendo para un Benfica que jugó con Pereira; João, Germano,

Angelo, Neto; Cruz, José Augusto, Santana, Águas; Coluna y Cavém. La simple comparación de las dos alineaciones permitía creer que los azulgrana ni siquiera tendrían rival. Pero perdieron por 2-3.

Los cronistas de la época refirieron que el guardameta Antoni Ramallets tuvo una actuación horrible, ya que se marcó un gol en propia meta en el minuto 32; que el FC Barcelona estrelló hasta cuatro balones en la madera; que los postes de las porterías del Wankdorf Stadion eran cuadrados, y que eso perjudicó al equipo... Todo eso es cierto, pero las cosas no suelen pasar por casualidad, sino por causalidad.

La realidad es que la preparación del partido no fue la adecuada, que se regaló algún partido de Liga por presentar un equipo con diez suplentes, que una mayoría daba el encuentro por ganado antes de disputarse y que algunos jugadores afrontaron la final con la cabeza puesta en otro lugar. Sin ir más lejos, el gallego Luis Suárez ya había firmado un contrato para marcharse al Inter de Milán solo tres días antes de jugarse la final ante el Benfica.

Ocho años más tarde, el 21 de mayo de 1969, el FC Barcelona alcanzó la final de la Recopa de Europa por primera vez en su historia. Y regresó a Suiza. Esta vez para jugar en el Saint Jakob Park de Basilea. Se enfrentó al Slovan de Bratislava. El equipo checoslovaco ganó por el mismo resultado que lo había hecho el Benfica en la final de la Copa de Europa de 1961 y se convirtió en el primer conjunto de los países del Este de Europa que lograba adjudicarse una de las competiciones de club organizadas por la UEFA.

Salvador Artigas era el entrenador de ese equipo barcelonista, que llegó a Basilea con dos bajas de mucho peso, Gallego y Torres, que eran los defensas centrales titulares. El técnico catalán alineó aquella noche a Sadurní; Rifé, Franch, Olivella, Eladio; Castro, Fusté, Zabalza; Rexach, Zaldúa y Pellicer. Antes de que transcurriera el primer minuto de juego, el veterano Olivella, en el partido de su despedida, cometió el primero de sus dos errores fatales de aquel día. En el minuto 11, Chus Pereda tuvo que entrar en sustitución del lesionado Franch, quien se había fracturado una costilla en uno de los lances. Tras el descanso, el centrocampista angoleño Jorge Alberto Mendonça reemplazó a Santiago Castro para reforzar el juego de ataque del equipo.

El Barcelona, que ya se retiró en el descanso perdiendo por 1-3 con un tanto obra de Zaldúa, acortó distancias con un gol directo de saque de esquina lanzado por Rexach. Aún quedaban más de treinta y cinco minutos y, aunque el equipo azulgrana dominó y tuvo clarísimas ocasiones para marcar, la final volvió a saldarse con un maldito 2-3.

«La final de las botellas»

El FC Barcelona y el Real Madrid, como otras veces a lo largo de la historia, se enfrentaron en la final de la Copa de Su Excelencia el Generalísimo de 1968. Se disputó el 11 de julio en el Santiago Bernabéu, un recinto en el que Franco se sentía como en su propia casa. De hecho, al margen de celebrar allí la Manifestación Sindical del Primero de Mayo de cada año, durante muchas temporadas exigió que fuera el escenario fijo del último partido de la competición, aunque eso significara una ventaja adicional para el equipo que jugaba en su estadio y ante su público.

Aquella final de 1968 pasó a la historia como «la final de las botellas». Ganó el FC Barcelona por 1-0, con un desgraciado gol de Zunzunegui en propia puerta. Desgraciado para el perdedor, pero afortunado si se mira desde el lado del vencedor. Los cronistas de esa época coincidieron en que fue un partido horripilante y algunos, por supuesto de la capital, trataron de justificar la derrota del equipo blanco y el vergonzoso comportamiento del público en el arbitraje del colegiado balear Antonio Rigo Sureda, quien supuestamente había dejado de señalar un penalti a favor del Madrid.

El hecho es que los aficionados del Real Madrid estaban convencidos de que la final sería un paseo. El equipo blanco había ganado el Campeonato de Liga y tenía todos los pronunciamientos a su favor para cerrar la temporada con el doblete. A los 6 minutos, Joaquim Rifé centró desde la derecha y Zunzunegui, al tratar de despejar el balón, lo introdujo en la portería que defendía Betancort. A partir de ahí, los azulgranas gestionaron bien el encuentro, que solo se vio alterado por el lanzamiento masivo de botellas por parte de los aficionados madridistas.

José Antonio Zaldúa, capitán del FC Barcelona, recogió la Copa de manos del general Franco. Unos instantes después, en el interior del palco del Berbabéu, la esposa del militar Camilo Alonso Vega, entonces ministro de Gobernación en el ejecutivo franquista, se dirigió a Narcís de Carreras, presidente azulgrana, y le dijo: «Le felicito porque... Barcelona también es España, ¿no?» El dirigente barcelonista reprendió a la consorte del ministro en catalán: «*Senyora, no fotem!*»

En los días posteriores a la final, el árbitro Antonio Rigo sufrió toda clase de críticas y vejaciones. Le acusaron de haber cobrado para que el FC Barcelona ganara el partido del Bernabéu, dijeron de él que era «culé» de toda la vida... En 1977, el árbitro balear concedió una entrevista al diario *As* en la que le preguntaron si era simpatizante del club azulgrana:

> No, no lo era ni lo soy. Más bien, a partir de la final del 68, yo me hice más antimadridista que del Barcelona. Pero por una razón, observé que la mano del Madrid llegaba muy lejos y me perjudicaba. A raíz de la «final de las botellas», en el 68, fui recusado por el Madrid y después por otros siete clubes. Y creo que la mayoría lo hizo porque el Madrid era su club nodriza y atendían órdenes... Esa final no ha acabado nunca para mí y las secuelas han marcado para mal mi vida. Por eso siempre he preferido que le fuera mal al Madrid.

Copas, Recopas y Supercopas

Desde su creación oficial, en el año 1903, la Copa de España ha cambiado varias veces de nombre. Nació cuando todavía no existía la Federación Española de Fútbol. La idea original del torneo fue de los catalanes Joan y Carles Padrós, fundadores del Real Madrid. Suya fue la iniciativa de organizar un cuadrangular que se denominó Copa de la Coronación o Concurso de Madrid, con ocasión del acceso al trono del rey Alfonso XIII.

Aunque popularmente se la conoció con la denominación de Campeonato de España, nunca se llamó así. Entre 1903 y

1932 recibió el nombre de Copa de Su Majestad el Rey. Entonces, tras abdicar de la corona Alfonso XIII, pasó a llamarse Copa de Su Excelencia el Presidente de la República hasta 1936. Dejó de disputase con motivo de la Guerra Civil y en 1939 se reanudó como Copa de Su Excelencia el Generalísimo. Tras la muerte del general Franco volvió a denominarse Copa de Su Majestad el Rey, nombre que se ha conservado y que perdura hasta el día de hoy.

A pesar de las muchas vicisitudes que vivió en sus primeros años (la final de 1904 no llegó a disputarse y entre 1910 y 1913 se produjo una escisión en la Federación Española y se jugaron dos competiciones a la vez), la Copa es el torneo más antiguo que subsiste en España. El FC Barcelona es el club que más veces la ha conquistado, con veintiséis títulos. El Athletic Club de Bilbao la ha ganado veintitrés veces y el Real Madrid lo ha hecho en dieciséis ocasiones. La Federación Española de Fútbol no ha atendido nunca la reclamación del Athletic Club, que sigue solicitando el reconocimiento de la Copa de la Coronación como un título más del torneo.

Ganar la Copa de España ha tenido siempre un significado especial. No ha sido el torneo más importante, pero el hecho de que se dispute por eliminatorias y el carácter festivo que se suele dar a la final han hecho de ella una competición muy atractiva. Además, durante treinta y nueve años el equipo que conquistaba el título accedía a disputar una competición europea. En 1961, la UEFA instauró un torneo reservado a los vencedores de los torneos de Copa de sus países afiliados. Se denominó Copa de Europa de Campeones de Copa desde su primera edición hasta 1994, año en el que pasó a llamarse Recopa. Desapareció en 1999, pero a partir de aquel momento los campeones de Copa jugaron la Copa de la UEFA y actualmente disputan la Europa League.

Y el FC Barcelona también tiene el honor de ser el equipo que más veces ganó la Recopa. Después de conquistar su primer título en 1979, frente al Fortuna de Dusseldorf. El equipo azulgrana también se proclamó campeón en 1982, ante el Standard de Lieja, en el Camp Nou. En 1989 la victoria se produjo en Berna, con la Sampdoria como rival. Y finalmente, los barcelonistas se adjudicaron la final de 1997, celebrada en Rotterdam y con el Paris Saint-Germain como adversario.

Como quiera que ganar la Copa ha dado acceso a jugar la Supercopa de España frente al campeón de Liga de cada año, y como quiera, también, que adjudicarse la Recopa (hoy la Europa League) daba acceso a disputar la Supercopa de Europa frente al campeón de la Copa de Europa (hoy Champions League), el FC Barcelona tiene también en las vitrinas de su museo diez Supercopas de España y cuatro Supercopas de Europa. Es decir, que la celebración de la Copa de España ha proporcionado al FC Barcelona, directa o indirectamente, un total de cuarenta y cuatro títulos.

Venables, Urruti y un tal Rodríguez

El FC Barcelona no había ganado una Liga desde el año 1974 y el 23 de marzo de 1985 se desplazaba a Valladolid con la esperanza de poner fin a una racha de once temporadas sin proclamarse campeón. La expedición viajó desde el aeropuerto de El Prat hasta el de Villanubla, sabiendo que no resultaría nada fácil ganar el partido. El Real Valladolid necesitaba la victoria y el presidente del equipo local había calentado el ambiente, recomendando a Josep Lluís Núñez que no viajara con el equipo. La directiva azulgrana estaba en plena cruzada para conseguir que las televisiones pagaran más dinero por retransmitir los encuentros y la negativa del Barcelona impedía, aquella tarde, que el club castellano ingresara doce millones de pesetas.

A la llegada de la expedición, un jovencísimo periodista, redactor de *El Norte de Castilla*, recogió al enviado especial de *La Vanguardia*, diario del que era corresponsal. Se fueron a cenar a un magnífico asador castellano. Y hablaron sobre la importancia que el partido tenía para los dos contendientes y del clima que esperaba al FC Barcelona como consecuencia de la pérdida económica que les provocaba a los vallisoletanos, indirectamente, aquella guerra que Núñez había emprendido para conseguir que los clubs cobraran cantidades más dignas. Tras los postres y el café, los dos periodistas se fueron a tomar una copa.

Valladolid parecía desierta aquella noche. No hacía frío. Ni llovía. Los bares estaban todos vacíos. De repente, en el otro extremo de una de las calles, les sorprendió una gran cantidad de gente. No pasaba nada. Simplemente, un numeroso grupo de jóvenes estaba tomándose unas cervezas frente a la puerta de un bar de moda. El enviado especial propuso sumarse a la fiesta de aquel grupo. La respuesta del redactor de *El Norte de Castilla* fue sorprendente: «Ahí no podemos ir, porque aquella es zona nacional», dijo con una voz atemorizada. La anécdota no tendría mayor trascendencia de no ser porque aquel joven periodista se llamaba Miguel Ángel Rodríguez. Unos años después, sería director de comunicación del Partido Popular y luego secretario general de comunicación en el gobierno español presidido por José María Aznar.

Al día siguiente, 24 de marzo, los alrededores del Nuevo Zorrilla se llenaron de aficionados con mucha antelación con respecto a la hora fijada para el comienzo del encuentro. Era obvio que el partido, correspondiente a la jornada 30, había despertado una gran expectación. Aún quedaban cinco jornadas para el final del Campeonato de Liga pero, al margen de las cuitas entre presidentes, los dos equipos se jugaban mucho. El Valladolid peleaba por eludir el descenso y el FC Barcelona podía proclamarse campeón si conseguía la victoria.

El FC Barcelona llegó a la fase final del encuentro ganando por 1-2, goles marcados por Paco Clos y por José Ramón Alexanco. A tres minutos del final del partido, el colegiado cántabro Sánchez Arminio se sacó un penalti de la manga. En aquel momento, Joaquim Maria Puyal narraba el partido para Catalunya Ràdio. Parecía que el título tendría que esperar. El genial futbolista salvadoreño Mágico González se dispuso a lanzar. La tensión crecía en las gradas. Cuando Javier González Urruticoechea detuvo el lanzamiento, el silencio se hizo en el Nuevo Zorrilla. Tanto que la voz de Puyal gritando *«Urruti, t'estimo»* se escuchó no solo por los transistores, sino también en el mismo campo.

Aquella fue la primera vez en toda la historia que un equipo conseguía ganar el Campeonato de Liga habiendo sido líder desde la primera jornada. En el estreno de Terry Venables en un partido oficial, el FC Barcelona había ganado por 0-3 en el Santiago Bernabéu y desde entonces se había mantenido en cabeza de la clasificación. Pero Venables no pasó a la historia por aquel título, sino por otras dos razones. La primera, por rechazar el fichaje de Hugo Sánchez, que esperaba en la habitación de un hotel para firmar su contrato con el club azulgrana. Y la segunda porque fue el entrenador que dirigió al equipo en la final de la Copa de Europa de 1986, disputada en Sevilla frente al Steaua de Bucarest.

La decisión de Venables de elegir a Steve Archibald en lugar de a Hugo Sánchez para el puesto de delantero centro le dio al FC Barcelona aquella Liga, pero a partir de entonces el Real Madrid encadenó cinco títulos consecutivos y el delantero mexicano sumó cinco trofeos Pichichi y una Bota de Oro al máximo goleador europeo. Archibald, en cambio, pasó sin pena ni gloria por las páginas de la historia del club. Y en cuanto a la final de Sevilla, un simple repaso a todo lo que sucedió en los días previos al encuentro y durante el propio partido es suficiente para entender que se recuerde más a Venables por aquella derrota que por el éxito en la Liga del año anterior.

El gol de Koeman en Wembley

Albert Cohen publicó en 1968 la que se ha considerado como su gran obra maestra: *Bella del señor*. Con ella y por ella, el escritor, nacido en la isla de Corfú (Grecia) pero de origen sefardí, consiguió el premio de novela de la Academia Francesa. A lo largo de más seiscientas páginas, el autor relata la historia de un hombre poderoso que está obsesionado por conseguir el amor de una mujer que se le resiste. La trama transcurre entre Suiza y Francia y se sitúa en torno a 1936, año en que el antisemitismo alcanzó grandes cotas en la Alemania prebélica de Adolf Hitler.

Nacido el 16 de agosto de 1895, cuatro años antes de la fundación del FC Barcelona, y fallecido en Ginebra el 7 de octubre de 1981, casi once años antes de que el equipo azulgrana conquistara la primera Copa de Europa de su historia, el espíritu de Albert Cohen estuvo presente en el estadio de Wembley la noche del 20 de mayo de 1992. Pep Guardiola, que había debutado en el primer equipo del club en 1990, era y es un gran aficionado a la lectura, y viajó en aquella ocasión a Londres con la novela de Cohen bajo el brazo.

El joven centrocampista azulgrana, que unos meses antes de la final había cumplido los 21 años, empezó a leer *Bella del señor* justo en el primer desplazamiento de la competición. Desde el viaje a la ciudad alemana de Rostock, donde el equipo se enfrentó al FC Hansa en los dieciseisavos de final, Guardiola tuvo la novela de Cohen en la mesita de noche de todas las habitaciones de hotel donde se hospedada la expedición blaugrana. Por lo tanto, la metáfora del poderoso que luchaba por alcanzar el sueño que se le resistía le acompañó hasta Kaiserslautern, donde el milagroso gol de Bakero clasificó al FC Barcelona para la liguilla final y también hasta Lisboa, Kiev y Praga, estaciones intermedias del trayecto con destino a Londres.

Durante el partido frente a la Sampdoria de Vujadin Boskov, el libro de Cohen permaneció en su habitación del hotel Sopwell House, en Saint Albans, Hertfordshire. Pero seguro que Guardiola se acordó de Solal, el pretendiente poderoso, y de Ariane, la chica que se le resistía. Nadie sabe si lo hizo durante los 112 minutos que permaneció en el campo o si lo hizo después, cuando, nada más producirse el mítico gol de Koeman, Pep fue sustituido por Alexanko para que el veterano capitán azulgrana pudiera subir al palco real de Wembley para recoger el trofeo de campeones. Pero seguro que en algún momento recordó que valía la pena pelear por los sueños sin desfallecer.

La locura colectiva que se desató cuando el árbitro alemán Aaron Schmidhuber señaló el final del partido no dejó lugar para ningún otro pensamiento que no fuera que, después de tanto tiempo persiguiendo la Orejona, había llegado el momento de llevarla a casa. Nada de todo lo que sucedió en los momentos previos al partido, con el anuncio de Josep Lluís Núñez de que dimitiría si se ganaba la Copa de Europa, la recomendación de Johan Cruyff a sus jugadores en el vestuario visitante de Wembley («salid y disfrutad»), la tensión del partido o las ocasiones de Julio Salinas o Gianluca Vialli, que podían haber alterado la marcha del encuentro, se resistía ante la imagen de la excelsa falta lanzada por Ronald Koeman y la inútil estirada del portero Gianluca Pagliuca.

Zubizarreta; Ferrer, Nando, Koeman, Juan Carlos; Eusebio,

Guardiola, Bakero, Laudrup; Julio Salinas y Stoichkov, que habían formado el equipo titular, y sus compañeros Goikoetxea, Alexanko, Busquets, Begiristain y Nadal, que acompañaron a Johan Cruyff y a sus ayudantes en el banquillo de Wembley, fueron aquella noche el poderoso Solal que había conquistado, por fin, el amor de la bella Ariane, a quien llevaba cortejando nada más y nada menos que 31 años.

Las Ligas del último suspiro

La única vez que el FC Barcelona ha conseguido ganar cuatro campeonatos de Liga consecutivos fue en las temporadas 1990-91, 1991-92, 1992-93 y 1993-94, coincidiendo con los mejores años del Dream Team que dirigía Johan Cruyff. Tres de aquellos cuatro títulos, sin embargo, llegaron en el último suspiro y como consecuencia de los inesperados tropiezos que sufrieron el Real Madrid y el Deportivo de La Coruña, que habían llegado a la jornada final del torneo como líderes de la clasificación y, por lo tanto, dependiendo de ellos mismos para ser campeones.

La primera de la serie de cuatro Ligas la alcanzó el FC Barcelona con una autoridad casi insultante. Se colocó en la primera posición en la segunda jornada y ya no la abandonó hasta el final. Consiguió diez puntos de ventaja sobre el segundo clasificado, que fue el Atlético de Madrid. Entonces, se otorgaban dos puntos por la victoria, lo que significa que al equipo azulgrana le sobraron cinco de las 38 jornadas. Y una cosa así no sucedía desde que Cruyff era jugador, en la temporada 1973-74.

Las otras tres Ligas no fueron iguales, ni mucho menos. El equipo barcelonista se mostró muy irregular en las tres y llegó a la última jornada con opciones matemáticas, pero con escasas posibilidades de proclamarse campeón. Es cierto que las tres veces, el FC Barcelona jugaba en el Camp Nou, con el factor campo a su favor. Pero en las dos primeras el Real Madrid visitaba al Tenerife, un equipo teóricamente muy inferior, y, en la última, el Deportivo de La Coruña recibía al Valencia en Riazor.

En la temporada 1991-92, el Real Madrid se había instalado

en el liderato en la séptima jornada y se mantuvo en la primera posición hasta el 7 de junio. El equipo blanco había llegado a contar con ocho puntos de ventaja sobre su máximo rival, que en muchos momentos del campeonato llegó a dar la Liga por perdida. Pero los resultados de las últimas jornadas le permitieron soñar con el milagro. El FC Barcelona, que no había sido líder en toda la competición, llegó al último partido con 53 puntos, uno menos que el Real Madrid.

El FC Barcelona recibió en el Camp Nou al Athletic Club, en tanto que el Real Madrid jugaba en el Heliodoro Rodríguez tinerfeño. Los azulgrana se adelantaron pronto en el marcador, con dos goles de Hristo Stoichkov. Pero el Real Madrid también estaba ganando por 0-2 en Tenerife, con lo que el título sería para los blancos. Los aficionados azulgranas escuchaban las incidencias del partido de su eterno rival por la radio, pero sin ningún tipo de fe. El Tenerife, sin embargo, consiguió darle la vuelta al marcador y adjudicarse el partido por 3-2.

La temporada 1992-93 fue casi un calco de la anterior, aunque las distancias entre los dos equipos fueron cortas a lo largo de todo el año. De hecho, los dos equipos se alternaron en el primer puesto de forma constante. El último día, el FC Barcelona volvía a jugar en situación de desventaja. También repetía en casa, ahora el 5 de junio y frente al Sevilla. Y el Real Madrid volvía a jugarse el campeonato en Tenerife. El equipo blanco era líder con 57 puntos, por 56 de su rival. Y volvió a producirse la sorpresa. Los azulgrana ganaron 2-1 al Sevilla y los madridistas volvieron a sucumbir en su isla maldita. Pero sin tanto suspense. El Tenerife ganó esta vez por 2-0.

Y, como no podía haber dos sin tres, la temporada 1993-94 volvió a suceder algo parecido, pero con el Deportivo de La Coruña como protagonista y con mayor suspense todavía del que se había vivido en la jornada final de los dos años anteriores. El 15 de mayo, se iniciaban los partidos con el equipo gallego como líder, con 55 puntos, y el FC Barcelona en segunda posición, con 54. El Deportivo recibía al Valencia en Riazor y los azulgrana jugaban en el Camp Nou, otra vez ante el Sevilla. El equipo de Cruyff hizo sus deberes y ganó por 5-2.

Su adversario por el título mantenía el 0-0 inicial. El partido del Camp Nou acabó cuando todavía se jugaba el tiempo de descuento en Riazor. Nadie despegaba la oreja del transistor. De repente, la desolación se hizo dueña del estadio barcelonista. Se acababa de señalar un penalti a favor del Deportivo. El brasileño Donato se había lesionado, el goleador Bebeto tuvo miedo a asumir tanta responsabilidad... y Miroslav Djukic se vio abocado a lanzar el penalti. Si marcaba, el título se quedaba en La Coruña. Y falló. El guardameta González detuvo su pobre y temeroso lanzamiento.

Récords y recuerdos

«Record» es una palabra inglesa cuyo significado es registro. En el mundo del deporte se utiliza para describir el hecho de que un atleta haya mejorado la marca que poseía otro especialista en su misma prueba. Su uso ha sido adoptado, posteriormente, por la inmensa mayoría de los deportes. En el fútbol se utiliza cuando un club o un futbolista consigue más goles o más títulos que nadie. El término se ha incorporado a la mayoría de diccionarios respetando el grafismo o, a lo sumo, incorporando una tilde que remarca la sílaba tónica.

En castellano se escribe «récord», con acento ortográfico. Podría haberse escrito sin acento y eso no hubiera cambiado para nada su pronunciación. A fin de cuentas, para eso tenemos los acentos prosódicos, los que recaen sobre la sílaba sin necesidad de que le pongamos la tilde. En catalán, «rècord» se escribe con acento abierto. No solo porque las cinco vocales de la lengua de Pompeu Fabra puedan tener hasta ocho sonidos diferentes, sino porque, cuando se incorporó el término inglés, ya existía otra palabra que se escribía exactamente igual, pero que tiene un significado muy distinto. «Record», en catalán, sin acento, quiere decir 'recuerdo'.

Los socios y aficionados barcelonistas, como los de todas partes, valoran a los futbolistas de su equipo por muchas y diferentes razones. Pero una de ellas es por los récords que han alcanzado vistiendo o defendiendo los colores azulgranas. Y precisamente por sus récords, los tienen en su recuerdo. Y eso sucede con Pep Guardiola, con Xavi Hernández, con Lionel Messi y con todos aquellos que, en uno u otro momento de la historia, en número de títulos, colectivos o individuales, de partidos disputados o de goles marcados, han establecido registros importantes.

Pep Guardiola es el entrenador con el que se han logrado más títulos. En las cuatro temporadas que dirigió al equipo, entre 2008 y 2012, sumó catorce: tres Ligas, dos Copas del Rey, tres Supercopas de España, dos Champions League, dos Supercopas de Europa y dos Mundiales de Clubs. El segundo entrenador con más títulos ganados es Johan Cruyff, con once: cuatro Ligas, una Copa del Rey, tres Supercopas de España, una Champions League, una Recopa y una Supercopa de Europa. Y Cruyff necesitó el doble de tiempo que Guardiola, desde 1988 a 1996, para establecer su registro.

El de títulos no es el único récord de Guardiola. Tiene otros dos. El de haber sido el entrenador con más trofeos oficiales ganados en un año, el 2009, con seis: Liga, Copa del Rey, Champions League, Supercopa de España, Supercopa de Europa y Mundial de Clubs. Uno más que Fernando Daucik, en 1952, con cinco títulos: Liga, Copa del Generalísimo, Copa Latina, Copa Eva Duarte de Perón y Copa Martini Rossi. El otro récord de Pep es el que resulta de sumar los catorce trofeos ganados como entrenador a los dieciséis que conquistó como jugador, desde 1990 hasta 2001: seis Ligas más, dos Copas del Rey, cuatro Supercopas de España, una Champions League, una Recopa y dos Supercopas de Europa. En total, sumados, treinta insuperables títulos.

Xavi Hernández es el jugador con más campeonatos ganados, con veinte: seis Ligas, dos Copas del Rey, cinco Supercopas de España, tres Champions Leagues, dos Supercopas de Europa y dos Mundiales de clubs. Xavi supera a sus actuales compañeros Carles Puyol, Victor Valdés, Andrés Iniesta y Lionel Messi, que han ganado solo un título menos, es decir diecinueve. Ellos tres no estaban en la plantilla cuando el FC Barcelona ganó la Liga 1998-99 con Louis van Gaal, pero han sido compañeros suyos en todos los demás festejos que ha celebrado.

Otro récord trascendente de Xavi es que nadie ha jugado más partidos oficiales que él con la camiseta del FC Barcelona. Al cierre de la temporada 2011-12, había sumado un total de 627, 414 de los cuales corresponden al Campeonato de Liga. Y ningún otro jugador azulgrana ha jugado, tampoco, tantos partidos en la competición española de la máxima regularidad. En la clasificación por encuentros jugados es segundo Carles Puyol, con 559 partidos, y tercero, Miguel Bernardo Bianchetti, Migueli, con 549. Y en la Liga, acompañan a Xavi en el podio Puyol, con 379, y Valdés, con 330 partidos.

Migueli es el futbolista que ha permanecido más temporadas en el equipo, con dieciséis (1973-89). Una más que el guardameta Salvador Sadurní, que esta misma temporada 2011-12 ha sido alcanzado por Xavi Hernández. Por detrás, está Carles Puyol, que se encuentra en su decimocuarto año en el club, los mismos que estuvieron Carles Rexach, Joan Segarra, Antoni Ramallets y Josep Seguer y uno más que César Rodríguez, José Ramón Alexanko, Ferran Olivella, Francesc Calvet y Marià Gonzalvo, todos ellos futbolistas míticos y muy recordados.

Por lo que se refiere a los goles, los marcados y los encajados, en las listas de los mejores también aparecen jugadores actuales al lado de otros que tuvieron recorridos esplendorosos en el club. Messi, con 253 hasta el pasado 30 de junio de 2012, es el que más goles ha anotado en partidos oficiales, seguido de César Rodríguez (232) y Ladislao Kubala (194). Pero Paulino Alcántara es el autor de más goles, contando también los encuentros amistosos, con 357. Detrás le siguen Josep Samitier (326) y César (297). Nadie duda que Messi puede alcanzarlos. Hasta junio de 2012 sumaba 272 y solo tiene veinticinco años. En cuanto a los goles encajados, Antoni Ramallets ganó cinco veces el Trofeo Zamora y solo Víctor Valdés, que le igualó la temporada pasada, puede superarle.

París, Roma y vuelta a Londres

Los primeros títulos siempre son los más recordados. Y en el imaginario colectivo de los barcelonistas, siempre habrá un lugar muy especial para la Copa de Europa que se ganó el 20 de mayo de 1992, en el viejo estadio de Wembley, frente a la Sampdoria. Pero eso no es obstáculo para que las otras tres Champions Leagues, que ha conquistado el FC Barcelona en los últimos años, tengan un lugar destacado en la memoria de los socios y seguidores azulgrana y, en algunos casos, marcadas de un modo especial. Las vivencias personales, la identificación con un entrenador o un jugador de la época o, incluso, el nombre del adversario al que se ha derrotado, llegan a convertir aquella final en una prioridad de culto.

Sea como fuere, ningún barcelonista ha olvidado el gol de Ronald Koeman en la prórroga de aquella primera vez. Y ningún barcelonista olvidará, tampoco, que en solo cinco años, entre 2006 y 2011, su equipo conquistó otros tres títulos de Champions League en grandes capitales, en magníficos estadios y ante adversarios de un nivel incluso mucho mayor que aquella Sampdoria que dirigía Vujadin Boskov. Como se recordará igual, sin duda, los nombres de Johan Cruyff, Frank Rijkaard y Pep Guardiola, entrenadores de aquellos equipos; como los de Samuel Eto'o, Giuliano Belletti, Lionel Messi, Pedro Rodríguez y David Villa, autores de los goles en esas finales, o como se recordarán los nombres de José Mari Bakero, Hristo Stoichkov, Víctor Valdés, Andrés Iniesta, Carles Puyol y Ronaldinho de Assis, grandes protagonistas no solo de aquellos partidos, sino de los triunfos previos que abrieron el camino a la conquista de aquellos títulos.

Incluso es posible que muchos recuerden más y mejor el gol de Bakero en los octavos de final que se escapaban en el Fritz Walter Stadion de Kaiserslautern o el de Iniesta en Stamford Bridge, en el tiempo de descuento del partido frente al Chelsea. Pero los libros de historia siempre estarán ahí, para consultar las trayectorias, los partidos, los nombres de los protagonistas, las circunstancias que rodearon cada encuentro, los desplazamientos masivos que se organizaron desde el club para acompañar al equipo en todas y cada una de aquellas gestas, tan distintas las unas de las otras, pero tan parecidas en cuanto al valor de las conquistas y a la alegría que produjeron.

El 17 de mayo de 2006, en el Stade Nacional de France, o sea Saint Denis, nadie apostaba un euro por el triunfo del FC Barcelona cuando, a falta de poco más de diez minutos para el final del partido, el Arsenal ganaba por 0-1, con gol de Campbell. En el banquillo, Frank Rijkaard tomaba decisiones. Y entre ellas las de dar entrada en el equipo a Andrés Iniesta y a Henrik Larsson. Aquellos cambios sirvieron para ganar un título que se escapaba. Una derrota habría sido dolorosísima, sobre todo teniendo en cuenta que el equipo tenía la posesión del balón dominaba y llegaba a la portería defendida por Almunia, el sustituto del expulsado Lehmann, pero no marcaba. Dos asistencias de Larsson y dos finalizaciones de Eto'o y Belletti acabaron con la resistencia del Arsenal y convirtieron la noche de París en una gran fiesta barcelonista.

Roma, la Ciudad Eterna, también vivió la pacífica invasión de los seguidores azulgrana el 27 de mayo de 2009. Y el Estadio Olímpico se vistió con sus mejores galas para recibir al FC Barcelona y al Manchester United. El equipo de Pep Guardiola tenía muchas bajas en la defensa. Y tuvo que improvisar, con Puyol en un lateral y Sylvinho en otro. Los jugadores salieron al campo un poco descentrados. Tal vez porque su entrenador les había mostrado un magnífico montaje de vídeo, alternando imágenes de los jugadores con otras de la película Gladiator, con la intención de motivarles. Y les tocó tanto la fibra que, si Víctor Valdés no llega a estar otra vez ahí, Cristiano Ronaldo habría puesto por delante al equipo de Alex Ferguson. Solo fueron diez minutos. Entonces marcó Eto'o y el recital del equipo barcelonista fue tremendo. Otro gol, ahora de Messi, certificó el triunfo de la perfección.

O, al menos, eso creían todos. Porque, si el FC Barcelona había sido muy superior al Manchester United en Roma, todavía lo fue más en la final que el 28 de mayo de 2011 volvieron a disputar los dos mismos protagonistas en el nuevo estadio de Wembley. Fue otra gran fiesta, en otro grandísimo escenario. Esta vez sin ausencias de jugadores y sin vídeos previos. Con las gradas llenas de nuevo, Pedro Rodríguez adelantó a los azulgrana, pero empató Rooney. Y ahí se acabaron todas las opciones del campeón inglés. La máquina se puso en marcha y Messi y Villa cerraron la victoria con tiempo suficiente como para que Ferguson pudiera preparar su discurso para la rueda de prensa. «Nadie nos ha dado nunca una paliza así», confesó antes de sentenciar que «el Barcelona es el mejor equipo de Europa, no hay ninguna duda».

Bibliografía

–*Historial del FC Barcelona*, de Daniel Carbó i Santaolaria, *Correcuita*. Imprempta Costa, 1924.

–*40 años de campeonato de España de fútbol*, de Juan Peñafiel Alcázar, *Fielpeña*. Ediciones Alonso, Publicaciones Deportivas, 1942.

–*Historia del FC Barcelona*, de Alberto Maluquer. Arimany, 1949.

–*Cincuenta años del FC Barcelona*, de Emma Pilloud, viuda de Joan Gamper, y otros socios. Imprempta Rieusset, 1949.

–*Barça, Barça, Barça*, de Joan Josep Artells. Editorial Laia, 1972

–*Historia del Fútbol Club Barcelona*, de Rossend Calvet. Editorial Hispano Europea, 1978.

–*Historia de una divergencia*, de Luis Miguel Lainz. Ediciones Deporte Actualidad, 1989.

–*Historia del Fútbol Club Barcelona* (6 volúmenes), de Jaume Sobrequés. Editorial Labor, 1993.

–*Els presidents del Barça*, de Santiago Codina. Col·lecció del Centenari, volumen 19. Editorial Barcanova, 1998

–*Barça, la pasión de un pueblo*, de Jimmy Burns Marañón. Editorial Anagrama, 1999.

−*Am ball, im bild. Das andere fussballbuch*, de Andreas Schiendorfer y Félix Reidharr. 2004.

−*El caso Di Stéfano*, de Xavier García Luque y Jordi Finestres. Editorial Península, 2006.

−*El Barça en guerra 1936-1939*, de Josep Maria Solé i Sabaté y Jordi Finestres. Angle Editorial, 2006.

−*La Patria del gol: fútbol y política en el Estado español*, de Daniel Gómez. Editorial Alberdania, 2007.

−*Josep Sunyol. L'altre president afusellat*, de Carles Llorens. Revista *Sàpiens*, número 92. 2010.

−*Diccionario de jugadores del FC Barcelona*, de Ángel Iturriaga. Editorial Base, 2010.

−*Josep Sunyol i Garriga. Viure i morir per Catalunya*, de Jordi Badia. Pagès Editors, 2011.

Otros archivos consultados:

−Centre de Documentació del Museu del FC Barcelona.

−Hemerotecas de los diarios *La Vanguardia, El Periódico de Catalunya, ABC, El País, Mundo Deportivo, Marca, As* y *Sport*.